NRA CET - Matriculation Pass

संख्यात्मक अभियोग्यता

नवीनतम संस्करण
अभ्यास किट

18 टेस्ट्स
18 विषयानुसार टेस्ट्स

विषय से संबन्धित पाठ प्रश्नो के साथ

✓ पूर्णतः संशोधित और अद्यतन

✓ सभी बहुविकल्पीय प्रश्नो का विस्तृत विश्लेषण

शीर्षक : **NRA CET – Matriculation Pass** संख्यात्मक अभियोग्यता
लेखक का नाम : **Mr. Rohit Manglik**
प्रकाशक : **EduGorilla Community Pvt. Ltd.**
प्रकाशक का पता : 12/651 प्रथम तल, अरविन्दो पार्क के सामने, निकट जामा मस्जिद, इंदिरा नगर लखनऊ, उत्तर प्रदेश, 226016, भारत।

कॉपीराइट EduGorilla

अस्वीकरण EduGorilla

रोहित मांगलिक
सीईओ, **EduGorilla**

प्रिय छात्रों,

एक बहुत ही प्रचलित कहावत है कि "सफलता उन्हीं को मिलती है जो उसके लिए कड़ी मेहनत करते हैं।" लेकिन मैंने लोगों को उनकी परीक्षाओं के लिए दिन-रात एक करके मेहनत करते हुए देखा है, पर फिर भी वे सफल नहीं हो पाते। तो वहीं दूसरी ओर, कुछ लोग बस आधी मेहनत करके परीक्षा में सफलता प्राप्त करते हैं। तो, क्या वे किस्मत वाले हैं? नहीं मेरा मानना है, कि ऐसा इसलिए है क्योंकि वे सिर्फ कड़ी नहीं बल्कि कुशल तरीके से अपनी तैयारी करते हैं। इसी तरह आपको भी अपनी परीक्षाओं की तैयारी के लिए अपनी योजना बनानी चाहिए, ताकि आपकी भी सफलता की संभावना बढ़ सके। तो तैयार हो जाइये EduGorilla के साथ अपनी परीक्षा में चयन होने की संभावना को 16 गुना बढ़ाने के लिए।

EduGorilla आपको न केवल कड़ी मेहनत करने में मदद करता है, बल्कि एक स्मार्ट और योजनाबद्ध तरीके से तैयारी करने में भी सहायता प्रदान करता है। **EduGorilla** की तैयारी पैकेज के साथ आप अपने परीक्षा में चयन होने के रास्ते को सहज और मनोरंजक बना सकते हैं। अपनी तैयारी के लिए सही रास्ता खोजना मुश्किल हो सकता है, यदि आप ये नहीं जानते कि आपको किस दिशा में जाना है। चिंता न करें हम आपके साथ खड़े हैं! **EduGorilla** आपकी सफलता में आपका मार्गदर्शक बनेगा। हमारे तैयारी पैकेज के साथ आप रणनीतिक रूप से तैयारी कर, अपनी परीक्षा में सिर्फ एक ही प्रयास में सफल हो सकते हैं।

EduGorilla के तैयारी पैकेज में शामिल हैं-

• टेस्ट सीरीज़   • किताबें

हमारे तैयारी पैकेज को सभी तरह के नये बदलवों, विशेषज्ञों की राय एवं छात्रों के प्रतिक्रिया के अनुसार तैयार किया गया है। जो आपको परीक्षा के प्रत्येक चरण की चयन प्रक्रिया को पार करने के योग्य बनाता है।

हमारी किताबें शिक्षकों और विशेषज्ञों द्वारा आपकी परीक्षा के लिए तैयार की गई हैं, 150+ वर्षों के अनुभव के साथ; ताकि आपको आसान, कुशल और प्रभावी शिक्षण प्रदान किया जा सके। हमारी स्मार्ट किताबें न सिर्फ आपको प्रश्नों के उत्तर देने की समझ देती हैं, अपितु आपके अभ्यास के लिए समान रूप के प्रश्न भी प्रदान करती हैं।

EduGorilla की सक्षम टेस्ट सीरीज आपको वास्तविक अनुभव और आत्मविश्वास प्रदान करती हैं, जिसके माध्यम से आप केवल एक प्रयास में अपनी ऑफलाइन अथवा ऑनलाइन परीक्षा पास कर सकते हैं। वर्तमान में हम 83,000+ मॉक टेस्ट्स और 1,440+ प्रतियोगी एवं शैक्षणिक परीक्षाओं की तैयारी कराते हैं।

अर्थात, **EduGorilla** आपकी तैयारी में आपकी सहायता करने का कोई भी मौका नहीं छोड़ता है और परीक्षा के सभी चरणों को कवर करता है, ताकि परीक्षा की तैयारी के लिए आपको कहीं और भटकना ना पड़े।

हम आपको डिफेन्स, बैंकिंग, टीचिंग और अन्य राष्ट्रीय एवं राज्य स्तरीय परीक्षाओं के लिए सम्पूर्ण तैयारी पैकेज प्रदान करते हैं। अत: इससे कोई फर्क नहीं पड़ता कि आप किस परीक्षा के लिए तैयारी कर रहे हैं, क्योंकि आप सफलता हासिल करेंगे।

आपको परीक्षा की शुभकामनाएं!

रोहित मांगलिक,
संस्थापक और मुख्य कार्यकारी अधिकारी, **EduGorilla**

EduGorilla छात्रों को उनकी परीक्षा में सफल होने के लिए मार्गदर्शन प्रदान करता है। जिसको ध्यान में रखते हुए हमारे कुल 150+ वर्षों का अनुभव रखने वाले प्रतिष्ठित विशेषज्ञों ने कड़े प्रयासों के द्वारा "NRA CET - Matriculation Pass : संख्यात्मक अभियोग्यता" को तैयार किया है। इस किताब के प्रश्नों को हाल ही में परीक्षा के पाठ्यक्रम और पैटर्न में हुए सभी बदलावों को ध्यान में रखकर बनाया गया है। वो प्रश्न जिनकी परीक्षा में आने कि संभवना काफी प्रबल है, उनको इस किताब मे रखा गया है। आप EduGorilla की "NRA CET - Matriculation Pass : संख्यात्मक अभियोग्यता" के माध्यम से अपनी सफलता की संभावना को 16 गुना बढ़ा सकते हैं।

EduGorilla ये अपनी संपूर्ण तैयारी पैकेज के माध्यम से साकार करता है। इस किट में आपको प्रश्न अच्छी तरह अवधारित एवं संरचित रूप मे मिलेंगे जिन्हे आपकी जरूरतों के अनुसार बनाया गया है। इसके माध्यम से आपको स्मार्ट तरीके से परीक्षा के लिए अभ्यास करने में मदद मिलेगी। साथ ही आपको सहायक, समाधान और स्मार्ट उत्तर पत्रिका भी प्रदान की जायेंगी। जिससे आप अपना मूल्यांकन स्वयं कर सकते हैं। आप स्वयं की समीक्षा कर, उन सभी बिन्दुओं पर खुद को बेहतर तरीके से तैयार कर सकते हैं।

EduGorilla आपको अपनी परीक्षा में सफ़लता दिलाने और आपके लक्ष्य को हासिल करने में आपकी सहायता करने का वादा करता हैं। हम अपने प्रतिभागियों पर पूरा भरोसा करते हैं और उन्हें मेरिट सूची के शीर्ष पर देखते हैं। शीर्ष स्थान की ओर आपका पहला कदम है हमारे साथ तैयारी शुरू करना। EduGorilla की "NRA CET - Matriculation Pass : संख्यात्मक अभियोग्यता" की विशेषताएं कुछ इस प्रकार हैं।

➤ अच्छी तरह से शोध किया हुआ पाठ्यक्रम

➤ उच्च गुणवत्ता

➤ विस्तृत उत्तर और विश्लेषण

➤ स्मार्ट उत्तर पत्रिका

➤ परीक्षा सुसंगत प्रश्न

इस प्रकार EduGorilla आपकी तैयारी को मजबूत और आपको परीक्षा में सफल होने के योग्य बनाता है।

विषय-सूची

संख्यात्मक अभियोग्यता टेस्ट	1-144
संख्या श्रृंखला	1-7
आंकड़ों की व्याख्या	8-13
सरलीकरण	14-21
द्विघात समीकरण	22-29
आंकड़ों की पर्याप्तता	30-39
क्षेत्रमिति	40-48
औसत	49-55
लाभ और हानि	56-64
अनुपात एवं समानुपात	65-72
समय और कार्य	73-80
समय और दूरी	81-88
प्रायिकता	89-96
साधारण ब्याज और चक्रवृद्धि ब्याज	97-104
क्रमपरिवर्तन और संयोजन	105-111
बीजगणित	112-119
त्रिकोणमिति	120-127
ज्यामिति	128-136
छूट/बट्टा	137-144

Q.1 निर्देश: निम्नलिखित श्रृंखला में लुप्त पद ज्ञात कीजिये।

68, 77, ?, 102, 120, 143

A. 83 **B.** 88 **C.** 94 **D.** 96

Q.2 निर्देश: उस संख्या की पहचान कीजिये, जो निम्नलिखित श्रृंखला से संबंधित नहीं है।

2,9,28,64,126,217,344,513

A. 28 **B.** 513 **C.** 344 **D.** 64

Q.3 निर्देश: दी गई श्रृंखला में अगली संख्या ज्ञात कीजिए।

2,10,84, ?

A. 1028 **B.** 1229 **C.** 1124 **D.** 1032

Q.4 निर्देश: निम्नलिखित संख्या श्रृंखला में गलत संख्या ज्ञात कीजिए:

100,96,91,85,78,70,62,51

A. 63 **B.** 62 **C.** 45 **D.** 54

Q.5 निर्देश: दिए गए विकल्पों में से उस संख्या का चयन कीजिए जो निम्नलिखित श्रृंखला में प्रश्न चिन्ह (?) को प्रतिस्थापित कर सकती है।

2,6,12,20,30,42,?

[RRB (NTPC), 2020]

A. 50 **B.** 52 **C.** 60 **D.** 56

Q.6 निर्देश: दिए गए विकल्पों में से उस संख्या का चयन कीजिए जो निम्नलिखित श्रृंखला में प्रश्न चिन्ह (?) को प्रतिस्थापित कर सकती है।

1,9,25,49,81, ?

A. 91 **B.** 111 **C.** 121 **D.** 94

Q.7 निर्देश: दिए गए विकल्पों में से वह संख्या चुनिए जो निम्नलिखित श्रृंखला में प्रश्नवाचक चिन्ह (?) को प्रतिस्थापित कर सके।

13,23,43,53,73,83,103,113,133,143, ?

[RRB (NTPC), 2020]

A. 183 **B.** 163 **C.** 153 **D.** 173

Q.8 निर्देश: नीचे दी गयी श्रृंखला में अनुक्रम का पालन कर रहा एक पद गलत है। गलत विकल्प का पता लगाइए:

11111,235656,39816561,41625665536

A. 41625665536 **B.** 39816561
C. 235656 **D.** 11111

Q.9 निर्देश: निम्नलिखित श्रृंखला में लुप्त पद ज्ञात कीजिये।

36,39,45,54,66, ?

A. 81 **B.** 82 **C.** 84 **D.** 85

Q.10 निर्देश: निम्नलिखित श्रृंखला में लुप्त पद ज्ञात कीजिये।

32,8,64,16,128, ?

A. 32 **B.** 34 **C.** 30 **D.** 36

Q.11 निर्देश: उस विकल्प का चयन कीजिये जो श्रृंखला में सही रूप में प्रश्न चिह्न (?) का स्थान लेगा।

100, 96, 80, 44, ?

A. -24 **B.** 20 **C.** -20 **D.** 16

Q.12 निर्देश: निम्नलिखित प्रश्न में, दिए गये विकल्पों में से लुप्त संख्या ज्ञात कीजिए।

7, 18, 49, 140, 411, ?

A. 1222 **B.** 811 **C.** 1220 **D.** 981

Q.13 निर्देश: निम्नलिखित प्रश्न में, दिए गये विकल्पों में से लुप्त संख्या ज्ञात कीजिए।

5, 11, ?, 47, 95, 191

A. 32 **B.** 21 **C.** 23 **D.** 30

Q.14 निर्देश: निम्नलिखित संख्या श्रृंखला में प्रश्नवाचक चिह्न '?' के स्थान पर क्या आना चाहिए?

2,11,54,215,644, ?

A. 1280 **B.** 1278 **C.** 1287 **D.** 1295

Q.15 निर्देश: निम्नलिखित संख्या श्रृंखला में प्रश्नवाचक चिह्न '?' के स्थान पर क्या आना चाहिए?

3, ?,16,35,29,48

A. 22 **B.** 20 **C.** 21 **D.** 23

Q.16 निर्देश: निम्नलिखित श्रृंखला में प्रश्न चिह्न ' ?' के स्थान पर क्या आएगा?

2,6,22, ? ,65814

A. 96 **B.** 58 **C.** 278 **D.** 198

Q.17 निर्देश: निम्नलिखित प्रश्न में, एक संख्या श्रृंखला दी गयी है। श्रृंखला में गलत संख्या की पहचान कीजिये।

1, 4, 9, 16, 23, 25, 36

A. 23 **B.** 13 **C.** 24 **D.** 28

Q.18 निर्देश: निम्नलिखित में से प्रत्येक प्रश्न में, एक संख्या श्रृंखला दी गयी है। श्रृंखला में गलत संख्या की पहचान कीजिये।

13, 16, 19, 22, 24, 28

A. 19 **B.** 13 **C.** 24 **D.** 28

Q.19 निर्देश: निम्नलिखित प्रश्न में, दी गई श्रृंखला से लुप्त संख्या का चयन करें।

11, 12, 20, 47, 111, ?

A. 236 **B.** 260 **C.** 256 **D.** 276

Q.20 निर्देश: निम्नलिखित प्रश्न में, एक श्रृंखला दी गई है, जिसमें एक पद लुप्त है। दिए गए विकल्पों में से सही का चयन कीजिये।

23,12,13,21, _______, 112.5

A. 63 **B.** 44 **C.** 45 **D.** 54

Q.21 निर्देश: एक श्रृंखला दी गई है जिसमें एक पद लुप्त है। दिए गए विकल्पों में से सही विकल्प का चयन कीजिए जो श्रृंखला को पूर्ण करेगा।

$\frac{1}{2},\frac{9}{2},\frac{27}{2}, ?,\frac{109}{2}$

A. $\frac{37}{2}$ **B.** $\frac{41}{2}$ **C.** $\frac{59}{2}$ **D.** $\frac{81}{2}$

Q.22 निर्देश: निम्नलिखित प्रश्न में दी गई श्रृंखला में से लुप्त अंक ज्ञात कीजिए।

10,29,85,252, ?

A. 756   **B.** 752   **C.** 758   **D.** 754

Q.23 निर्देश: एक श्रृंखला दी गई है, जिसमें एक शब्द गुम है। दिए गए विकल्पों से सही विकल्प चुनें, जो श्रृंखला को पूरा करेगा।

26,38,52,?

A. 72   **B.** 68   **C.** 81   **D.** 65

Q.24 निर्देश: एक श्रृंखला दी गई है, जिसमें एक शब्द गुम है। दिए गए विकल्पों से सही विकल्प चुनें, जो श्रृंखला को पूरा करेगा।

120,99,80,63,48,35, ?

A. 24   **B.** 25   **C.** 26   **D.** 27

Q.25 निर्देश: निम्नलिखित श्रृंखला में लुप्त पद ज्ञात कीजिये।

24,28, ? ,52,84

A. 32   **B.** 34   **C.** 36   **D.** 40

Ques (26-30):निर्देश: निम्नलिखित श्रृंखला में लुप्त पद ज्ञात कीजिये।

Q.26 निर्देश: निम्नलिखित श्रृंखला में लुप्त पद ज्ञात कीजिये।

18,28,40,54,70, ?

A. 79   **B.** 88   **C.** 93   **D.** 97

Q.27 34, ? ,14,8,2,0

A. 22   **B.** 23   **C.** 24   **D.** 26

Q.28 100,200,310,430, ?

A. 506   **B.** 512   **C.** 560   **D.** 560

Q.29 20,20,19,16,17,13,14,11, ? ?

A. 10,10   **B.** 11,11   **C.** 12,13   **D.** 14,15

Q.30 4,12,36,108,324, ?

A. 712   **B.** 875   **C.** 955   **D.** 972

// स्मार्ट उत्तर पुस्तिका //

| सही उत्तर | | उन छात्रों का प्रतिशत जिन्होंने प्रश्नों का सही उत्तर दिया था। | छोड़ दिया | | उन छात्रों का प्रतिशत जिन्होंने प्रश्नों को छोड़ दिया था। |

प्रश्न संख्या	उत्तर	सही उत्तर / छोड़ दिया	प्रश्न संख्या	उत्तर	सही उत्तर / छोड़ दिया	प्रश्न संख्या	उत्तर	सही उत्तर / छोड़ दिया	प्रश्न संख्या	उत्तर	सही उत्तर / छोड़ दिया	प्रश्न संख्या	उत्तर	सही उत्तर / छोड़ दिया	प्रश्न संख्या	उत्तर	सही उत्तर / छोड़ दिया
1	B	81.51 % / 18.04 %	6	C	80.64 % / 10.22 %	11	C	83.39 % / 11.4 %	16	C	88.92 % / 10.14 %	21	C	76.52 % / 22.8 %	26	B	86.72 % / 12.52 %
2	D	78.56 % / 19.76 %	7	B	80.5 % / 11.06 %	12	A	79.66 % / 12.98 %	17	A	89.97 % / 10.01 %	22	B	77.24 % / 13.03 %	27	C	80.78 % / 12.88 %
3	A	88.86 % / 11.09 %	8	C	87.76 % / 10.7 %	13	C	76.63 % / 19.2 %	18	C	76.66 % / 22.25 %	23	B	76.98 % / 21.15 %	28	C	84.43 % / 13.0 %
4	B	86.39 % / 11.48 %	9	A	82.53 % / 14.56 %	14	C	84.31 % / 13.08 %	19	A	80.61 % / 17.92 %	24	A	88.46 % / 10.74 %	29	A	86.37 % / 12.09 %
5	D	87.8 % / 11.35 %	10	A	81.65 % / 11.74 %	15	A	82.41 % / 13.3 %	20	B	78.31 % / 10.9 %	25	C	88.81 % / 10.06 %	30	D	77.05 % / 20.49 %

//संकेत और समाधान//

1. यहाँ अनुसरित स्वरूप इस प्रकार है:

$68 + 9 = 77$

$77 + 11 = 88$

$88 + 14 = 102$

$102 + 18 = 120$

$120 + 23 = 143$

इसलिए, '88' दिए गए श्रृंखला को पूरा करेगा।

अतः विकल्प (B) सही है।

2. यहाँ अनुसरण किया गया स्वरूप इस प्रकार है,

$1^3 + 1 = 2$

$2^3 + 1 = 9$

$3^3 + 1 = 28$

$4^3 + 1 = 65$, 64 नहीं है

$5^3 + 1 = 126$

$6^3 + 1 = 217$

$7^3 + 1 = 344$

$8^3 + 1 = 513$

'65' '64' के स्थान पर होना चाहिए।

इसलिए, "64" श्रृंखला से संबंधित नहीं है।

अतः विकल्प (D) सही है।

3. अनुसरण किया गया स्वरूप है,

$1^2 + 1 = 2$

$2^3 + 2 = 10$

$3^4 + 3 = 84$

$4^5 + 4 = 1028$

इसलिए, "1028" सही उत्तर है।

अतः विकल्प (A) सही है।

4. अनुसरित स्वरूप इस प्रकार है:

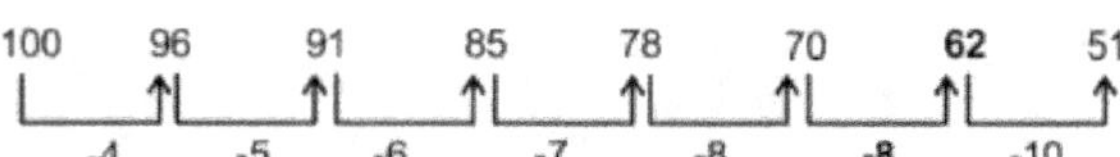

इस प्रकार हम यहाँ देख सकते हैं, 62 गलत पद है।

सही श्रृंखला नीचे दी गई है:

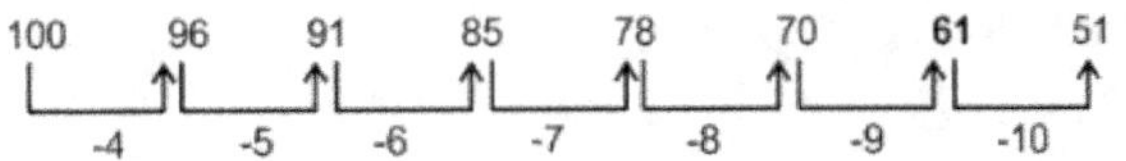

हम यह निष्कर्ष निकाल सकते हैं कि 62 को 61 से बदला जाना चाहिए।

इसलिए, सही उत्तर " 62" है।

अत: विकल्प (B) सही है।

5. तर्क इस प्रकार है:

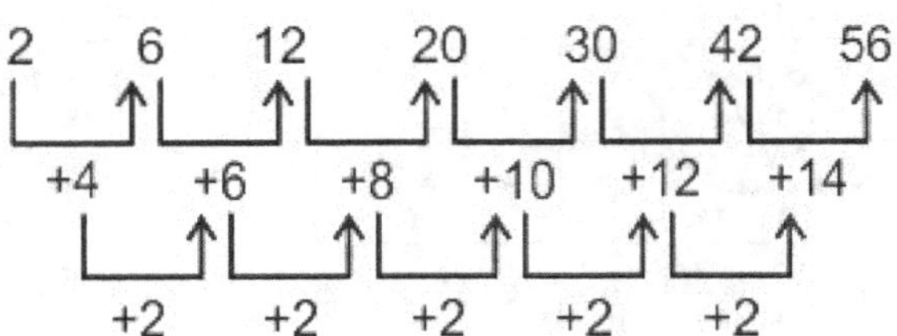

इसलिए, '56' सही उत्तर है।

अत: विकल्प (D) सही है।

6. तर्क इस प्रकार है:

$1^2 = 1$

$3^2 = 9$

$5^2 = 25$

$7^2 = 49$

$9^2 = 81$

$11^2 = 121$

इसलिए, सही उत्तर '121' है।

अत: विकल्प (C) सही है।

7. तर्क इस प्रकार है:

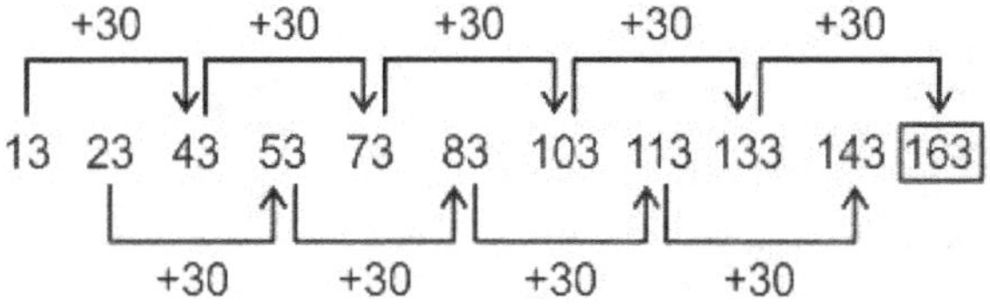

तो, श्रृंखला में अगली संख्या 163 है।

अत: विकल्प (B) सही है।

8. यहाँ अनुसरित स्वरूप निम्न प्रकार है,

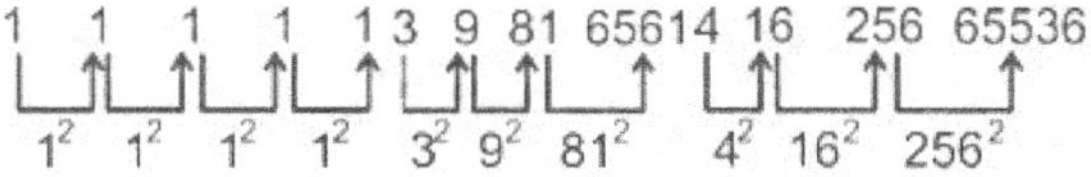

अनुसरित स्वरूप से 235656 श्रृंखला में एक गलत पद है।

सही श्रृंखला निम्नलिखित है,

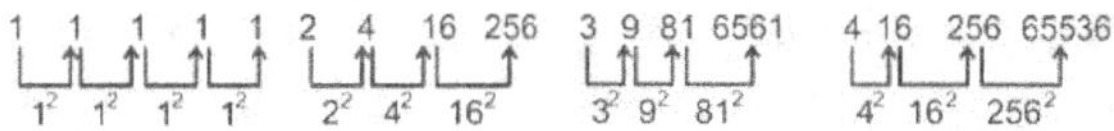

इसलिए, 235656 श्रृंखला में एक ग़लत पद है।

अतः विकल्प (C) सही है।

9. श्रृंखला निम्नलिखित पैटर्न का अनुसरण करती है:

$36 + 3 = 39$

$39 + 6 = 45$

$45 + 9 = 54$

$54 + 12 = 66$

$66 + 15 = 81$

∴ प्रश्नवाचक चिन्ह $(?)$ के स्थान पर 81 आएगा।

अतः विकल्प (A) सही है।

10. श्रृंखला निम्नलिखित पैटर्न का अनुसरण करती है:

$32 \div 4 = 8$

$8 \times 8 = 64$

$64 \div 4 = 16$

$16 \times 8 = 128$

$128 \div 4 = 32$

∴ प्रश्नवाचक चिन्ह $(?)$ के स्थान पर 32 आएगा।

अतः विकल्प (A) सही है।

11. स्वरूप निम्न प्रकार है,

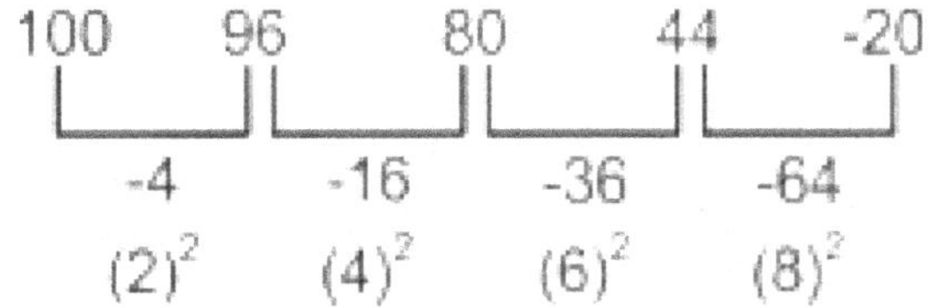

अतः विकल्प (C) सही है।

12. यहाँ अनुसरित स्वरूप है:

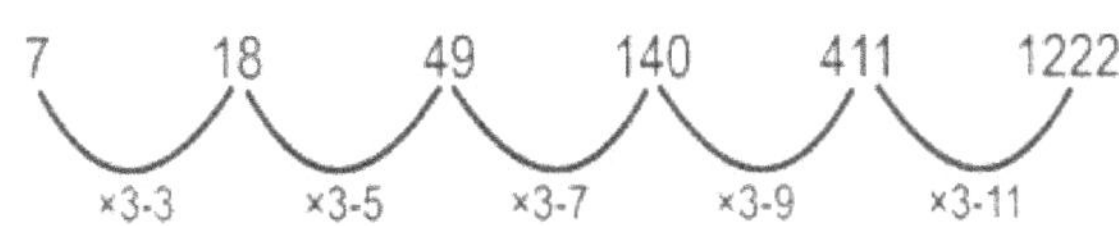

अतः विकल्प (A) सही है।

13. यहाँ अनुसरित स्वरूप है:

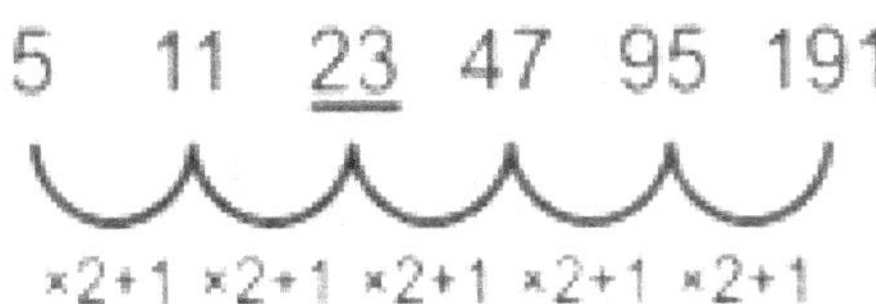

इसलिए, लुप्त संख्या 23 है।

14. श्रृंखला निम्नलिखित स्वरूप का अनुसरण करती है:

$2 \times 6 - 1 = 11$

$11 \times 5 - 1 = 54$

$54 \times 4 - 1 = 215$

$215 \times 3 - 1 = 644$

$644 \times 2 - 1 = 1287$

∴ ? का मान 1287 है।

अतः विकल्प (C) सही है।

15. श्रृंखला निम्नलिखित स्वरूप का अनुसरण करती है:

$3 + 19 = 22$

$22 - 6 = 16$

$16 + 19 = 35$

$35 - 6 = 29$

$29 + 19 = 48$

∴ ? का मान 22 है।

अतः विकल्प (A) सही है।

16. दिया गया है:

$2 + 2^2 = 6$

$6 + 2^4 = 22$

$22 + 2^8 = 278$

$278 + 2^{16} = 65814$

∴ प्रश्न चिन्ह ' ?' के स्थान पर 278 आएगा

अतः विकल्प (C) सही है।

17. दी गई संख्या श्रृंखला में, 23 एक अभाज्य संख्या है और यह किसी भी संख्या का वर्ग नहीं है, हालांकि, श्रृंखला में अन्य सभी संख्याएं प्राकृतिक संख्या का वर्ग हैं।

अतः विकल्प (A) सही है।

18. निम्नलिखित प्रतिरूप का अनुसरण किया गया है:

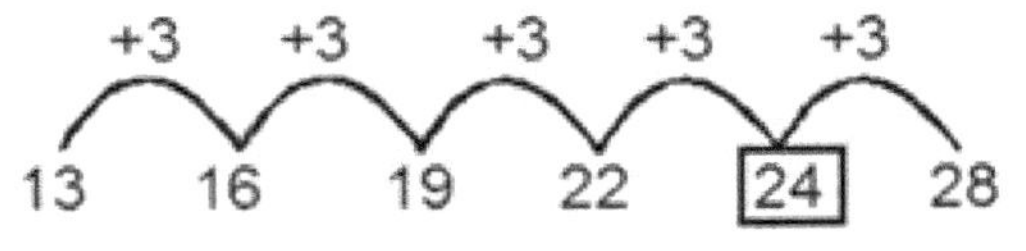

अतः विकल्प (C) सही है।

19. निम्नलिखित प्रतिरूप का अनुसरण किया गया है:

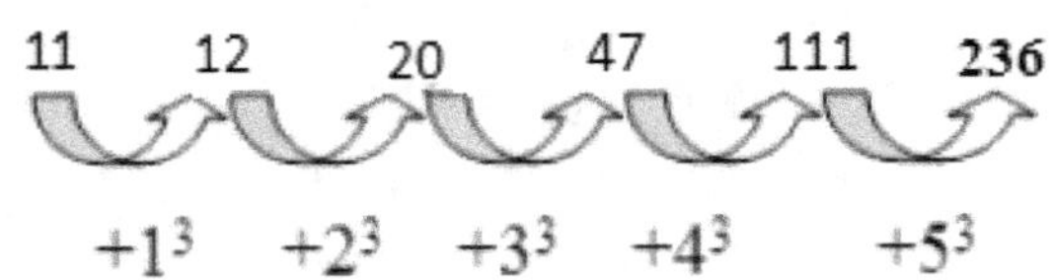

अतः विकल्प (A) सही है।

20. यहाँ अनुसरित स्वरुप निम्नानुसार है:-

इसलिए, 44 सही उत्तर है।

अत: विकल्प (B) सही है।

21. यहाँ अनुसरण किया गया तर्क इस प्रकार है:-

$$\frac{1}{2} + 4 = \frac{9}{2}$$

$$\frac{9}{2} + 9 = \frac{27}{2}$$

$$\frac{27}{2} + 16 = \frac{59}{2}$$

$$\frac{59}{2} + 25 = \frac{109}{2}$$

इसलिए, $\frac{59}{2}$ सही उत्तर है।

अत: विकल्प (C) सही है।

22. पैटर्न यहां इस प्रकार है:

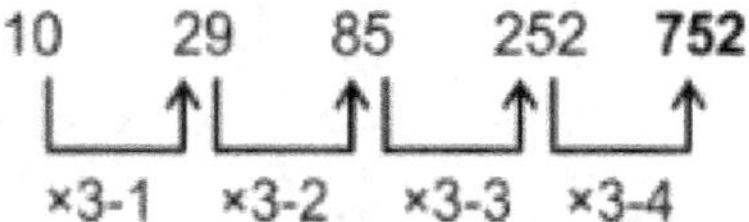

इसलिए, " 752" सही उत्तर है।

अत: विकल्प (B) सही है।

23. यहाँ, पैटर्न है-

$26 = 5^2 + 1$

$38 = 6^2 + 2$

$52 = 7^2 + 3$

$68 = 8^2 + 4$

अत: विकल्प (C) सही है।

24. $120 - 21 = 99$

$99 - 19 = 80$

$80 - 17 = 63$

$63 - 15 = 48$

$48 - 13 = 35$

$35 - 11 = 24$

अत: विकल्प (A) सही है।

25. $24 + 4 = 28$

$28 + 8 = 36$

$36 + 16 = 52$

$52 + 32 = 84$

अत: विकल्प (C) सही है।

26. $18 + 10 = 28$

$28 + 12 = 40$

$40 + 14 = 54$

$54 + 16 = 70$

$70 + 18 = 88$

$? = 88$

अत: विकल्प (B) सही है।

27. $0 + 2 = 2$

$2 + 6 = 8$

$8 + 6 = 14$

$14 + 10 = 24$

$24 + 10 = 34$

अत: विकल्प (C) सही है।

28. $100 + 100 = 200$

$200 + 110 = 310$

$310 + 120 = 430$

$430 + 130 = 560$

अत: विकल्प (C) सही है।

29. मान लें कि लुप्त पद x_1, x_2

अब, पहली श्रृंखला : 20, 19, 17, 14, x_1

दूसरी श्रृंखला : $20, 16, 13, 11, x_2$

श्रृंखला 1 : $20 - 1 = 19, 19 - 2 = 17, 17 - 3 = 14, 14 - 4 = 10 \therefore x_1 = 10$

श्रृंखला 2 : $20 - 4 = 16, 16 - 3 = 13, 13 - 2 = 11, 11 - 1 = 10 \therefore x_2 = 10$

अत: विकल्प (A) सही है।

30. $1 \times 2 = 2$

$2 \times 3 = 6$

$6 \times 4 = 24$

$24 \times 5 = 120$

$120 \times 6 = 720$

अतः विकल्प (D) सही है।

Ques (1-5):निर्देश: निम्नलिखित तालिका चार्ट का ध्यानपूर्वक अध्ययन करें और दिए गए प्रश्नों के उत्तर दें।

निम्न तालिका पाँच विषयों के अधिकतम अंक और पाँच विषयों में पाँच छात्रों द्वारा प्राप्त अंकों का प्रतिनिधित्व करती है।

छात्र	भौतिकी (75 में से)	गणित (100 में से)	रसायन विज्ञान (75 में से)	जीवविज्ञान (75 में से)	अंग्रेजी (120 में से)
रागिनी	56	65	45	38	95
रोहन	60	52	62	55	88
सोहन	50	78	70	58	88
मोहिनी	55	82	65	66	110
मोहन	42	96	64	72	104

Q.1 रोहन द्वारा सभी विषयों में प्राप्त अंकों का योग ज्ञात कीजिए।

A. 515   **B.** 427   **C.** 611   **D.** 317

Q.2 रसायन विज्ञान और जीव विज्ञान में रागिनी द्वारा प्राप्त अंक एक साथ भौतिकी और गणित में मोहिनी द्वारा प्राप्त अंकों का प्रतिशत है?

A. 66.23%   **B.** 60.58%   **C.** 58.34%   **D.** 54.32%

Q.3 गणित में सभी छात्रों द्वारा प्राप्त अंकों और रसायन विज्ञान में सभी छात्रों द्वारा प्राप्त अंकों के संबंधित अनुपात का पता लगाएं।

A. 293 : 351   **B.** 373 : 306

C. 351 : 293   **D.** 306 : 373

Q.4 सभी विषयों में सोहन का कुल प्रतिशत ज्ञात कीजिए।

A. 62.7%   **B.** 58.4%   **C.** 77.3%   **D.** 79.1%

Q.5 अंग्रेजी में मोहन द्वारा प्राप्त अंकों के प्रतिशत और भौतिकी में रोहन के अंतर के बीच अंतर ज्ञात कीजिए।

A. 6.67%   **B.** 4.59%   **C.** 5.53%   **D.** 3.12%

Ques (6-10):निर्देश: निम्नलिखित डेटा एक शहर में 7 विभिन्न प्रकार के संगीत को पसंद करने वाले विभिन्न आयु वर्ग के लोगों की संख्या (हजारों में) को दर्शाता है।

संगीत	आयु वर्ग		
	15-20	21-30	>30
क्लॉसिकल	6	4	17
पॉप	7	5	5
रॉक	6	12	14
जाज	1	4	11
ब्लूज़	2	3	15
हिप-हॉप	9	3	4
आंबियेंट	2	2	2
योग	33	33	68

Q.6 लोगों को किस प्रकार का संगीत अधिक पसंद है?

A. क्लॉसिकल   **B.** पॉप   **C.** रॉक   **D.** ब्लूज़

Q.7 किस आयु वर्ग के लोगों को हिप-हॉप सर्वाधिक पसंद है?

A. 15 – 20   **B.** 21 – 30

C. > 30   **D.** इनमें से कोई नहीं

Q.8 रॉक पसंद करने वाले लोगों की संख्या और जाज पसंद करने वाले लोगों की संख्या के बीच अनुपात ज्ञात करें?

A. 4 : 3   **B.** 3 : 1   **C.** 5 : 3   **D.** 2 : 1

Q.9 क्लासिकल पसंद करने वाले आयु वर्ग के लोगों की औसत संख्या ज्ञात करें?

A. 9000   **B.** 7500   **C.** 12000   **D.** 14500

Q.10 21 – 30 आयु वर्ग के कितने प्रतिशत लोग पॉप या हिप-हॉप या ब्लूज़ पसंद करते हैं?

A. 33%   **B.** $33\frac{1}{3}$%   **C.** 13%   **D.** 25%

Ques (11-15):निर्देश: दी गई तालिक/सारणी का ध्यानपूर्वक अध्ययन कीजिये तथा नीचे दिए प्रश्नों के उत्तर दीजिये:

निम्न तालिका में चार व्यक्ति A, B, C तथा D सप्ताह के विभिन्न दिनों पर वस्तुओं की बिक्री कर रहे हैं:

	A	B	C	D
सोमवार	40	45	25	20
मंगलवार	35	50	48	26
शुक्रवार	25	28	15	41
शनिवार	30	40	45	40

Q.11 सोमवार को बेची गई वस्तुओं की औसत और शुक्रवार को बेची गई वस्तुओं की औसत के मध्य कितना अंतर है?

[UPSSSC Preliminary Eligibility Test, 2021]

A. 10.5   **B.** 7.40   **C.** 5.25   **D.** 6.45

Q.12 सप्ताह के सभी चार दिनों में D वस्तु की बिक्री की तुलना में B वस्तु की बिक्री में कितने प्रतिशत की वृद्धि हुई?

[UPSSSC Preliminary Eligibility Test, 2021]

A. 29.1%   **B.** 19.5%   **C.** 18.3%   **D.** 28.3%

Q.13 B, C तथा D द्वारा क्रमशः सोमवार, मंगलवार तथा शनिवार को बेची गई वस्तुओं का औसत क्या है?

[UPSSSC Preliminary Eligibility Test, 2021]

A. 44.33   **B.** 42.50   **C.** 46.66   **D.** 45.90

Q.14 सोमवार को D द्वारा बेची गई वस्तु, शनिवार को C द्वारा बेची गई वस्तु का कितना प्रतिशत थी?

[UPSSSC Preliminary Eligibility Test, 2021]

A. 42.60%   **B.** 49.55%   **C.** 44.44%   **D.** 32.70%

Q.15 मंगलवार को A द्वारा बेची गई वस्तु तथा शनिवार को C द्वारा बेची गई वस्तु का अनुपात क्या था?

[UPSSSC Preliminary Eligibility Test, 2021]

A. 9 : 7   **B.** 7 : 9   **C.** 6 : 5   **D.** 8 : 7

Ques (16-20):निर्देश: निम्नलिखित बार ग्राफ को ध्यान से पढ़ें और निम्नलिखित प्रश्नों के उत्तर दें।

ग्राफ विभिन्न कंपनियों द्वारा बेची गई इकाइयों की संख्या और उत्पादित इकाइयों की संख्या को दर्शाता है

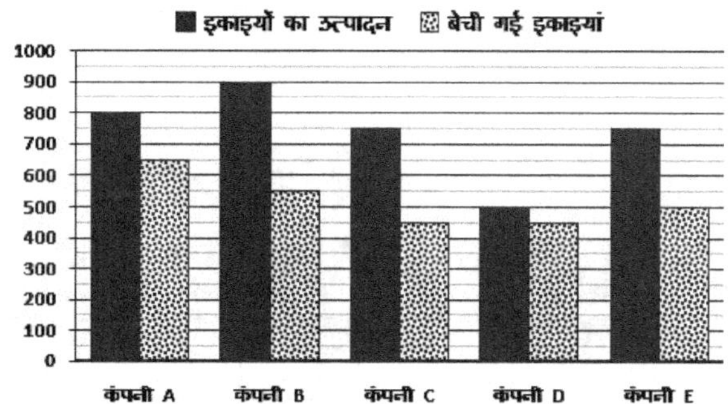

Q.16 सभी कंपनियों द्वारा बेची जाने वाली इकाइयों की औसत संख्या क्या है?

A. 540   **B.** 520   **C.** 450   **D.** 500

Q.17 सभी कंपनियों द्वारा नहीं बिकने वाली इकाइयों की कुल संख्या ज्ञात कीजिए।

A. 1000   **B.** 1200   **C.** 1100   **D.** 900

Q.18 कंपनी A और B द्वारा एकसाथ उत्पादित इकाइयों का कंपनी D और E द्वारा एकसाथ नहीं बिकने वाली इकाइयों से संबंधित अनुपात क्या है?

A. 3 : 13   **B.** 13 : 3   **C.** 17 : 4   **D.** 17 : 3

Q.19 कंपनी D की नहीं बिकने वाली इकाइयां कंपनी B द्वारा बेची गई इकाइयों का कितना प्रतिशत हैं?

A. 11.11%   **B.** 9.09%   **C.** 20%   **D.** 10%

Q.20 यदि एक और कंपनी F है और इसके द्वारा उत्पादित इकाइयां 722 हैं, तो सभी कंपनियों द्वारा उत्पादित इकाइयों का औसत ज्ञात कीजिए।

A. 740   **B.** 800   **C.** 735   **D.** 737

Ques (21-25):निर्देश: जानकारी का ध्यानपूर्वक अध्ययन कीजिये और दिए गए प्रश्नों के उत्तर दीजिये।

दिया गया रेखा आलेख 4 विभिन्न महीनों में 3 ब्रांड्स के द्वारा बेचे गए जूतों की संख्या दर्शाता है।

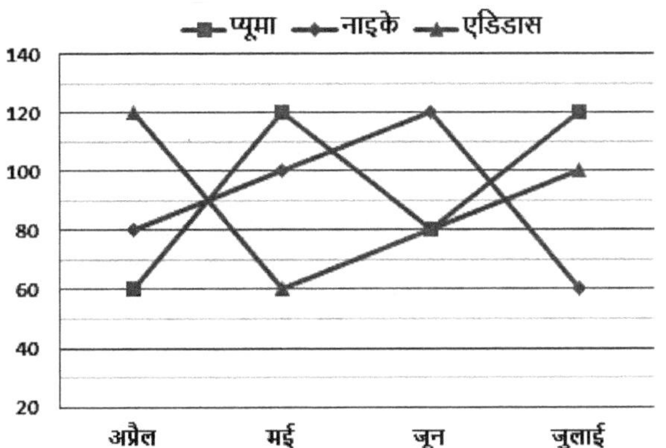

Q.21 अप्रैल और जून में प्यूमा के द्वारा बेचे गए जूतों का मई और जुलाई में एडिडास के द्वारा बेचे गए जूतों की संख्या से अनुपात क्या है?

A. 7 : 8   **B.** 7 : 9   **C.** 5 : 8   **D.** 6 : 7

Q.22 सभी कंपनियों द्वारा मई और जून में बेचे गए जूतों की संख्या सभी महीनों में एडिडास द्वारा बेचे गए जूतों की संख्या से कितने प्रतिशत अधिक/कम है?

A. $64\frac{2}{7}$%   **B.** $48\frac{5}{9}$%   **C.** $53\frac{5}{9}$%   **D.** $55\frac{5}{9}$%

Q.23 प्यूमा द्वारा अप्रैल में, नाइके द्वारा जून में और एडिडास द्वारा मई में बेचे गए जूतों की औसत संख्या क्या है?

A. 78   **B.** 80   **C.** 76   **D.** 82

Q.24 सभी महीनों में प्यूमा द्वारा बेचे गए जूते और जून में सभी कंपनियों द्वारा बेचे गए जूतों की संख्या के बीच अंतर क्या है?

A. 90   **B.** 80   **C.** 60   **D.** 100

Q.25 अप्रैल में सभी कंपनियों द्वारा बेचे गए जूतों की संख्या जुलाई में सभी कंपनियों द्वारा बेचे गए जूतों की संख्या का लगभग कितने प्रतिशत है?

A. 117%   **B.** 86%   **C.** 93%   **D.** 107%

Ques (26-30):निर्देश: निम्नलिखित वृत्त चार्ट उन छात्रों के प्रतिशत को दर्शाता है जो कॉलेज x से इंजीनियरिंग के पांच अलग-अलग विषयों को पसंद करते हैं। इंजीनियरिंग के 5 अलग-अलग विषयों को पसंद करने वाले छात्रों का प्रतिशत।

एनालॉग इलेक्ट्रॉनिक   डिजिटल इलेक्ट्रॉनिक्स

सिग्नल और सिस्टम   वीएलएसआई डिजाइन

वायरलेस कम्युनिकेशन

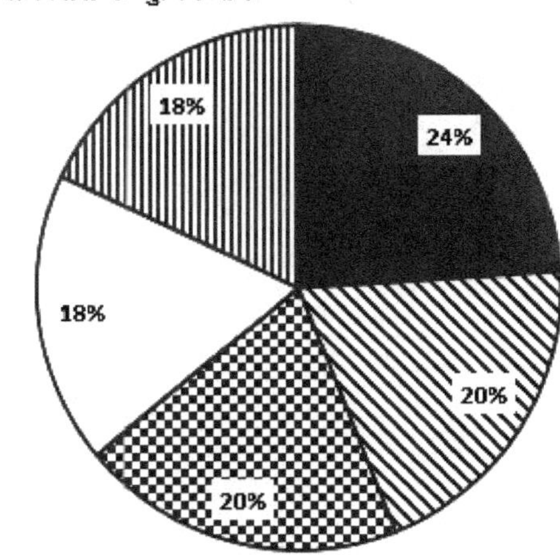

कॉलेज x में छात्रों की कुल संख्या 1000 है।

Q.26 एनालॉग इलेक्ट्रॉनिक और डिजिटल इलेक्ट्रॉनिक्स को पसंद करने वाले छात्रों की संख्या और सिग्नल और सिस्टम और वीएलएसआई डिजाइन को पसंद करने वाले छात्रों की संख्या का अनुपात क्या है?

A. $\frac{22}{19}$ **B.** $\frac{11}{19}$ **C.** $\frac{33}{19}$ **D.** $\frac{32}{17}$

Q.27 एनालॉग इलेक्ट्रॉनिक्स, वीएलएसआई डिजाइन और वायरलेस कम्युनिकेशन को पसंद करने वाले छात्रों की औसत संख्या ज्ञात कीजिए।

A. 200   **B.** 500   **C.** 500   **D.** 400

Q.28 वीएलएसआई डिजाइन को पसंद करने वाले छात्रों की संख्या, एनालॉग इलेक्ट्रॉनिक्स को पसंद करने वाले छात्रों की संख्या से कितने प्रतिशत कम है?

A. 20%   **B.** 29%   **C.** 24%   **D.** 25%

Q.29 एनालॉग इलेक्ट्रॉनिक्स, वीएलएसआई डिजाइन और वायरलेस कम्युनिकेशन को पसंद करने वाले छात्रों की कुल संख्या ज्ञात कीजिए।

A. 700   **B.** 600   **C.** 650   **D.** 550

Q.30 एनालॉग इलेक्ट्रॉनिक्स और वीएलएसआई डिजाइन को पसंद करने वाले छात्रों की संख्या के बीच अंतर क्या है?

A. 100   **B.** 80   **C.** 70   **D.** 60

// स्मार्ट उत्तर पुस्तिका //

सही उत्तर — उन छात्रों का प्रतिशत जिन्होंने प्रश्नों का सही उत्तर दिया था। **छोड़ दिया** — उन छात्रों का प्रतिशत जिन्होंने प्रश्नों को छोड़ दिया था।

प्रश्न संख्या	उत्तर	सही उत्तर / छोड़ दिया	प्रश्न संख्या	उत्तर	सही उत्तर / छोड़ दिया	प्रश्न संख्या	उत्तर	सही उत्तर / छोड़ दिया	प्रश्न संख्या	उत्तर	सही उत्तर / छोड़ दिया	प्रश्न संख्या	उत्तर	सही उत्तर / छोड़ दिया	प्रश्न संख्या	उत्तर	सही उत्तर / छोड़ दिया
1	D	76.38 % / 17.57 %	6	C	77.78 % / 18.87 %	11	C	76.39 % / 19.71 %	16	B	77.88 % / 21.53 %	21	A	85.61 % / 11.45 %	26	A	88.38 % / 10.08 %
2	B	82.39 % / 11.54 %	7	A	81.97 % / 10.37 %	12	D	79.08 % / 20.62 %	17	C	76.93 % / 16.11 %	22	D	84.68 % / 11.03 %	27	A	76.28 % / 19.31 %
3	B	82.1 % / 16.61 %	8	D	89.39 % / 10.02 %	13	A	83.83 % / 14.75 %	18	D	87.36 % / 12.14 %	23	B	86.81 % / 12.38 %	28	D	81.85 % / 12.37 %
4	C	80.74 % / 12.32 %	9	A	77.56 % / 18.54 %	14	C	85.32 % / 11.99 %	19	B	81.2 % / 14.51 %	24	D	83.15 % / 14.06 %	29	B	85.76 % / 12.46 %
5	A	86.89 % / 10.46 %	10	B	77.28 % / 21.6 %	15	B	87.47 % / 10.66 %	20	D	79.6 % / 16.85 %	25	C	85.48 % / 13.86 %	30	D	81.64 % / 14.62 %

//संकेत और समाधान//

1. रोहन द्वारा सभी विषयों में प्राप्त अंकों का योग = 60 + 52 + 62 + 55 + 88 = 317

अतः विकल्प (D) सही है।

2. रागिनी द्वारा रसायन विज्ञान और जीव विज्ञान में एक साथ प्राप्त अंक $= 45 + 38 = 83$

भौतिकी और गणित में मोहिनी द्वारा प्राप्त अंक $= 55 + 82 = 137$

अपेक्षित % $= \frac{83}{137} \times 100 = 60.58\%$

अतः विकल्प (B) सही है।

3. गणित में सभी छात्रों द्वारा प्राप्त अंक = 65 + 52 + 78 + 82 + 96 = 373

रसायन विज्ञान में सभी छात्रों द्वारा प्राप्त अंक = 45 + 62 + 70 + 65 + 64 = 306

आवश्यक अनुपात = 373 : 306

अतः विकल्प (B) सही है।

4. सभी विषयों में कुल अंक $= 75 + 100 + 75 + 75 + 120 = 445$

सभी विषयों में सोहन द्वारा प्राप्त अंक $= 50 + 78 + 70 + 58 + 88 = 344$

अपेक्षित % $= \frac{344}{445} \times 100 = 77.3\%$

अतः विकल्प (C) सही है।

5. मोहन द्वारा अंग्रेजी में प्राप्त अंकों का प्रतिशत

$= \frac{104}{120} \times 100 = 86.67\%$

भौतिकी में रोहन द्वारा प्राप्त अंकों का प्रतिशत

$= \frac{60}{75} \times 100 = 80\%$

आवश्यक अंतर $= 86.67 - 80 = 6.67\%$

अतः विकल्प (A) सही है।

6. दी गई जानकारी के अनुसार डेटा का विश्लेषण:

क्लॉसिकल $= 6 + 4 + 17 = 27$

पॉप $= 7 + 5 + 5 = 17$

रॉक $= 6 + 12 + 14 = 32$ (अधिकतम)

ब्लूज $= 2 + 3 + 15 = 20$

अतः विकल्प (C) सही है।

7. आयु वर्ग $15 - 20 \rightarrow 9$ हज़ार

आयु वर्ग $21 - 30 \rightarrow 3$ हज़ार

आयु वर्ग $> 30 \rightarrow 4$ हज़ार

तो, आयु वर्ग $15 - 20$ के लोगों को हिप-हॉप सर्वाधिक पसंद है।

8. जो लोग रॉक को पसंद करते हैं $= 6 + 12 + 14 = 32$

जो लोग जाज को पसंद करते हैं $= 1 + 4 + 11 = 16$

तो, रॉक पसंद करने वालों और जाज को पसंद करने वालों का अभीष्ट अनुपात $= \frac{32}{16} = \frac{2}{1}$

इसलिए, अनुपात $= 2 : 1$ है।

अतः विकल्प (D) सही है।

9. जो लोग क्लासिकल पसंद करते हैं $= 6, 4, 17$

आवश्यक औसत $= \frac{6+4+17}{3}$

$= \frac{27}{3} = 9000$

अतः विकल्प (A) सही है।

10. $21 - 31$ आयु वर्ग के लोगों की कुल संख्या 33 हज़ार है।

और, आयु समूह को पसंद करने वालों की संख्या $5 + 3 + 3 = 11$ हज़ार है।

आवश्यक प्रतिशत $= \frac{5+3+3}{33} \times 100$

$= 33\frac{1}{3}\%$

अतः विकल्प (B) सही है।

11. सूत्र:

औसत = (वस्तुओं का योग)/(वस्तुओं की संख्या)

गणना:

सोमवार को चारों द्वारा बेची गई कुल वस्तुएँ = 40 + 45 + 25 + 20 = 130

सोमवार को बेची गई औसत वस्तुएँ $= \frac{130}{4} = 32.5$

शुक्रवार को चारों द्वारा बेची गई कुल वस्तुएँ $= 25 + 28 + 15 + 41 = 109$

शुक्रवार को बेची गई औसत वस्तुएँ $= \frac{109}{4} = 27.25$

अभीष्ट अंतर $= 32.5 - 27.25 = 5.25$

∴ अभीष्ट अंतर 5.25 है।

अतः विकल्प (C) सही है।

12. B द्वारा चार दिनों में बेची गई कुल वस्तुएँ $= 45 + 50 + 28 + 40 = 163$

चार दिनों में D द्वारा बेची गई कुल वस्तुएँ $= 20 + 26 + 41 + 40 = 127$

अभीष्ट प्रतिशत $= \left[\frac{163-127}{127}\right] \times 100 = 28.3\%$

∴ अभीष्ट प्रतिशत 28.3% है।

अतः विकल्प (D) सही है।

13. सूत्र:

औसत = (वस्तुओं का योग)/(वस्तुओं की संख्या)

गणना:

B द्वारा सोमवार को बेची गई वस्तुओं की संख्या $= 45$

C द्वारा मंगलवार को बेची गई वस्तुओं की संख्या $= 48$

शनिवार को D द्वारा बेची गई वस्तुओं की संख्या $= 40$

सोमवार, मंगलवार और शनिवार को B, C और D द्वारा बेची गई कुल वस्तुएँ
$= 45 + 48 + 40 = 133$

$\therefore$ अभीष्ट औसत $= \dfrac{133}{3} = 44.33$

अत: विकल्प (A) सही है।

14. D द्वारा सोमवार को बेची गई वस्तुओं की संख्या $= 20$

C द्वारा शनिवार को बेची गई वस्तुओं की संख्या $= 45$

$\therefore$ अभीष्ट प्रतिशत $= \dfrac{20}{45} \times 100 = 44.44\%$

अत: विकल्प (C) सही है।

15. A द्वारा मंगलवार को बेची गई वस्तुओं की संख्या $= 35$

C द्वारा शनिवार को बेची गई वस्तुओं की संख्या $= 45$

$\therefore$ अभीष्ट अनुपात $= 35 : 45 = 7 : 9$

अत: विकल्प (B) सही है।

16. सभी कंपनियों द्वारा बेची जाने वाली इकाइयों की कुल संख्या $=$
$650 + 550 + 450 + 450 + 500 = 2600$

$\Rightarrow$ अभीष्ट औसत $= \dfrac{2600}{5} = 520$

$\therefore$ सभी कंपनियों द्वारा बेची जाने वाली इकाइयों की औसत संख्या 520 है।

अत: विकल्प (B) सही है।

17. कंपनी A में नहीं बिकने वाली इकाइयां $= 800 - 650 = 150$

कंपनी B में नहीं बिकने वाली इकाइयां $= 900 - 550 = 350$

कंपनी C में नहीं बिकने वाली इकाइयां $= 750 - 450 = 300$

कंपनी D में नहीं बिकने वाली इकाइयां $= 500 - 450 = 50$

कंपनी E में नहीं बिकने वाली इकाइयां $= 750 - 500 = 250$

$\Rightarrow$ नहीं बिकने वाली इकाइयों की कुल संख्या $= 150 + 350 + 300 + 50 + 250 = 1100$

$\therefore$ नहीं बिकने वाली इकाइयों की कुल संख्या 1100 है।

अत: विकल्प (C) सही है।

18. कंपनी A और B द्वारा उत्पादित इकाइयों की संख्या $= 800 + 900 = 1700$

कंपनी D और E द्वारा नहीं बिकने वाली इकाइयों की संख्या $= 50 + 250 = 300$

$\Rightarrow$ अभीष्ट अनुपात $= 1700 : 300 = 17 : 3$

$\therefore$ अभीष्ट अनुपात $17 : 3$ है।

अत: विकल्प (D) सही है।

19. कंपनी D की नहीं बिकने वाली इकाइयां $= 500 - 450 = 50$

कंपनी B द्वारा बेची गई इकाइयां $= 550$

$\Rightarrow$ अभीष्ट प्रतिशत $= \dfrac{50}{550} \times 100 = \left(\dfrac{100}{11}\right)\% = 9.09\%$

$\therefore$ कंपनी D की नहीं बिकने वाली इकाइयां कंपनी B द्वारा बेची गई इकाइयों का 9.09% प्रतिशत हैं।

अत: विकल्प (B) सही है।

20. कंपनी A द्वारा उत्पादित इकाइयां $= 800$

कंपनी B द्वारा उत्पादित इकाइयां $= 900$

कंपनी C द्वारा उत्पादित इकाइयां $= 750$

कंपनी D द्वारा उत्पादित इकाइयां $= 500$

कंपनी E द्वारा उत्पादित इकाइयां $= 750$

कंपनी F द्वारा उत्पादित इकाइयां $= 722$

उत्पादित इकाइयों का योग $= 800 + 900 + 750 + 500 + 750 + 722 = 4422$

$\Rightarrow$ अभीष्ट औसत $= \dfrac{4422}{6} = 737$

$\therefore$ सभी 6 कम्पनियों द्वारा उत्पादित इकाइयों का नया औसत 737 है।

अत: विकल्प (D) सही है।

21. अप्रैल और जून में प्यूमा द्वारा बेचे गए जूतों की संख्या $= 60 + 80 = 140$

मई और जुलाई में एडिडास के द्वारा बेचे गए जूतों की संख्या $= 60 + 100 = 160$

$\therefore$ अभीष्ट अनुपात $= 140 : 160 = 7 : 8$

अत: विकल्प (A) सही है।

22. मई और जून में सभी कंपनियों द्वारा बेचे गए जूते $= (120 + 100 + 60) + (80 + 120 + 80)$

$= 560$

सभी महीनों में एडिडास द्वारा बेचे गए जूते $= 120 + 60 + 80 + 100 = 360$

$\therefore$ अभीष्ट प्रतिशत $= \dfrac{560 - 360}{360} \times 100 = 55\dfrac{5}{9}\%$

अत: विकल्प (D) सही है।

23. प्यूमा द्वारा अप्रैल में, नाइके द्वारा जून में और एडिडास द्वारा मई में बेचे गए जूतों की संख्या $= 60 + 120 + 60 = 240$

$\therefore$ अभीष्ट औसत $= \dfrac{240}{3} = 80$

अत: विकल्प (B) सही है।

24. सभी महीनों में प्यूमा के द्वारा बेचे गए जूते $= 60 + 120 + 80 + 120 = 380$

जून में सभी कंपनियों द्वारा बेचे गए जूते $= 80 + 120 + 80 = 280$

∴ अभीष्ट अंतर $= 380 - 280 = 100$

अत: विकल्प (D) सही है।

25. जुलाई में सभी कंपनियों द्वारा बेचे गए जूतों की संख्या $= 120 + 60 + 100 = 280$

अप्रैल में सभी कंपनियों द्वारा बेचे गए जूतों की संख्या $= 60 + 80 + 120 = 260$

∴ अभीष्ट प्रतिशत $= \dfrac{260}{280} \times 100 = 92.85\% \approx 93\%$

अत: विकल्प (C) सही है।

26. एनालॉग इलेक्ट्रॉनिक्स और डिजिटल इलेक्ट्रॉनिक्स को पसंद करने वाले छात्रों का प्रतिशत $= (24 + 20)\% = 44\%$

सिग्नल और सिस्टम और वीएलएसआई डिज़ाइन को पसंद करने वाले छात्रों का प्रतिशत $= (20 + 18)\% = 38\%$

∴ अभीष्ट अनुपात $= \dfrac{44}{38} = \dfrac{22}{19}$

अत: विकल्प (A) सही है।

27. एनालॉग इलेक्ट्रॉनिक्स, वीएलएसआई डिजाइन और वायरलेस कम्युनिकेशन पसंद करने वाले छात्रों की कुल संख्या $= 24\% + 18\% + 18\%$

$= 60\%$

अभीष्ट औसत $= 1000$ का $\dfrac{60\%}{3} = 1000$ का 20%

$= 200$

अत: विकल्प (A) सही है।

28. वीएलएसआई डिजाइन को पसंद करने वाले छात्रों का प्रतिशत $= 18\%$

एनालॉग इलेक्ट्रॉनिक्स को पसंद करने वाले छात्रों का प्रतिशत $= 24\%$

∴ अभीष्ट प्रतिशत $= \dfrac{24-18}{24} \times 100 = 25\%$

अत: विकल्प (D) सही है।

29. एनालॉग इलेक्ट्रॉनिक्स, वीएलएसआई डिजाइन और वायरलेस कम्युनिकेशन को पसंद करने वाले छात्रों का प्रतिशत $= 18 + 24 + 18$

$= 60\%$

∴ एनालॉग इलेक्ट्रॉनिक्स, वीएलएसआई डिजाइन और वायरलेस कम्युनिकेशन को पसंद करने वाले छात्रों की संख्या $= 1000$ का 60%

$= \dfrac{60}{100} \times 1000$

$= 600$

अत: विकल्प (B) सही है।

30. एनालॉग इलेक्ट्रॉनिक्स और वीएलएसआई डिजाइन को पसंद करने वाले छात्रों की संख्या के बीच अंतर $= 24\% - 18\% = 6\%$

अभीष्ट अंतर $= 1000$ का 6%

$= 60$

अत: विकल्प (D) सही है।

Q.1 $3 \div 18$ का $3 \times 6 + 21 \times 6 \div 18 - 3 \div 2 + 3 - 3 \div 9$ का 3×9 का मान है:

[SSC CGL, 2020]

A. $\frac{29}{6}$ **B.** $\frac{41}{9}$ **C.** $\frac{47}{6}$ **D.** $\frac{35}{9}$

Q.2 $\left(2.\overline{4} \times 0.\overline{6} \times 30 \times 0.1\overline{6}\right) \times [0.2\overline{7} \times \left(0.8\overline{3} \div 0.1\overline{6}\right)]$ का मान है:

[SSC CGL, 2020]

A. $01\overline{1}$ **B.** $1.\overline{36}$ **C.** 11.3 **D.** $1.8\overline{14}$

Q.3 $\left[\frac{4}{7}\right.$ का $2\frac{4}{5} \times 1\frac{2}{3} - \left(3\frac{1}{2} - 2\frac{1}{6}\right)] \div \left(3\frac{1}{5} \div 4\frac{1}{2}\right.$ का $\left.5\frac{1}{3}\right)$ का मान है:

[SSC CGL, 2020]

A. 10 **B.** $7\frac{1}{2}$ **C.** $1\frac{1}{3}$ **D.** 15

Q.4 निम्नलिखित प्रश्न में प्रश्नवाचक चिन्ह '?' के स्थान पर क्या आयेगा?

$\sqrt{400} \times 2 - 30 = \sqrt{256} - 12 + ?$

A. 4 **B.** 6 **C.** 8 **D.** 3

Q.5 निम्नलिखित प्रश्न में, प्रश्न चिन्ह '?' के स्थान पर क्या आएगा?

$\sqrt{324} + 9^2 - 7^2 = 2 \times (?)^2$

A. 25 **B.** 5 **C.** 10 **D.** 20

Q.6 निम्नलिखित प्रश्न में, प्रश्न चिन्ह '?' के स्थान पर क्या आएगा?

$1456 \div 16 \times 14 + 22 = (?)^4$

A. 6 **B.** 4 **C.** 16 **D.** 36

Q.7 निम्नलिखित प्रश्न में, प्रश्न चिन्ह '?' के स्थान पर क्या आएगा?

$240 \div 6 + \sqrt{529} \times 17 = ? + 80$ का 150%

A. 311 **B.** 310 **C.** 309 **D.** 312

Q.8 निम्नलिखित प्रश्न में, प्रश्न चिन्ह '?' के स्थान पर क्या आएगा?

$3 \times ? \div 9 = \sqrt[3]{729} \times \sqrt{121}$

A. 197 **B.** 300 **C.** 297 **D.** 295

Q.9 x के स्थान पर क्या आएगा?

$0.8 \div 12 + 0.75 \times 0.25 = x$

A. 0.1578 **B.** 0.1938 **C.** 0.2356 **D.** 0.2535

Q.10 $\sqrt{80} + 3\sqrt{245} - \sqrt{125}$ का मान है:

A. $20\sqrt{5}$ **B.** $9\sqrt{5}$ **C.** $25\sqrt{5}$ **D.** $15\sqrt{5}$

Q.11 $5\frac{3}{4} + x + 2\frac{1}{2} = 10\frac{1}{8}$ x का मान ज्ञात कीजिये।

A. $2\frac{1}{4}$ **B.** $2\frac{7}{8}$ **C.** $1\frac{7}{8}$ **D.** $1\frac{7}{6}$

Q.12 $(999)^2 - 2^2$ का मान ज्ञात कीजिए।

A. 998007 **B.** 995997 **C.** 996997 **D.** 997997

Q.13 $\frac{4-\sqrt{0.04}}{4+\sqrt{0.4}}$ का मान करीब है:

A. 0.8 **B.** 1.0 **C.** 0.4 **D.** 1.4

Q.14 यदि $15 - 15 \div 15 \times 6 = x$, तो x है:

[Jawahar Navodaya Entrance Class VI, 2020]

A. 6 **B.** 0 **C.** 9 **D.** 84

Q.15 $\frac{3}{8} \div \left(\frac{5}{3} - \frac{1}{6}\right) + \frac{5}{8}$ बराबर:

[Jawahar Navodaya Entrance Class VI, 2020]

A. $\frac{3}{8}$ **B.** $2\frac{5}{8}$ **C.** $\frac{7}{8}$ **D.** $1\frac{1}{8}$

Q.16 140.75×0.01 है:

[Jawahar Navodaya Entrance Class VI, 2020]

A. 140.75 **B.** 14000.75
C. 1.4075 **D.** 0.14075

Q.17 $0.9 \div (0.3 \times 0.3)$ का मान है:

[Jawahar Navodaya Entrance Class VI, 2020]

A. 0.01 **B.** 0.1 **C.** 1 **D.** 10

Q.18 निम्नलिखित में से कौन 25 के बराबर नहीं है?

[Jawahar Navodaya Entrance Class VI, 2020]

A. $50 - (100 \div 4)$
B. $20 + (20 \div 4)$
C. $10 + (5 \times 2) + (10 - 5)$
D. $24 + (2 \times 1)$

Q.19 x का मान जो निम्नलिखित कथन को सत्य बनाता है:

$\left(3\frac{7}{11} \times \frac{11}{5}\right) \div \left(\frac{3}{7} \times x\right) = \frac{4}{3}$

[Jawahar Navodaya Entrance Class VI, 2020]

A. $\frac{7}{2}$ **B.** 14 **C.** 7 **D.** 28

Q.20 निम्नलिखित प्रश्न में प्रश्नचिह्न '?' के स्थान पर क्या आयेगा?

$(0.1 \times 0.004) + (0.02 \times 0.3) - (0.04 \times 0.03) = ?$

A. 0.0022 **B.** 0.0034 **C.** 0.0046 **D.** 0.0052

Q.21 सरल कीजिए:

$$\sqrt{\left[4 + \sqrt{\left(44 + \sqrt{10000}\right)}\right]}$$

A. 8 **B.** 4 **C.** 6 **D.** 16

Q.22 निम्न प्रश्न में प्रश्न चिह्न '?' के स्थान पर क्या आएगा?

25 का $16\% \times 88 + 135$ का $20\% - 16 \times (18 - 200$ का $5\%) = ?$

A. 224 **B.** 169 **C.** 507 **D.** 251

Q.23 निम्नलिखित प्रश्न में '?' का मान ज्ञात कीजिए

91 का $28.56\% + 162$ का $44.44\% = ?$ का 400%

A. 28.5   B. 24.5   C. 26.5   D. 29.5

Q.24 निम्न प्रश्न में प्रश्न चिह्न '?' के स्थान पर क्या आएगा?

80 का 60% ÷ 16 × 70 का 30% = ?

A. 60   B. 61   C. 62   D. 63

Q.25 4 + 4.44 + 4.04 + 44.4 + 444 के सही उत्तर का चयन कीजिए = ?

A. 472.88   B. 495.22
C. 577.2   D. इनमें से कोई नहीं

Q.26 निर्देश: निम्नलिखित प्रश्नों में प्रश्नवाचक चिन्ह (?) के स्थान पर क्या आयेगा?

$$18\frac{2}{3} + 7\frac{1}{2} = ?$$

A. $26\frac{1}{3}$ B. $19\frac{1}{2}$ C. $26\frac{1}{6}$ D. $25\frac{2}{3}$

Q.27 $\left(\frac{-1}{729}\right)^{-\frac{1}{2}}$ का मान _______ है।

A. $\frac{1}{81}$ B. -81 C. $-\frac{1}{81}$ D. 81

Q.28 प्रश्न चिह्न ? के स्थान पर क्या आएगा?

$$\frac{15}{7} \text{ of } 70\% \text{ of } 0.15 = ?$$

A. 0.225   B. 0.256   C. 0.656   D. 0.144

Q.29 निम्नलिखित प्रश्न में प्रश्न चिन्ह (?) के स्थान पर क्या आएगा?

$$3\frac{1}{2} + 2\frac{3}{4} + 1\frac{1}{4} + 5\frac{1}{2} = ?$$

A. $11\frac{1}{4}$ B. 13   C. $12\frac{1}{2}$ D. 12

Q.30 33.33% of 20% of 150 का मूल्य क्या है

A. 9.9   B. 10.9   C. 8.91   D. 11. 11

// स्मार्ट उत्तर पुस्तिका //

सही उत्तर	उन छात्रों का प्रतिशत जिन्होंने प्रश्नों का सही उत्तर दिया था।	छोड़ दिया	उन छात्रों का प्रतिशत जिन्होंने प्रश्नों को छोड़ दिया था।

प्रश्न संख्या	उत्तर	सही उत्तर / छोड़ दिया	प्रश्न संख्या	उत्तर	सही उत्तर / छोड़ दिया	प्रश्न संख्या	उत्तर	सही उत्तर / छोड़ दिया	प्रश्न संख्या	उत्तर	सही उत्तर / छोड़ दिया	प्रश्न संख्या	उत्तर	सही उत्तर / छोड़ दिया	प्रश्न संख्या	उत्तर	सही उत्तर / छोड़ दिया
1	C	80.08 % / 11.63 %	6	A	82.34 % / 17.24 %	11	C	79.95 % / 12.22 %	16	C	83.21 % / 13.01 %	21	B	87.98 % / 10.55 %	26	C	81.57 % / 13.32 %
2	C	79.45 % / 19.37 %	7	A	84.34 % / 13.22 %	12	D	76.62 % / 14.08 %	17	D	89.08 % / 10.06 %	22	D	87.82 % / 11.7 %	27	D	76.04 % / 13.14 %
3	A	80.94 % / 14.3 %	8	C	77.01 % / 20.66 %	13	A	85.9 % / 10.51 %	18	D	78.38 % / 16.25 %	23	B	88.15 % / 11.24 %	28	A	81.87 % / 11.41 %
4	B	84.32 % / 13.3 %	9	D	78.82 % / 19.51 %	14	C	86.78 % / 11.31 %	19	B	83.53 % / 11.71 %	24	D	80.86 % / 11.79 %	29	B	77.8 % / 10.14 %
5	B	87.39 % / 11.33 %	10	A	85.51 % / 12.14 %	15	C	82.4 % / 12.2 %	20	D	76.36 % / 19.89 %	25	D	77.94 % / 20.11 %	30	A	80.67 % / 10.88 %

//संकेत और समाधान//

1. दिया गया है:

$3 \div 18$ का $3 \times 6 + 21 \times 6 \div 18 - 3 \div 2 + 3 - 3 \div 9$ का 3×9

BODMAS नियम का प्रयोग करने पर, हम प्राप्त करते है,

$= 3 \div 54 \times 6 + 21 \times 6 \div 18 - 3 \div 2 + 3 - 3 \div 27 \times 9$

$= \frac{3}{54} \times 6 + 21 \times \frac{1}{3} - \frac{3}{2} + 3 - \frac{3}{27} \times 9$

$= \frac{1}{18} \times 6 + 21 \times \frac{1}{3} - \frac{3}{2} + 3 - \frac{1}{9} \times 9$

$= \frac{1}{3} + 7 - \frac{3}{2} + 3 - 1$

$= \left(\frac{1}{3} - \frac{3}{2}\right) + 9$

$= \frac{(54 + 2 - 9)}{6}$

$= \frac{47}{6}$

अत: विकल्प (C) सही है।

2. दिया गया है:

$\left(2.\overline{4} \times 0.\overline{6} \times 30 \times 0.1\overline{6}\right) \times [0.2\overline{7} \times \left(0.8\overline{3} \div 0.1\overline{6}\right)]$

BODMAS नियम का प्रयोग करने पर, हम प्राप्त करते हैं,

$= \left(\frac{22}{9} \times \frac{2}{3} \times 30 \times \frac{1}{6}\right) \times \left[\frac{5}{18} \times \left(\frac{5}{6} \div \frac{1}{6}\right)\right]$

$= \left(\frac{22}{9} \times \frac{2}{3} \times 30 \times \frac{1}{6}\right) \times \left[\frac{5}{18} \times \left(\frac{5}{6} \times 6\right)\right]$

$= \left(\frac{22}{9} \times \frac{2}{3} \times 30 \times \frac{1}{6}\right) \times \left[\frac{25}{18}\right]$

$= \left(\frac{22}{9} \times 10 \times \frac{1}{3}\right) \times \frac{25}{18}$

$= \frac{22}{9} \times 5 \times \frac{1}{3} \times \frac{25}{9}$

$= \left(\frac{2750}{243}\right)$

$= 11.31$

$\therefore \left(2.\overline{4} \times 0.\overline{6} \times 30 \times 0.1\overline{6}\right) \times [0.2\overline{7} \times \left(0.8\overline{3} \div 0.1\overline{6}\right)]$ का मान 11.31 है।

अत: विकल्प (C) सही है।

3. दिया गया है:

$\left[\frac{4}{7}\right.$ का $\left. 2\frac{4}{5} \times 1\frac{2}{3} - \left(3\frac{1}{2} - 2\frac{1}{6}\right)\right] \div \left(3\frac{1}{5} \div 4\frac{1}{2}\right.$ का $\left. 5\frac{1}{3}\right)$

BODMAS नियम का प्रयोग करने पर, हम प्राप्त करते हैं,

$= \left[\frac{4}{7} \times \frac{14}{5} \times \frac{5}{3} - \frac{4}{3}\right] \div \left(\frac{16}{5} \div \left(\frac{9}{2} \times \frac{16}{3}\right)\right)$

$= \left[\left(\frac{4}{7} \times \frac{14}{5} \times \frac{5}{3}\right) - \frac{4}{3}\right] \div \left(\frac{16}{5} \times \frac{1}{24}\right)$

$= \left(\frac{8}{3} - \frac{4}{3}\right) \div \left(\frac{2}{15}\right)$

$= \frac{4}{3} \div \frac{2}{15}$

$= \frac{4}{3} \times \frac{15}{2}$

$= 10$

अत: विकल्प (A) सही है।

4. हम जानते हैं:

नीचे दी गई तालिका के अनुसार BODMAS नियम का पालन कीजिये:

B	Brackets in order ( ), { }, [ ]	ब्रैकेट ( ), { }, [ ] क्रम में
O	of	का
D	Division ($\div$)	विभाजन ($\div$)
M	Multiplication (x)	गुणा (x)
A	Addition (+)	जोड़ (+)
S	Subtraction (-)	घटाव (–)

दिया गया है:

$\sqrt{400} \times 2 - 30 = \sqrt{256} - 12 + ?$

$\Rightarrow 20 \times 2 - 30 = 16 - 12 + ?$

$\Rightarrow 40 - 30 = 4 + ?$

$\Rightarrow 10 - 4 = ?$

$\Rightarrow ? = 6$

$\therefore$ प्रश्नवाचक चिन्ह (?) के स्थान पर 6 आयेगा।

अत: विकल्प (B) सही है।

5. हम जानते हैं:

नीचे दी गई सारणी के अनुसार BODMAS नियम का पालन कीजिए:

B	Brackets in order ( ), { }, [ ]	ब्रैकेट ( ), { }, [ ] क्रम में
O	of	का
D	Division ($\div$)	विभाजन ($\div$)
M	Multiplication (x)	गुणा (x)
A	Addition (+)	जोड़ (+)
S	Subtraction (-)	घटाव (–)

दिया गया है:

$\sqrt{324} + 9^2 - 7^2 = 2 \times (?)^2$

$\Rightarrow 18 + 81 - 49 = 2 \times (?)^2$

$\Rightarrow 50 = 2 \times (?)^2$

$\Rightarrow \frac{50}{2} = (?)^2$

$\Rightarrow 25 = (?)^2$

$\Rightarrow ? = \sqrt{25}$

$\Rightarrow ? = 5$

∴ प्रश्न चिह्न (?) के स्थान पर 5 आयेगा।

अत: विकल्प (B) सही है।

6. हम जानते हैं:

नीचे दी गई सारणी के अनुसार BODMAS नियम का पालन कीजिए:

B	Brackets in order ( ), { }, [ ]	ब्रैकेट ( ), { }, [ ] क्रम में
O	of	का
D	Division $(\div)$	विभाजन $(\div)$
M	Multiplication (x)	गुणा (x)
A	Addition (+)	जोड़ (+)
S	Subtraction (-)	घटाव (−)

दिया गया है:

$$1456 \div 16 \times 14 + 22 = (?)^4$$
$$\Rightarrow 91 \times 14 + 22 = (?)^4$$
$$\Rightarrow 1274 + 22 = (?)^4$$
$$\Rightarrow (?)^4 = 1296$$
$$\Rightarrow ? = 6$$

∴ ? का मूल्य 6 है।

अत: विकल्प (A) सही है।

7. हम जानते हैं:

नीचे दी गई सारणी के अनुसार BODMAS नियम का पालन कीजिए:

B	Brackets in order ( ), { }, [ ]	ब्रैकेट ( ), { }, [ ] क्रम में
O	of	का
D	Division $(\div)$	विभाजन $(\div)$
M	Multiplication (x)	गुणा (x)
A	Addition (+)	जोड़ (+)
S	Subtraction (-)	घटाव (−)

दिया गया है:

$$240 \div 6 + \sqrt{529} \times 17 = ? + 80 \text{ का } 150\%$$
$$\Rightarrow 40 + 23 \times 17 = ? + 120$$
$$\Rightarrow 40 + 391 = ? + 120$$
$$\Rightarrow 431 - 120 = ?$$
$$\Rightarrow ? = 311$$

∴ ? का मान 311 है।

अत: विकल्प (A) सही है।

8. हम जानते हैं:

नीचे दी गई सारणी के अनुसार BODMAS नियम का पालन कीजिए:

B	Brackets in order ( ), { }, [ ]	ब्रैकेट ( ), { }, [ ] क्रम में
O	of	का
D	Division $(\div)$	विभाजन $(\div)$
M	Multiplication (x)	गुणा (x)
A	Addition (+)	जोड़ (+)
S	Subtraction (-)	घटाव (−)

दिया गया है:

$$\Rightarrow 3 \times ? \times \left(\frac{1}{9}\right) = 9 \times 11$$
$$\Rightarrow ? = 3 \times 9 \times 11$$
$$\Rightarrow ? = 297$$

∴ प्रश्नवाचक चिन्ह ? का मान 297 है।

अत: विकल्प (C) सही है।

9. दिया है: $0.8 \div 12 + 0.75 \times 0.25 = x$

$x = 0.8 \div 12 + 0.75 \times 0.25$

$x = 0.066 + 0.75 \times 0.25$

$x = 0.066 + 0.1875$

$x = 0.2535$

अतः विकल्प (D) सही है।

10. दिया है:

$$\sqrt{80} + 3\sqrt{245} - \sqrt{125}$$
$$= \sqrt{80} + 21\sqrt{5} - 5\sqrt{5}$$
$$= 4\sqrt{5} + 21\sqrt{5} - 5\sqrt{5}$$
$$= 20\sqrt{5}$$

अतः विकल्प (A) सही है।

11. दिया है

$$5\frac{3}{4} + x + 2\frac{1}{2} = 10\frac{1}{8}$$
$$\Rightarrow 5\frac{3}{4} + x + 2\frac{1}{2} = 10\frac{1}{8}$$
$$\Rightarrow \frac{23}{4} + x + \frac{5}{2} = \frac{81}{8}$$
$$\Rightarrow \frac{33}{4} + x = \frac{81}{8}$$
$$\Rightarrow x = \frac{15}{8} = 1\frac{7}{8}$$

∴ x का मान $1\frac{7}{8}$ है।

अतः विकल्प (C) सही है।

12. दिया है:

$(999)^2 - 2^2$

हम जानते हैं कि,

$a^2 - b^2 = (a + b) \times (a - b)$

प्रयुक्त सूत्र के अनुसार,

$(999)^2 - 2^2$

$= (999 + 2) \times (999 - 2)$

$= (1001) \times (997)$

$= (1000 + 1) \times (997)$

$= (1000 \times 997) + (1 \times 997)$

= 997000 + 997

= 997997

$\therefore (999)^2 - 2^2$ का मान 997997 है।

अतः विकल्प (D) सही है।

13. $\dfrac{4-\sqrt{0.04}}{4+\sqrt{0.4}} = \dfrac{4-0.2}{4+\sqrt{0.4}}$

$= \dfrac{3.8}{4+0.632} = \dfrac{3.8}{4.632} = 0.8$

$= (a+b) = 0.08 + 0.02 = 0.1$

अतः विकल्प (A) सही है।

14. दिया गया है,

$15 - 15 \div 15 \times 6 = x$

$x = 15 - 15 \times \dfrac{1}{15} \times 6$

$x = 15 - 15 \times \dfrac{1}{15} \times 6$

$x = 15 - 6$

$x = 9$

अतः विकल्प (C) सही है।

15. दिया गया है:

$\dfrac{3}{8} \div \left(\dfrac{5}{3} - \dfrac{1}{6}\right) + \dfrac{5}{8}$

$= \dfrac{3}{8} \div \left(\dfrac{10-1}{6}\right) + \dfrac{5}{8}$

$= \dfrac{3}{8} \div \dfrac{9}{6} + \dfrac{5}{8}$

$= \dfrac{3}{8} \times \dfrac{6}{9} + \dfrac{5}{8}$

$= \dfrac{3}{2\times 4} \times \dfrac{2\times 3}{9} + \dfrac{5}{8}$

$= \dfrac{1}{4} + \dfrac{5}{8}$

$= \dfrac{7}{8}$

अतः विकल्प (C) सही है।

16. दिया गया है:

किसी भी संख्या को 1 से गुणा करने पर वही अंक प्राप्त होता है जो प्राप्त होता है।

यहाँ, 0.01 वास्तव में $\dfrac{1}{100}$ है इसलिए हम पहले दी गई संख्या को 1 से गुणा करते हैं:

$140.75 \times 1 = 140.75$

अब, चूंकि परिणाम को 100 से विभाजित करना है, हम दशमलव को दो स्थानों पर बाईं ओर स्थानांतरित करते हैं।

$140.75 \times 0.01 = 1.4075$

अतः विकल्प (C) सही है।

17. दिया गया है:

$0.9 \div (0.3 \times 0.3)$

$= 0.9 \div (0.09)$

$= \dfrac{0.9}{0.09} = \dfrac{0.90}{0.09} = \dfrac{90}{9} = 10$

$0.9 \div (0.3 \times 0.3)$ का मान 10 है।

अतः विकल्प (D) सही है।

18. एक-एक करके विकल्प की जाँच करके:

विकल्प (A) $50 - (100 \div 4) = 50 - 25 = 25$

विकल्प (B) $20 + (20 \div 4) = 20 + 5 = 25$

विकल्प (C) $10 + (5 \times 2) + (10 - 5)$

$= 10 + 10 + 5 = 25$

विकल्प (D) $24 + (2 \times 1) = 24 + 2 = 26$

तो, हम देख सकते हैं कि विकल्प (D) 25 के बराबर नहीं है।

अतः विकल्प (D) सही है।

19. दिया गया है:

$\left(3\dfrac{7}{11} \times \dfrac{11}{5}\right) \div \left(\dfrac{3}{7} \times x\right) = \dfrac{4}{3}$

$\Rightarrow \dfrac{40}{11} \times \dfrac{11}{5} \times \dfrac{7}{3\times x} = \dfrac{4}{3}$

$\Rightarrow 8 \times \dfrac{7}{3x} = \dfrac{4}{3}$

$\Rightarrow 8 \times 7 \times 3 = 3x \times 4$

$\Rightarrow 8 \times 7 = 4x$

$\Rightarrow x = \dfrac{8\times 7}{4} = 2 \times 7 = 14$

$\therefore x = 14$

अतः विकल्प (B) सही है।

20. दिया है:

$(0.1 \times 0.004) + (0.02 \times 0.3) - (0.04 \times 0.03) = ?$

$\Rightarrow 0.0004 + 0.006 - 0.0012 = ?$

$\Rightarrow 0.0064 - 0.0012 = ?$

$\therefore ? = 0.0052$

अतः विकल्प (D) सही है।

21. दिया है:

$$\sqrt{\left[4 + \sqrt{(44 + \sqrt{10000})}\right]}$$

$$= \sqrt{\left[4 + \sqrt{(44 + 100)}\right]}$$

$$= \sqrt{\left[4 + \sqrt{144}\right]}$$

$$= \sqrt{[4 + 12]}$$

$$= \sqrt{[16]}$$

$$= 4$$

अतः विकल्प (B) सही है।

22. दिया है

25 का 16% × 88 + 135 का 20% – 16 × (18 – 200 का 5%) = ?

$\Rightarrow$ 16% of 25 × 88 + 20% of 135 - 16 × (18 – 10) = ?

$\Rightarrow \left(\dfrac{16}{100}\right) \times 25 \times 88 + \left(\dfrac{20}{100}\right) \times 135 - 16 \times (18 – 10) = ?$

$\Rightarrow$ 4 × 88 + 27 – 16 × 8 = ?

$\Rightarrow$ 352 + 27 – 128 = ?

$\Rightarrow$ 379 – 128 = ?

$\Rightarrow$ 251 = ?

अतः विकल्प (D) सही है।

23. दिया है

$14.28\% = \dfrac{1}{7}, 28.56\% = \dfrac{2}{7}$

$11.11\% = \dfrac{1}{9}, 44.44\% = \dfrac{4}{9}$

91 का 28.56% + 162 का 44.44% = ? का 400%

$\Rightarrow 91 \times \left(\dfrac{2}{7}\right) + 162 \times \left(\dfrac{4}{9}\right) = \left(\dfrac{400}{100}\right) \times ?$

$\Rightarrow$ 26 + 72 = 4 × ?

$\Rightarrow ? = \dfrac{98}{4} = 24.5$

∴ ? का मान 24.5 है

अतः विकल्प (B) सही है।

24. दिया गया व्यंजक,

80 का 60% ÷ 16 × 70 का 30% = ?

$\Rightarrow$ 48 ÷ 16 × 21 = ?

$\Rightarrow$ 3 × 21 = ?

$\Rightarrow$? = 63

∴ ? का मान 63 है

अतः विकल्प (D) सही है।

25. दिया है

4 + 4.44 + 4.04 + 44.4 + 444

पहले दशमलवों को जोड़ने पर:

0.44 + 0.04 + 0.4 = 0.88

अब 4 + 4 + 4 + 44 + 444 को जोड़ने पर = 500

$\Rightarrow$ 500 + 0.88 = 500.88

अतः विकल्प (D) सही है।

26. $\dfrac{56}{3} + \dfrac{15}{2} = \dfrac{112+45}{6} = \dfrac{157}{6} = 26\dfrac{1}{6}$

अतः विकल्प (C) सही है।

27. दिया है:

$$\left(-\dfrac{1}{729}\right)^{-\frac{2}{3}}$$

$$\Rightarrow (-729)^{\frac{2}{3}}$$

$$\Rightarrow (-9)^{3 \times \frac{2}{3}}$$

$$\Rightarrow (-9)^2$$

$$\Rightarrow 81$$

अतः विकल्प (D) सही है।

28. दिया है:

$\dfrac{15}{7}$ का 70% का $0.15 = ?$

$\Rightarrow \dfrac{15}{7} \times \dfrac{70}{100} \times \dfrac{15}{100} = ?$

$\Rightarrow \dfrac{15}{7} \times \dfrac{7}{10} \times \dfrac{3}{20} = ?$

$\Rightarrow ? = \dfrac{3}{2} \times \dfrac{3}{20} = \dfrac{9}{40}$

$\Rightarrow ? = 0.225$

∴ अभीष्ट मान 0.225 है।

अतः विकल्प (A) सही है।

29. दिया है:

$$3\dfrac{1}{2} + 2\dfrac{3}{4} + 1\dfrac{1}{4} + 5\dfrac{1}{2} = ?$$

$$\Rightarrow \dfrac{7}{2} + \dfrac{11}{4} + \dfrac{5}{4} + \dfrac{11}{2} = ?$$

$$\Rightarrow \dfrac{7}{2} + \dfrac{11}{2} + \dfrac{11}{4} + \dfrac{5}{4} = ?$$

$$\Rightarrow \dfrac{18}{2} + \dfrac{16}{4} = ?$$

$$\Rightarrow 9 + 4 = ?$$

$$\Rightarrow ? = 13$$

अतः विकल्प (B) सही है।

30. दिया है 33.33% of 20% of 150 का मूल्य हैं

सरलीकरण से हम प्राप्त करते हैं

$$= \left(\frac{1}{3}\right) \times \left(\frac{1}{5}\right) \times 150$$

$= 10$ (लगभग)

अतः विकल्प (A) सही है।

$$= \left(\frac{1}{3}\right) \times \left(\frac{1}{5}\right) \times 150$$

Q.1 यदि (x - 4) और (x + 6), समीकरण $x^2 + ax + b = 0$ के गुणनखंड हैं, तो (a – b) का मान ज्ञात कीजिए।

A. 22   B. -34   C. 17   D. 26

Q.2 एक द्विघात समीकरण $5x^2 - 10x + p = 0$ है। इस समीकरण के मूलों का गुणनफल, मूलों के योग का 4 गुना है। p का मान क्या है?

A. 40   B. 50   C. 60   D. 70

Q.3 $\alpha(\alpha \neq 0)$ का वह मान क्या है, जिसके लिए $x^2 - 5x + \alpha$ और $x^2 - 7x + 2\alpha$ का एक सार्व गुणनखंड होता है?

A. 6   B. 4   C. 3   D. 2

Q.4 द्विघात समीकरण $(2x^2 + x + 4 = 0)$ का मूल है?

A. सकारात्मक और नकारात्मक
B. दोनों सकारात्मक
C. दोनों नकारात्मक
D. कोई वास्तविक मूल नहीं

Q.5 $100x^2 - 20x + 1 = 0$ का मूल है?

A. $\frac{1}{20}$ B. $\frac{1}{10}$
C. $\frac{1}{10}$ D. इनमे से कोई भी नहीं

Q.6 प्रश्न में दो समीकरण I और II दिए गए हैं। आपको x और y के बीच सही संबंध स्थापित करने के लिए दोनों समीकरणों को हल करना है और सही विकल्प चुनना है।

I. $x^2 + 5x - 36 = 0$

II. $y^2 + 24y + 135 = 0$

A. $x > y$ B. $x \geq y$ C. $x < y$ D. $x \leq y$

Q.7 व्यंजक $2x^2 + 5x + 5$ का न्यूनतम मान क्या है?

[Indian Military Academy (IMA), 2018]

A. 5   B. $\frac{15}{8}$ C. $-\frac{15}{8}$ D. 0

Q.8 निम्नलिखित में कौन द्विघात समीकरण है?

A. $x + \frac{1}{x} = 2$ B. $x^2 + 3x^{-1} = 2$
C. $x^3 - x^2 = 5$ D. $3x^2 - \frac{4}{x} = 0$

Q.9 $(x + 2)^3 = (x^2 - 1)2x$ किस प्रकार का समीकरण है?

A. एकघातीय समीकरण   B. द्विघात समीकरण
C. घन समीकरण   D. अचर पद

Q.10 यदि एक द्विघाती समीकरण $ax^2 + bx + c = 0$ के मूल α और β, हैं, तो मूल α^2 और β^2 वाला द्विघाती समीकरण है:

A. $x^2 - (b^2 - 2ac)x + c = 0$
B. $a^2x^2 - (b^2 - 2ac)x + c = 0$
C. $ax^2 - (b^2 - 2ac)x + c^2 = 0$
D. $a^2x^2 - (b^2 - 2ac)x + c^2 = 0$

Q.11 यदि समीकरण p(x) = x^2 - px + 15 का एक मूल 3 है तो p किसके बराबर है?

A. -8   B. -3   C. -4   D. 8

Q.12 k के किस मान के लिए $3x^2 + 3 = 2kx$ के मूल वास्तविक और समान होंगे?

A. ± 2   B. ± 4   C. ± 3   D. ± 5

Q.13 यदि α और β द्विघात बहुपद $f(x) = x^2 - 5x + 6$ के शून्यक हैं तो $(\alpha^2\beta + \beta^2\alpha)$ का मान ज्ञात कीजिए।

A. 20   B. 30   C. 50   D. 60

Q.14 यदि समीकरण $x^2 + bx + c = 0$ के मूल दो क्रमागत पूर्णांक हैं, तो b^2 - 4ac किसे बराबर है?

A. 0   B. 1   C. 2   D. 3

Q.15 p का वह मान क्या है जिसके लिए समीकरण x^2 - (p - 2)x - p + 1 = 0 के मूलों के वर्गों का योग न्यूनतम होगा?

A. 0   B. 1   C. 2   D. 3

Q.16 $(x + 1)^2$ - 1 = 0 में कितने मूल हैं?

A. एक वास्तविक मूल   B. दो वास्तविक मूल
C. दो काल्पनिक मूल   D. चार वास्तविक मूल

Q.17 माना कि α और β द्विघात समीकरण x^2 - 4x + 3 = 0 के मूल हैं। $α^3 + β^3$ का मान ज्ञात कीजिए।

A. 27   B. -27   C. 28   D. -28

Q.18 यदि $x^2 + kx + k = 0$ के दो अलग-अलग वास्तविक समाधान हैं, तो k का मान ज्ञात करे:

A. k < 0 या k > 4   B. 0 < k < 4
C. केवल k < 0   D. केवल k > 4

Q.19 गुणन x^2 - 11x + 30 = 0 का उपयोग करके द्विघाती समीकरण का मूल ज्ञात कीजिए।

A. मूल 5 और 6 हैं   B. मूल -5 और -6 हैं
C. मूल -5 और 6 हैं   D. इनमें से कोई नहीं

Q.20 द्विघातीय समीकरण $5x^2 - 3x + 2 = 0$ का विविक्तकर ज्ञात कीजिये और उसके बाद, मूलों की प्रकृति ज्ञात कीजिये।

A. -31; कोई वास्तविक मूल नहीं है
B. -31; दो बराबर वास्तविक मूल हैं
C. 31; दो बराबर वास्तविक मूल हैं
D. 31; दो बराबर मूल हैं

Q.21 नीचे दिए गए द्विघात समीकरण के लिए A के मान ज्ञात कीजिए:

$$A^2 + 25A - 900 = 0$$

A. $45, -20$ B. $-45, -20$
C. $45, 20$ D. $-45, 20$

Q.22 समीकरण (x - 2)² + 1 = 2x - 3 एक है:

A. रेखीय समीकरण   B. द्विघात समीकरण
C. घन समीकरण   D. द्वि-द्विघात समीकरण

Q.23 समीकरण $2x^2 + kx + 3 = 0$ के दो बराबर मूल हैं, तो k का मान है:

A. $\pm\sqrt{6}$ B. ± 4 C. $\pm 3\sqrt{2}$ D. $\pm 2\sqrt{6}$

Q.24 समीकरण $12x^2 + 4kx + 3 = 0$ के वास्तविक और समान मूल हैं, यदि:

A. $k = \pm 3$ **B.** $k = \pm 9$ **C.** $k = 4$ **D.** $k = \pm 2$

Q.25 यदि -5 द्विघात समीकरण $2x^2 + px - 15 = 0$ का मूल है, तो:

A. $p = 3$ **B.** $p = 5$ **C.** $p = 7$ **D.** $p = 1$

Q.26 $\sqrt{3x^2 + 6} = 9$ का धनात्मक मूल है:

A. 3   **B.** 5   **C.** 4   **D.** 7

Q.27 द्विघात समीकरण $2x^2 - \sqrt{5}x + 1 = 0$ में है:

A. दो अलग वास्तविक मूल
B. दो समान वास्तविक मूल
C. कोई वास्तविक मूल नहीं
D. दो से अधिक वास्तविक मूल

Q.28 समीकरण $(x + 1)^2 - 2(x + 1) = 0$ में है:

A. दो वास्तविक मूल   **B.** कोई वास्तविक मूल नहीं
C. एक वास्तविक मूल   **D.** दो बराबर मूल

Q.29 नीचे दिए गए द्विघात समीकरण के लिए x के मान ज्ञात कीजिए:

$$(X + 1)^2 + 4X + 7 = 0$$

A. 4,2   **B.** $-4,2$ **C.** $4,-2$ **D.** $-4,-2$

Q.30 निम्नलिखित में से कौन द्विघात समीकरण नहीं है?

A. $(x + 2)^2 = 2(x + 3)$
B. $x^2 + 3x = (-1)(1 - 3x)$
C. $(x + 2)(x - 1) = x^2 - 2x - 3$
D. $x^3 - x^2 + 2x + 1 = (x + 1)^3$

// स्मार्ट उत्तर पुस्तिका //

सही उत्तर — उन छात्रों का प्रतिशत जिन्होंने प्रश्नों का सही उत्तर दिया था।   छोड़ दिया — उन छात्रों का प्रतिशत जिन्होंने प्रश्नों को छोड़ दिया था।

प्रश्न संख्या	उत्तर	सही उत्तर / छोड़ दिया	प्रश्न संख्या	उत्तर	सही उत्तर / छोड़ दिया	प्रश्न संख्या	उत्तर	सही उत्तर / छोड़ दिया	प्रश्न संख्या	उत्तर	सही उत्तर / छोड़ दिया	प्रश्न संख्या	उत्तर	सही उत्तर / छोड़ दिया	प्रश्न संख्या	उत्तर	सही उत्तर / छोड़ दिया
1	D	84.68 % / 14.11 %	6	B	78.19 % / 16.35 %	11	D	85.07 % / 12.09 %	16	B	79.59 % / 17.3 %	21	D	85.62 % / 11.2 %	26	B	88.26 % / 11.7 %
2	A	81.52 % / 10.87 %	7	B	79.78 % / 18.29 %	12	C	79.68 % / 14.64 %	17	C	80.43 % / 14.48 %	22	B	87.78 % / 10.44 %	27	C	78.41 % / 15.0 %
3	A	87.47 % / 11.25 %	8	A	85.89 % / 13.65 %	13	B	77.45 % / 18.75 %	18	A	86.97 % / 11.26 %	23	D	81.05 % / 18.12 %	28	A	77.84 % / 12.45 %
4	D	88.62 % / 10.08 %	9	C	85.89 % / 10.76 %	14	B	88.49 % / 10.71 %	19	A	81.06 % / 12.02 %	24	A	82.91 % / 15.72 %	29	D	82.95 % / 10.46 %
5	C	88.63 % / 10.65 %	10	D	86.99 % / 12.37 %	15	B	76.29 % / 13.0 %	20	A	78.23 % / 15.92 %	25	C	81.12 % / 12.22 %	30	C	89.14 % / 10.56 %

//संकेत और समाधान//

1. दिया गया है:

(x - 4) और (x + 6), समीकरण $x^2 + ax + b = 0$ के गुणनखंड हैं।

यदि (x – p) समीकरण $x^2 + ax + b = 0$ के गुणनखंड हैं, तो 'p' समीकरण का मूल होगा।

समीकरण $x^2 + ax + b = 0$ का मूल 4 और -6 होगा।

मूलों के मान को रखने पर हमें दो समीकरण मिलेंगे:

16 + 4a + b = 0

$\Rightarrow$ 4a + b = -16   ---- (1)

और

36 – 6a + b = 0

$\Rightarrow$ -6a + b = - 36   ---- (2)

इन दो समीकरणों को हल करने से हमें मिलता है:

$\Rightarrow$ a = 2 और b = -24

इसलिए,

(a – b) = 2 – (-24)

= 26

अतः विकल्प (D) सही है।

2. दिया है:

$$5x^2 - 10x + p = 0$$

$ax^2 + bx + c = 0$ से तुलना करने पर,

$$\Rightarrow a = 5$$

$$\Rightarrow b = -10$$

$$\Rightarrow c = p$$

मूलों का योग (s) $= \dfrac{-b}{a}$

$= \dfrac{10}{5}$

$= 2$

मूलों का गुणनफल (p) $= \dfrac{c}{a}$

$= \dfrac{p}{5}$

प्रश्न के अनुसार,

इस समीकरण के मूलों का गुणनफल, मूलों के योग का 4 गुना है।

$$\Rightarrow \frac{p}{5} = 4 \times 2$$

$$\Rightarrow p = 40$$

अतः विकल्प (A) सही है।

3. $(x - a)$, द्विघात समीकरण का गुणनखंड है।

तब $x = a$ दोनो समीकरण को संतुष्ट करेगा।

इसलिए, $a^2 - 5a + \alpha = 0$ .... (i)

$$a^2 - 7a + 2\alpha = 0 \text{ ....(ii)}$$

समीकरण (i) को समीकरण (ii) से घटाने पर,

$$2a - \alpha = 0$$

$$\Rightarrow \alpha = 2a$$

अब समीकरण (i) से

$$a^2 - 5a + 2a = 0$$

$$\Rightarrow a^2 - 3\alpha = 0$$

$$\Rightarrow a = 3, a \neq 0$$

$$\Rightarrow \alpha = 2a = 6$$

अतः विकल्प (A) सही है।

4. दिया गया,

$$2x^2 + x + 4 = 0$$

$$\Rightarrow 2x^2 + x = -4$$

समीकरण को 2 से विभाजित करते हुए, हम प्राप्त करते हैं

$$\Rightarrow x^2 + \frac{1}{2}x = -2$$

$$\Rightarrow x^2 + 2 \times x \times \left(\frac{1}{4}\right)^2 = -2$$

समीकरण के दोनों ओर जोड़कर, $\left(\frac{1}{4}\right)^2$ हम प्राप्त करते हैं,

$$\Rightarrow (x)^2 + 2 \times x \times \frac{1}{4} + \left(\frac{1}{4}\right)^2 = \left(\frac{1}{4}\right)^2$$

$$\Rightarrow \left(x + \frac{1}{4}\right)^2 = \frac{1}{16} - 2$$

$$\Rightarrow \left(x + \frac{1}{4}\right)^2$$

$$= \frac{-31}{16}$$

एक नकारात्मक संख्या का वर्गमूल काल्पनिक है, इसलिए, दिए गए समीकरण के लिए कोई वास्तविक मूल नहीं है।

अतः विकल्प (D) सही है।

5. दिया गया,

$$\Rightarrow 100x^2 - 10x - 10x + 1 = 0$$

$$\Rightarrow 10x(10x - 1) - 1(10x - 1) = 0$$

$$\Rightarrow (10x - 1)(10x - 1) = 0$$

$$\Rightarrow (10x - 1)^2 = 0$$

$$\Rightarrow 10x - 1 = 0$$

$\Rightarrow x = \frac{1}{10}$

अतः विकल्प (C) सही है।

6. I से:

$\Rightarrow x^2 + 5x - 36 = 0$

$\Rightarrow x^2 + 9x - 4x - 36 = 0$

$\Rightarrow x(x + 9) - 4(x + 9) = 0$

$\Rightarrow (x + 9)(x - 4) = 0$

$\Rightarrow x = -9, 4$

II से:

$\Rightarrow y^2 + 24y + 135 = 0$

$\Rightarrow y^2 + 9y + 15y + 135 = 0$

$\Rightarrow y(y + 9) + 15(y + 9) = 0$

$\Rightarrow (y + 9)(y + 15) = 0$

$\Rightarrow y = -9, -15$

इसलिए, $x \geq y$

अतः विकल्प (B) सही है।

7. दिया गया है, समीकरण $(2x^2 + 5x + 5)$,

प्रारूप के द्विघात समीकरण के लिए, $(ax^2 + bx + c)$,

यहाँ, $a = 2 > 0$

इसके अतिरिक्त, $b = 5$ और $c = 5$,

यदि $a > 0$ है, तब समीकरण का न्यूनतम मान $= c - \frac{b^2}{4a}$

समीकरण का न्यूनतम मान $= 5 - \left(\frac{25}{8}\right) = \frac{15}{8}$

अतः विकल्प (B) सही है।

8. $x + \frac{1}{x} = 2$

$\Rightarrow \frac{x^2 + 1}{x} = 2$

$\Rightarrow x^2 + 1 = 2x$

$\Rightarrow x^2 - 2x + 1 = 0$

जो $ax^2 + bx + c = 0$ के रूप में है।

अतः विकल्प (A) सही है।

9. $(x + 2)^3 = (x^2 - 1)2x$

$\Rightarrow x^3 + 8 + 3 \cdot x \cdot 2(x + 2) = 2x^3 - 2x$

$\Rightarrow x^3 + 8 + 6x^2 + 12x = 2x^3 - 2x$

$\Rightarrow 2x^3 - x^3 - 6x^2 - 12x - 2x - 8 = 0$

$\Rightarrow x^3 - 6x^2 - 14x - 8 = 0$

जो $ax^3 + bx^2 + cx + d = 0$ के रूप का है।

अतः विकल्प (C) सही है।

10. दिया है, द्विघात समीकरण $ax^2 + bx + c = 0$ की मूल α और β हैं।

तो, $\alpha + \beta = \frac{-b}{a}$ और $\alpha \times \beta = \frac{c}{a}$

पुनः, α^2 और β^2 द्विघात समीकरण के मूल हैं।

$\alpha^2 + \beta^2 = (\alpha + \beta)^2 - 2\alpha\beta$

$\Rightarrow \alpha^2 + \beta^2 = \left(\frac{-b}{a}\right)^2 - 2\frac{c}{a}$

$\Rightarrow \alpha^2 + \beta^2 = \left(\frac{b^2 - 2ac}{a^2}\right)$

अब, $\alpha^2 \times \beta^2 = (\alpha\beta)^2 = \left(\frac{c}{a}\right)^2$

द्विघात समीकरण के रूप में लिखा जा सकता है,

$x^2 - ($ मूलों का योग $)x + ($ मूलों का गुणन $) = 0$

$x^2 + \left(\frac{b^2 - 2ac}{a^2}\right)x + \left(\frac{c}{a}\right)^2 = 0$

$a^2 x^2 - (b^2 - 2ac)x + c^2 = 0$

इस प्रकार, मूल समीकरण α^2 और β^2 है, $a^2 x^2 - (b^2 - 2ac)x + c^2 = 0$

अतः विकल्प (D) सही है।

11. दिया है:

$x^2 - px + 15 = 0$ ---(i)

प्रश्न के अनुसार समीकरण (i) का एक मूल 3 है।

इसलिए,

$\Rightarrow (3)^2 - p(3) + 15 = 0$

$\Rightarrow 9 - 3p + 15 = 0$

$\Rightarrow 3p = 24$

$\Rightarrow p = 8$

अतः विकल्प (D) सही है।

12. धारणा:

द्विघात समीकरण है $ax^2 + bx + c$

विविक्तकर $D = b^2 - 4ac$

$D = 0$ का मतलब है कि दो वास्तविक और दोनों समान मूल हैं

गणना:

यहाँ, $3x^2 + 3 = 2kx$

$\Rightarrow 3x^2 - 2kx + 3 = 0$

मानक रूप $ax^2 + bx + c$ के साथ तुलना करें

a = 3, b = -2k, c = 3

विविक्तकर D = $b^2 - 4ac$

$\Rightarrow$ D = $(-2k)^2 - 4(3)(3) = 4k^2 - 36$

वास्तविक और समान मूलों के लिए, D = 0

$\therefore 4k^2 - 36 = 0$

$\Rightarrow 4(k^2 - 9) = 0$

$\Rightarrow k^2 - 9 = 0$

$\Rightarrow k = \pm 3$

अत: विकल्प (C) सही है।

13. अवधारणा:

α और β समीकरण $ax^2 + bx + c = 0$ के मूल हैं,

मूलों का योग $(\alpha + \beta) = \dfrac{-b}{a}$

मूलों का गुणनफल $(\alpha\beta) = \dfrac{c}{a}$

$(x + y)^2 = x^2 + y^2 + 2xy$

दिया है: $f(x) = x^2 - 5x + 6$

$ax^2 + bx + c = 0$ के साथ $f(x)$ की तुलना करके हमारे पास $a = 1, b = -5$ और $c = 6$ हैं।

अब, मूलों का योग $= \alpha + \beta = \dfrac{-b}{a} = \dfrac{-(-5)}{1} = 5$

और मूलों का गुणनफल $\alpha\beta = \dfrac{c}{a} = \dfrac{6}{1} = 6$

अब, $\alpha^2\beta + \beta^2\alpha = \alpha\beta(\alpha + \beta)$

$= 6 \times 5$

$= 30$

अत: विकल्प (B) सही है।

14. दिया है:

$x^2 + bx + c = 0$

समीकरण के मूल दो क्रमागत पूर्णांक हैं।

सूत्र:

द्विघात समीकरण = x^2 - (मूलों का योग)x + मूलों का गुणनफल

गणना:

$x^2 + bx + c = 0$ ---(1)

माना कि मूल n, n + 1 हैं

इसलिए, द्विघात समीकरण निम्न होगा

x^2 - (n + n + 1)x + n(n + 1) = 0

$\Rightarrow x^2$ - (2n + 1)x + n(n + 1) = 0

इसलिए,

$\Rightarrow b^2 - 4ac = (2n + 1)^2 - 4n(n+ 1)$

$\because (a + b)^2 = a^2 + 2ab + b^2$

$\Rightarrow b^2 - 4ac = 4n^2 + 4n + 1 - 4n^2 - 4n$

$\Rightarrow b^2 - 4ac = 1$

अत: विकल्प (B) सही है।

15. दिया गया है,

x^2 - (p - 2)x - p + 1 = 0   ---(i)

माना समीकरण के मूल α और β हैं।

मूल के योग $\alpha + \beta$ = (p - 2)

मूल के गुणनफल = $\alpha\beta$ = -p + 1

$\because a^2 + b^2 = (a + b)^2 - 2ab$

$\Rightarrow \alpha^2 + \beta^2 = (p - 2)^2 - 2(-p + 1)$

$\Rightarrow \alpha^2 + \beta^2 = p^2 - 4p + 4 + 2p - 2$

$\Rightarrow \alpha^2 + \beta^2 = (p - 1)^2 + 1$ ---(ii)

$(p - 1)^2 + 1$ न्यूनतम होगा जब,

p = 1

अत: विकल्प (B) सही है।

16. दिया है:

$(x + 1)^2 - 1 = 0$

$\Rightarrow x^2 + 2x + 1 - 1 = 0$

$\Rightarrow x^2 + 2x = 0$

$\Rightarrow x (x + 2) = 0$

$\therefore x = 0$ या -2

इसलिए, दोनों मूल वास्तविक हैं।

अत: विकल्प (B) सही है।

17. दिया गया समीकरण x^2 - 4x + 3 = 0 है।

माना कि α और β दिए गए समीकरण के मूल हैं तो

$\alpha + \beta = 4$

$\alpha\beta = 3$

अब,

$\alpha^3 + \beta^3 = (\alpha + \beta)^3 - 3\alpha\beta(\alpha + \beta)$

$= (4)^3 - 3(3)(4)$

$= 64 - 36$

$= 28$

अत: विकल्प (C) सही है।

18. सिद्धांत:

दो अलग वास्तविक समाधानों के लिए, D > 0,

जहाँ, D = $b^2 - 4ac$

गणना:

$\Rightarrow k^2 - 4k > 0$

$\Rightarrow k(k - 4) > 0$

$\Rightarrow (k - 0)(k - 4) > 0$

$\Rightarrow k > 4, k < 0$

तो,

$\Rightarrow k < 0$ या $k > 4$

अतः विकल्प (A) सही है।

19. दिया गया द्विघात समीकरण: $x^2 - 11x + 30 = 0$.

$x^2 - 11x + 30$ को रैखिक बहुपद में निम्न रूप से गुणनखंड किया जा सकता है:

$\Rightarrow x^2 - 11x + 30$

$\Rightarrow x^2 - 5x - 6x + 30$

$\Rightarrow x \times (x - 5) - 6 \times (x - 5)$

$\Rightarrow (x - 6) \times (x - 5)$

रैखिक बहुपद को शून्य के बराबर करने पर, हमें द्विघात समीकरण का मूल प्राप्त होता है:

$\Rightarrow x^2 - 11x + 30 = 0$

$\Rightarrow (x - 6) \times (x - 5) = 0$

$\Rightarrow x = 6$ या 5

$\therefore$ मूल 5 या 6 हैं।

अतः विकल्प (A) सही है।

20. दिया है:

दिया गया द्विघात समीकरण $5x^2 - 3x + 2 = 0$ है

धारणा

द्विघात समीकरण का विविक्तकर $D = b^2 - 4ac$

$D < 0$, तब मूल वास्तविक नहीं होंगे

गणना:

$5x^2 - 3x + 2 = 0$

सामान्य समीकरण $ax^2 + bx + c = 0$ से तुलना करने पर,

हमें प्राप्त होता है,

$a = 5, b = (-3)$ और $c = 2$

$\Rightarrow D = (-3)^2 - 4 \times 5 \times 2$

$\Rightarrow D = 9 - 40$

$\Rightarrow D = (-31)$ चूँकि $-31 < 0$ है, इसलिए मूल वास्तविक नहीं होंगे।

अतः विकल्प (A) सही है।

21. दिया है:

$$A^2 + 25A - 900 = 0$$

$$\Rightarrow A^2 + 45A - 20A - 900 = 0$$

$$\Rightarrow A(A + 45) - 20(A + 45) = 0$$

$$\Rightarrow (A + 45)(A - 20) = 0$$

$$\Rightarrow A = -45, 20$$

अतः विकल्प (D) सही है।

22. हमारे पास है $(x - 2)^2 + 1 = 2x - 3$

$\Rightarrow x^2 + 4 - 2 \times x \times 2 + 1 = 2x - 3$

$\Rightarrow x^2 - 4x + 5 - 2x + 3 = 0$

$\therefore x^2 - 6x + 8 = 0$, जो द्विघात समीकरण है।

अतः विकल्प (B) सही है।

23. दिया गया समीकरण: $2x^2 + kx + 3 = 0$

यहां, $a = 2, b = k, c = 3$

चूँकि समीकरण के दो बराबर मूल हैं

$$\therefore b^2 - 4ac = 0$$

$$\Rightarrow (k)^2 - 4 \times 2 \times 3 = 0$$

$$\Rightarrow k^2 = 24$$

$$\Rightarrow k = \pm\sqrt{24}$$

$$\therefore k = \pm\sqrt{4 \times 6}$$

$$= \pm 2\sqrt{6}$$

अतः विकल्प (D) सही है।

24. दिया गया समीकरण: $12x^2 + 4kx + 3 = 0$

यहां $a = 12, b = 4k, c = 3$

चूँकि दिए गए समीकरण के वास्तविक और समान मूल हैं

$\therefore b^2 - 4ac = 0$

$\Rightarrow (4k)^2 - 4 \times 12 \times 3 = 0$

$\Rightarrow 16k^2 - 144 = 0$

$\Rightarrow k^2 = 9$

$\Rightarrow k = \pm 3$

अतः विकल्प (A) सही है।

25. चूँकि -5 समीकरण $2x^2 + px - 15 = 0$ का मूल है।

$\therefore 2(-5)^2 + p(-5) - 15 = 0$

$\Rightarrow 50 - 5p - 15 = 0$

$\Rightarrow 5p = 35$

$\Rightarrow p = 7$

अतः विकल्प (C) सही है।

26. दिया है: $\sqrt{3x^2 + 6} = 9$

$\Rightarrow 3x^2 + 6 = 81$

$\Rightarrow 3x^2 = 75$

$\Rightarrow x^2 = 25$

$\Rightarrow x = \pm 5$

अत: विकल्प (B) सही है।

27. दिया है:

$2x^2 - \sqrt{5}x + 1 = 0$

यहां, $a = 2, b = -\sqrt{5}, c = 1$

$b^2 - 4ac$

$= \left(-\sqrt{5}\right)^2 - 4 \times 2 \times 1$

$= 5 - 8$

$= -3$

$\because b^2 - 4ac < 0$

$\therefore$ इसकी कोई वास्तविक मूल नहीं हैं।

अत: विकल्प (C) सही है।

28. दिया है: $(x + 1)^2 - 2(x + 1) = 0$

$x^2 + 1 + 2x - 2x - 2 = 0$

$x^2 - 1 = 0$

$x^2 = 1$

$x = \pm 1$

अत: विकल्प (A) सही है।

29. दिया है:

$(X + 1)^2 + 4X + 7 = 0$

$\Rightarrow X^2 + 2X + 1 + 4X + 7 = 0$

$\Rightarrow X^2 + 6X + 8 = 0$

$\Rightarrow X^2 + 4X + 2X + 8 = 0$

$\Rightarrow X(X + 4) + 2(X + 4) = 0$

$\Rightarrow (X + 4)(X + 2) = 0$

$\Rightarrow X = -4, -2$

अत: विकल्प (D) सही है।

30. विकल्प (C):

$(x + 2)(x - 1) = x^2 - 2x - 3$

$x^2 - x + 2x - 2 = x^2 - 2x - 3$

$x^2 - x^2 + x + 2x - 2 + 3 = 0$

$\Rightarrow 3x + 1 = 0$

यह द्विघात समीकरण नहीं है।

विकल्प (A):

$(x + 2)^2 = 2(x + 3)$

$\Rightarrow x^2 + 4x + 4 = 2x + 6$

$\Rightarrow x^2 + 4x - 2x + 4 - 6 = 0$

$\Rightarrow x^2 + 2x - 2$

यह द्विघात समीकरण है।

विकल्प (B):

$x^2 + 3x = (-1)(1 - 3x)$

$\Rightarrow x^2 + 3x = -1 + 3x$

$\Rightarrow x^2 + 1 = 0$

यह द्विघात समीकरण है।

विकल्प (D):

$x^3 - x^2 + 2x + 1 = (x + 1)^3$

$= x^3 + 3x^2 + 3x + 1$

$x^3 - x^2 + 2x + 1$

$3x^2 + x^2 - 2x - 1 + 3x + 1 = 0$

$\Rightarrow 4x^2 + x = 0$

यह द्विघात समीकरण है।

इसलिए, समीकरण $(x + 2)(x - 1) = x^2 - 2x - 3$ द्विघात समीकरण नहीं है।

अत: विकल्प (C) सही है।

Ques (1-2):निर्देश: निम्नलिखित प्रश्न में दो कथन I और II दिए गए हैं। आपको यह निर्धारित करना है कि प्रश्नों का उत्तर देने के लिए कौन सा/कौन से कथन पर्याप्त है/हैं / आवश्यक है/हैं।

Q.1 साधारण ब्याज का दर क्या होगा?

कथन:

I. राशि को 8 वर्षों के लिये निवेश किया गया है।

II. साधारण ब्याज निवेश का आधा है।

A. कथन I अकेला प्रश्न का उत्तर देने के लिए पर्याप्त हैं, लेकिन केवल कथन II पर्याप्त नहीं है।

B. कथन II अकेला प्रश्न का उत्तर देने के लिए पर्याप्त हैं, लेकिन केवल कथन I पर्याप्त नहीं है।

C. प्रश्न का उत्तर देने के लिए एक साथ I और II दोनों कथनों की आवश्यकता है।

D. या तो कथन I या कथन II अकेले प्रश्न का उत्तर देने के लिए पर्याप्त है।

Q.2 एक पुरुष और महिला के प्रति दिन के आय में क्या अंतर है?

कथन:

I. दो पुरुष और पाँच महिलाएँ 8 दिनों में कार्य कर सकते हैं।

II. एक महिला और एक बच्चे की कार्यक्षमता का अनुपात 4 : 7 है। पुरुष, महिला और बच्चे की एक दिन की आय 925 रु है।

A. कथन I और II दोनों में दिए आँकड़े प्रश्न का उत्तर देने के लिए आवश्यक है।

B. कथन I या कथन II में दिए गए आँकड़े प्रश्न का उत्तर देने के लिए पर्याप्त है।

C. कथन I और II दोनों के मिले हुए आँकड़े प्रश्न का उत्तर देने के लिए पर्याप्त नहीं है।

D. कथन II में दिए गए आँकड़े प्रश्न का उत्तर देने के लिए पर्याप्त है, जबकि I में दिए गए आँकड़े अकेले पर्याप्त नहीं है।

Ques (3-4):निर्देश: नीचे प्रश्न में तीन कथन I, II और III दिए गए हैं। आपको यह निर्धारित करना है कि दिया गया डेटा प्रश्न का उत्तर देने के लिए पर्याप्त है या नहीं।

Q.3 रेल की गति क्या है?

कथन:

I. रेल एक सिग्नल खम्भे को 28 सेकंड में पार करती है।

II. रेल स्वयं की लम्बाई से 50% अधिक लम्बी स्थिर रेल को 70 सेकंड में पार करती है।

III. रेल 300 मीटर लम्बे प्लेटफार्म को 45 सेकंड में पार करती है।

A. सभी कथन प्रश्न के उत्तर के लिए आवश्यक हैं।

B. कोई दो कथन प्रश्न के उत्तर के लिए पर्याप्त हैं।

C. या तो कथन I या II और कथन III प्रश्न के उत्तर के लिए आवश्यक हैं।

D. कथन I और III एक साथ प्रश्न के उत्तर के लिए पर्याप्त हैं।

Q.4 दिवाली गिफ्ट बॉक्स से एक रसगुल्ला खाने की प्रायिकता क्या है?

कथन:

I. दिवाली के डिब्बे में 5 काजू कतली और 7 मिल्क केक हैं, जिनमें कुछ अन्य मिठाइयाँ भी हैं।

II. एक दिवाली मिठाई बॉक्स में 3 मिठाई रसगुल्ला नहीं है।

III. दीवाली बॉक्स में 32 रसगुल्ले हैं जिनमें काजू कतली नहीं है।

A. कथन I और II प्रश्न का उत्तर देने के लिए पर्याप्त हैं।

B. कथन II और III प्रश्न का उत्तर देने के लिए पर्याप्त हैं।

C. कोई दो कथन प्रश्न का उत्तर देने के लिए पर्याप्त हैं।

D. सभी कथन एक साथ प्रश्न का उत्तर देने के लिए पर्याप्त नहीं हैं।

Ques (5-9):निर्देश: नीचे दिए गए प्रत्येक प्रश्न में एक प्रश्न और दो कथन I और II दिए गए हैं। आपको यह तय करना होगा कि कथन में दी गई जानकारी प्रश्न का उत्तर देने के लिए पर्याप्त हैं या नहीं। दोनों कथनों को पढ़ें और उत्तर दें।

Q.5 दो अंकों की संख्या का मान क्या है?

कथन:

I. इकाई के स्थान और दसवें स्थान पर अंकों का योग 13 है।

II. जब अंकों की आपस में अदला-बदली हुई तो प्राप्त संख्या मूल संख्या से 45 बड़ी थी।

A. कथन I में दी गई जानकारी प्रश्न का उत्तर देने के लिए पर्याप्त है, जबकि कथन II में दी गई जानकारी प्रश्न का उत्तर देने के लिए पर्याप्त नहीं है।

B. अकेले कथन II में दी गई जानकारी प्रश्न का उत्तर देने के लिए पर्याप्त है, जबकि कथन I में दी गई जानकारी प्रश्न का उत्तर देने के लिए पर्याप्त नहीं है।

C. प्रश्न का उत्तर देने के लिए या तो कथन I या कथन II पर्याप्त है।

D. प्रश्न का उत्तर देने के लिए कथन I और II दोनों में डेटा एक साथ आवश्यक है।

Q.6 क्या दो इनलेट पाइप (प्रवेश नली) A और B द्वारा 2500 लीटर की क्षमता वाली पानी की टंकी को 8 घंटे से भी कम समय में भरा जा सकता है?

कथन:

I. यदि पाइप A को अकेला खोला जाता है तो टैंक को भरने में 12 घंटे लगते हैं।

II. पाइप B प्रति मिनट 1 लीटर पानी भर सकता है।

A. कथन I में दी गई जानकारी प्रश्न का उत्तर देने के लिए पर्याप्त है, जबकि कथन II में दी गई जानकारी प्रश्न का उत्तर देने के लिए पर्याप्त नहीं है।

B. कथन II में दी गई जानकारी प्रश्न का उत्तर देने के लिए पर्याप्त है, जबकि कथन I में दी गई जानकारी प्रश्न का उत्तर देने के लिए पर्याप्त नहीं है।

C. प्रश्न का उत्तर देने के लिए या तो कथन I या कथन II पर्याप्त है।

D. प्रश्न का उत्तर देने के लिए I और II दोनों कथनों में दी गई जानकारी आवश्यक है।

Q.7 राम को एक समान गति से 100 किमी की दूरी तय करने में कितना समय लगेगा?

कथन:

I. मोहन की गति राम से 10 किमी प्रति घंटा अधिक है।

II. यदि मोहन अपनी गति 25% बढ़ाता है तो उसे 500 किमी की दूरी तय करने में 3 घंटे 20 मिनट कम लगते हैं।

A. कथन I में दी गई जानकारी प्रश्न का उत्तर देने के लिए पर्याप्त है, जबकि कथन II में दी गई जानकारी प्रश्न का उत्तर देने के लिए पर्याप्त नहीं है।

B. कथन II में दी गई जानकारी प्रश्न का उत्तर देने के लिए पर्याप्त है, जबकि कथन I में दी गई जानकारी प्रश्न का उत्तर देने के लिए पर्याप्त नहीं है।

C. प्रश्न का उत्तर देने के लिए या तो कथन I या कथन II पर्याप्त है।

D. प्रश्न का उत्तर देने के लिए कथन I और II दोनों का डेटा एक साथ आवश्यक है।

Q.8 समकोण त्रिभुज ABC का क्षेत्रफल क्या है?

कथन:

I. त्रिभुज की भुजाएँ AB और BC की लंबाई क्रमशः 12 सेमी और 9 सेमी है।

II. त्रिभुज ABC का अरेखीय 3 सेमी है, और परिधि 7.5 सेमी है।

A. कथन I में दी गई जानकारी प्रश्न का उत्तर देने के लिए पर्याप्त है, जबकि कथन II में दी गई जानकारी प्रश्न का उत्तर देने के लिए पर्याप्त नहीं है।

B. कथन II में दी गई जानकारी प्रश्न का उत्तर देने के लिए पर्याप्त है, जबकि कथन I में दी गई जानकारी प्रश्न का उत्तर देने के लिए पर्याप्त नहीं है।

C. प्रश्न का उत्तर देने के लिए या तो कथन I या कथन II पर्याप्त है।

D. I और II दोनों कथनों में दी गई जानकारी प्रश्न का उत्तर देने के लिए पर्याप्त नहीं है।

Q.9 x और y का योग क्या है?

कथन:

I. $15x + 4y = 108$

II. $y = 27 - 3.75x$

A. कथन I में दी गई जानकारी प्रश्न का उत्तर देने के लिए पर्याप्त है, जबकि कथन II में दी गई जानकारी प्रश्न का उत्तर देने के लिए पर्याप्त नहीं है।

B. कथन II में दी गई जानकारी प्रश्न का उत्तर देने के लिए पर्याप्त है, जबकि कथन I में दी गई जानकारी प्रश्न का उत्तर देने के लिए पर्याप्त नहीं है।

C. प्रश्न का उत्तर देने के लिए या तो कथन I या कथन II पर्याप्त है।

D. I और II दोनों कथनों में दी गई जानकारी प्रश्न का उत्तर देने के लिए पर्याप्त नहीं है।

Ques (10-12):निर्देश: नीचे दिए गए प्रत्येक प्रश्न में एक प्रश्न और दो कथन I और II दिए गए हैं। आपको यह तय करना होगा कि कथन में दी गई जानकारी प्रश्न का उत्तर देने के लिए पर्याप्त हैं या नहीं। दोनों कथनों को पढ़ें और उत्तर दें।

Q.10 यदि ब्याज की दर सालाना चक्रवृद्धि है, तो दो वर्ष के अंत में रीना को कितनी राशि मिलेगी?

कथन:

I. रोहन प्रति वर्ष 10% की दर से साधारण ब्याज के बराबर धनराशि का निवेश करता है और 3 वर्षों के अंत में कुल 1560 रु की राशि प्राप्त करता है।

II. 2 वर्ष के अंत में समान ब्याज दर पर समान ब्याज पर साधारण ब्याज और चक्रवृद्धि ब्याज के बीच का अंतर 12 रुपये है।

A. कथन I में दी गई जानकारी प्रश्न का उत्तर देने के लिए पर्याप्त है, जबकि कथन II में दी गई जानकारी प्रश्न का उत्तर देने के लिए पर्याप्त नहीं है।

B. अकेले कथन II में दी गई जानकारी प्रश्न का उत्तर देने के लिए पर्याप्त है, जबकि कथन I में दी गई जानकारी प्रश्न का उत्तर देने के लिए पर्याप्त नहीं है।

C. प्रश्न का उत्तर देने के लिए या तो कथन I या कथन II पर्याप्त है।

D. प्रश्न का उत्तर देने के लिए कथन I और II दोनों का डेटा एक साथ आवश्यक है।

Q.11 532 किमी की दूरी तय करने में ट्रेन P को कितना समय लगेगा?

कथन:

I. ट्रेन P और ट्रेन Q के दौड़ने की चाल का अनुपात क्रमशः 4 : 5 है।

II. ट्रेन P और ट्रेन Q की औसत चाल $\frac{400}{9}$ किमी प्रति घंटा है।

A. कथन I में दी गई जानकारी प्रश्न का उत्तर देने के लिए पर्याप्त है, जबकि कथन II में दी गई जानकारी प्रश्न का उत्तर देने के लिए पर्याप्त नहीं है।

B. कथन II में दी गई जानकारी प्रश्न का उत्तर देने के लिए पर्याप्त है, जबकि कथन I में दी गई जानकारी प्रश्न का उत्तर देने के लिए पर्याप्त नहीं है।

C. प्रश्न का उत्तर देने के लिए या तो कथन I या कथन II पर्याप्त है।

D. प्रश्न का उत्तर देने के लिए कथन I और II दोनों का डेटा एक साथ आवश्यक है।

Q.12 वर्ष 2018 नें एक शहर की जनसंख्या 219615 थी तो शहर की जनसंख्या ठीक 4 साल पहले क्या होगी?

कथन:

I. वर्ष 2018 में शहर की जनसंख्या वर्ष 2014 के ठीक 1.4641 गुणा है।

II. शहर की जनसंख्या में हर साल 10% की वृद्धि हुई।

A. कथन I में दी गई जानकारी प्रश्न का उत्तर देने के लिए पर्याप्त है, जबकि कथन II में दी गई जानकारी प्रश्न का उत्तर देने के लिए पर्याप्त नहीं है।

B. कथन II में दी गई जानकारी प्रश्न का उत्तर देने के लिए पर्याप्त है, जबकि कथन I में दी गई जानकारी प्रश्न का उत्तर देने के लिए पर्याप्त नहीं है।

C. प्रश्न का उत्तर देने के लिए या तो कथन I या कथन II पर्याप्त है।

D. I और II दोनों कथनों में दी गई जानकारी प्रश्न का उत्तर देने के लिए पर्याप्त नहीं है।

Ques (13-14):निर्देश: नीचे दिए गए प्रत्येक प्रश्न में एक प्रश्न और तीन कथन I, II और III दिए गए हैं। आपको यह तय करना होगा कि कथन में दी गई जानकारी प्रश्न का उत्तर देने के लिए पर्याप्त हैं या नहीं। सभी कथन पढ़ें और उत्तर दें:

Q.13 वर्ष 2002 में कंपनी को कितना लाभ हुआ?

कथन:

I. कंपनी ने वर्ष 2003 की तुलना में वर्ष 2001 में 40% अधिक लाभ अर्जित किया।

II. कंपनी ने 200ˊ और 2002 में एक साथ कुल 20 करोड़ रुपए का लाभ कमाया।

III. वर्ष 2003 में, कंपनी ने 2002 में अर्जित लाभ का 80% अर्जित किया।

A. या तो कथन III अकेले या कथन I और II एक साथ पर्याप्त हैं।

B. केवल कथन III पर्याप्त है।

C. कथन I और कथन II एक साथ पर्याप्त हैं।

D. केवल कथन I, II और III एक साथ पर्याप्त हैं।

Q.14 दुरंतो एक्स्प्रेस किस समय दिल्ली से लखनऊ पहुंचेगी।

कथन:

I. ट्रेन 200 मीटर की समान लंबाई वाली व विपरीत दिशा में चलने वाली एक अन्य ट्रेन को 15 सेकंड में पार करती है।

II. ट्रेन 560 किलोमीटर की दूरी पर लखनऊ के लिए सुबह 7.15 बजे दिल्ली से रवाना होती है।

III. दुरंतो एक्स्प्रेस की लंबाई 300 मीटर है जो 10 सेकंड में एक सिग्नल पोल पार करती है।

A. या तो कथन III अकेले या कथन I और II एक साथ पर्याप्त हैं।

B. केवल कथन III पर्याप्त है।

C. कथन II और कथन III एक साथ पर्याप्त हैं।

D. केवल कथन I, II और III एक साथ पर्याप्त हैं।

Q.15 निर्देश: नीचे दिए गए प्रत्येक प्रश्न में एक प्रश्न और तीन कथन I, II और III दिए गए हैं। आपको यह तय करना होगा कि कथन में दी गई जानकारी प्रश्न का उत्तर देने के लिए पर्याप्त हैं या नहीं। सभी कथन पढ़ें और उत्तर दें:

एक परिवार में 5 सदस्य हैं, निधि, विधि, नित्या, अजय और अनिल है। अनिल की वर्तमान आयु ज्ञात कीजिए।

कथन:

I. परिवार के पांच सदस्यों की औसत आयु 36 वर्ष है।

II. निधि, विधि और अनिल की कुल उम्र 75 वर्ष है।

III. अनिल की वर्तमान आयु अजय की आयु से 12 वर्ष अधिक है।

A. कथन I में दी गई जानकारी प्रश्न का उत्तर देने के लिए पर्याप्त है, जबकि कथन II और III में दी गई जानकारी प्रश्न का उत्तर देने के लिए पर्याप्त नहीं है।

B. केवल कथन II में दी गई जानकारी प्रश्न का उत्तर देने के लिए पर्याप्त है, जबकि कथन I और III में दी गई जानकारी प्रश्न का उत्तर देने के लिए पर्याप्त नहीं है।

C. कथन I और II में दी गई जानकारी या अकेले कथन III में दी गई जानकारी प्रश्न का उत्तर देने के लिए पर्याप्त है।

D. I, II और III सभी कथनों में दी गई जानकारी प्रश्न का उत्तर देने के लिए पर्याप्त नहीं है।

Q.16 निर्देश: नीचे दिए गए प्रत्येक प्रश्न में एक प्रश्न और तीन कथन I, II और III दिए गए हैं। आपको यह तय करना होगा कि कथन में दी गई जानकारी प्रश्न का उत्तर देने के लिए पर्याप्त हैं या नहीं। सभी कथन पढ़ें और उत्तर दें:

एक परीक्षा में कुछ छात्र परीक्षा के लिए उपस्थित हुए। कितने छात्रों ने परीक्षा उत्तीर्ण की?

कथन:

I. 35% छात्र परीक्षा में फेल हो गये।

II. परीक्षा में फेल होने वाले और परीक्षा में उत्तीर्ण होने वाले छात्रों के बीच का अंतर 240 है।

III. परीक्षा में शामिल होने वाले लड़कों और लड़कियों का अनुपात 4: 5 है।

A. कथन I और II में दी गई जानकारी प्रश्न का उत्तर देने के लिए पर्याप्त है, जबकि कथन III में दी गई जानकारी प्रश्न का उत्तर देने के लिए पर्याप्त नहीं है।

B. कथन II और III में दी गई जानकारी प्रश्न का उत्तर देने के लिए पर्याप्त है, जबकि कथन I में दी गई जानकारी प्रश्न का उत्तर देने के लिए पर्याप्त नहीं है।

C. तीन में से किसी भी दो कथन में दी गई जानकारी प्रश्न का उत्तर देने के लिए पर्याप्त है।

D. I, II और III सभी कथनों में दी गई जानकारी प्रश्न का उत्तर देने के लिए पर्याप्त नहीं है।

Ques (17-28):निर्देश: निम्नलिखित कथनों को पढ़िए और ज्ञात कीजिए कि वे दिए गए प्रश्न का उत्तर देने के लिए पर्याप्त हैं या नहीं हैं।

Q.17 विक्रय मूल्य पर मार्कर का लाभ% क्या है?

कथन:

I. मार्कर पर क्रय मूल्य से 15% अधिक मूल्य अंकित किया गया है।

II. 4% की छूट दी गई है और मार्कर का क्रय मूल्य 250 रुपए है।

A. कथन I अकेला प्रश्न का उत्तर देने के लिए पर्याप्त है लेकिन, कथन II अकेला पर्याप्त नहीं है।

B. कथन I अकेला प्रश्न का उत्तर देने के लिए पर्याप्त है लेकिन, कथन II अकेला पर्याप्त नहीं है।

C. दोनों कथन I और II एकसाथ प्रश्न के उत्तर के लिए आवश्यक हैं।

D. न तो कथन I और न ही कथन II प्रश्न के उत्तर के लिए पर्याप्त है।

Q.18 संपूर्ण यात्रा में ट्रेन की औसत चाल ज्ञात कीजिए।

कथन:

I. एक ट्रेन ने पहले दो घंटों के लिए 20 किमी/घंटा की चाल से यात्रा की। यदि यह अगले $\frac{9}{5}$ घंटों के लिए 40 किमी/घंटा की चाल से यात्रा करती है, तो ट्रेन ने अपनी यात्रा का $\frac{8}{11}$ हिस्सा पूरा करती है।

II. ट्रेन ने शेष यात्रा अगले $\frac{6}{5}$ घंटे में पूरी की।

A. प्रश्न का उत्तर देने के लिए केवल कथन I पर्याप्त है।

B. प्रश्न का उत्तर देने के लिए केवल कथन II पर्याप्त है।

C. कथन I और कथन II मिलकर पर्याप्त हैं, लेकिन दोनों में से कोई भी अकेले प्रश्न का उत्तर देने के लिए पर्याप्त नहीं है।

D. प्रश्न का उत्तर देने के लिए न तो कथन I और न ही कथन II पर्याप्त है।

Q.19 राम और सुहानी द्वारा एक साथ कार्य पूरा करने में लिया गया कुल समय ज्ञात कीजिए।

कथन:

I. राम सुहानी से दोगुने समय में कार्य का $\left(\frac{1}{3}\right)$ भाग पूरा करता है।

II. सुहानी 5 दिनों में कार्य पूरा करती है।

A. प्रश्न का उत्तर देने के लिए केवल कथन I पर्याप्त है।

B. प्रश्न का उत्तर देने के लिए केवल कथन II पर्याप्त है।

C. कथन I और कथन II मिलकर पर्याप्त हैं, लेकिन दोनों में से कोई भी अकेले प्रश्न का उत्तर देने के लिए पर्याप्त नहीं है।

D. प्रश्न का उत्तर देने के लिए न तो कथन I और न ही कथन II पर्याप्त है।

Q.20 कथन:

I. एक व्यक्ति पुल पर खड़ा है। वह पुल के शुरुआती बिंदु से 250 मीटर दूर है और पुल के अंत से 330 मीटर दूर है।

II. यदि किसी ट्रेन को 2 मीटर/सेकंड की चाल से पूरे पुल को पार करने में 5 मिनट लगते हैं।

ट्रेन की लंबाई ज्ञात कीजिये?

A. प्रश्न का उत्तर देने के लिए केवल कथन I पर्याप्त है।

B. प्रश्न का उत्तर देने के लिए केवल कथन II पर्याप्त है।

C. कथन I और कथन II मिलकर पर्याप्त हैं, लेकिन दोनों में से कोई भी अकेले प्रश्न का उत्तर देने के लिए पर्याप्त नहीं है।

D. प्रश्न का उत्तर देने के लिए न तो कथन I और न ही कथन II पर्याप्त है।

Q.21 विपरीत दिशा में चलने वाली दो ट्रेनें 46 सेकंड में एक दूसरे को पार करती हैं। उनकी लंबाई का योग क्या है?

कथन:

I. ट्रेनों की गति का योग 23 मीटर/सेकंड है।

II. ट्रेनों की गति में अंतर 6 मीटर/सेकंड है।

A. केवल कथन I प्रश्न का उत्तर देने के लिए पर्याप्त है लेकिन,केवल कथन II पर्याप्त नहीं है।

B. केवल कथन II प्रश्न का उत्तर देने के लिए पर्याप्त है लेकिन, केवल कथन I पर्याप्त नहीं है।

C. कथन I और II दोनों में दी गयी जानकारी एक साथ प्रश्न का उत्तर देने के लिए आवश्यक है।

D. प्रश्न का उत्तर देने के लिए न तो कथन I और न ही कथन II पर्याप्त है।

Q.22 C की आयु कितनी है?

कथन:

I. A, B और C तीन मित्र हैं। तीनों की आयु का योग 58 वर्ष है। चूंकि उम्र B की आयु से 5% अधिक है।

II. C की आयु B की आयु से 15% कम है।

A. यदि कथन I का आंकड़ा अकेले प्रश्न का उत्तर देने के लिए पर्याप्त है, जबकि कथन II में दिया गया आंकड़ा प्रश्न का उत्तर देने के लिए पर्याप्त नहीं हैं।

B. यदि कथन II का आंकड़ा अकेले प्रश्न का उत्तर देने के लिए पर्याप्त है, जबकि कथन I का आंकड़ा प्रश्न का उत्तर देने के लिए पर्याप्त नहीं है।

C. यदि कथन I में दिया गया आंकड़ा अकेले या कथन II में दिया आंकड़ा अकेले प्रश्न का उत्तर देने के लिए पर्याप्त है।

D. यदि प्रश्न का उत्तर देने के लिए कथन I और II दोनों में दिए गए आंकड़ों की एक साथ आवश्यकता होती है।

Q.23 चौथे मित्र की आयु ज्ञात कीजिए।

कथन:

I. नौ दोस्तों की औसत आयु 15 वर्ष है।

II. यदि पहले पाँच दोस्तों की औसत आयु 17 वर्ष है और अंतिम पाँच दोस्तों की औसत आयु 14 वर्ष है।

A. यदि कथन I का आंकड़ा अकेले प्रश्न का उत्तर देने के लिए पर्याप्त है,

B. यदि कथन II का आंकड़ा अकेले प्रश्न का उत्तर देने के लिए पर्याप्त है, जबकि कथन I का आंकड़ा प्रश्न का उत्तर देने के लिए पर्याप्त नहीं है।

C. यदि कथन I में दिया गया आंकड़ा अकेले या कथन II में दिया गया आंकड़ा अकेले प्रश्न का उत्तर देने के लिए पर्याप्त है।

D. यदि कथन I और II दोनों में दिए गए आँकड़े मिलाकर भी प्रश्न का उत्तर देने के लिए पर्याप्त नहीं हो।

Q.24 x का मान ज्ञात कीजिए?

कथन:

I. 4xyz + 2y + 4 − 34z = 0, z = 1

II. $y = \sqrt{428 - 419}$

III. xyz − 3z + 8y − 9 = 0, z = −1

A. केवल कथन I में जानकारी या कथन II और III एक साथ प्रश्न का उत्तर देने के लिए पर्याप्त है।

B. तीन में से किन्ही भी दो कथन में जानकारी प्रश्न का उत्तर देने के लिए पर्याप्त है।

C. I, II और III सभी कथनों में जानकारी प्रश्न का उत्तर देने के लिए पर्याप्त नहीं है।

D. सभी कथन I, II और III में जानकारी प्रश्न का उत्तर देने के लिए आवश्यक है।

Q.25 क्या त्रिभुज ABC एक समकोण त्रिभुज है?

कथन:

I. AB और BC भुजाओं की लंबाई का अनुपात 4 : 5 है।

II. BC और AC भुजाओं की लंबाई का अनुपात 12.5 : 6.5 है।

A. कथन I में दी गई जानकारी प्रश्न का उत्तर देने के लिए पर्याप्त है, जबकि कथन II में दी गई जानकारी प्रश्न का उत्तर देने के लिए पर्याप्त नहीं है।

B. कथन II में दी गई जानकारी प्रश्न का उत्तर देने के लिए पर्याप्त है, जबकि कथन I में दी गई जानकारी प्रश्न का उत्तर देने के लिए पर्याप्त नहीं है।

C. प्रश्न का उत्तर देने के लिए या तो कथन I या कथन II पर्याप्त है।

D. प्रश्न का उत्तर देने के लिए I और II दोनों कथनों में दी गई जानकारी आवश्यक है।

Q.26 120 रुपये के योग को A, B और C के बीच वितरित किया गया तो इन तीनों में से किसे सबसे ज्यादा हिस्सा मिला होगा?

कथन:

I. A का हिस्सा B और C के हिस्से को मिलाकर उसका एक तिहाई था।

II. C का हिस्सा A और B के हिस्से को मिलाकर उनके योग का 60% था।

A. कथन I में दी गई जानकारी प्रश्न का उत्तर देने के लिए पर्याप्त है, जबकि कथन II में दी गई जानकारी प्रश्न का उत्तर देने के लिए पर्याप्त नहीं है।

B. कथन II में दी गई जानकारी प्रश्न का उत्तर देने के लिए पर्याप्त है, जबकि कथन I में दी गई जानकारी प्रश्न का उत्तर देने के लिए पर्याप्त नहीं है।

C. प्रश्न का उत्तर देने के लिए या तो कथन I या कथन II पर्याप्त है।

D. I और II दोनों कथनों में दी गई जानकारी प्रश्न का उत्तर देने के लिए पर्याप्त नहीं है।

Q.27 एक ट्रेन 600 मीटर लम्बे प्लेटफॉर्म को 30 सेकंड में पार कर सकती है। ट्रेन की लंबाई कितनी है?

कथन:

I. ट्रेन के विपरीत दिशा में 20 मीटर प्रति सेकंड की गति से दौड़ने वाला आदमी 6 सेकंड में ट्रेन को पूरी तरह से पार कर सकता है।

II. ट्रेन 10 सेकंड में प्लेटफॉर्म पर खड़े एक लड़के को पार कर सकती है।

A. कथन I में दी गई जानकारी प्रश्न का उत्तर देने के लिए पर्याप्त है,

---

जबकि कथन II में दी गई जानकारी प्रश्न का उत्तर देने के लिए पर्याप्त नहीं है।

B. कथन II में दी गई जानकारी प्रश्न का उत्तर देने के लिए पर्याप्त है, जबकि कथन I में दी गई जानकारी प्रश्न का उत्तर देने के लिए पर्याप्त नहीं है।

C. प्रश्न का उत्तर देने के लिए या तो कथन I या कथन II पर्याप्त है।

D. I और II दोनों कथनों में दी गई जानकारी प्रश्न का उत्तर देने के लिए पर्याप्त नहीं है।

Q.28 वर्तमान में, राम और श्याम की आयु क्रमशः 5: 6 के अनुपात में है। राम की आयु कितनी है?

कथन:

I. वर्तमान में, श्याम और मोहन की आयु का क्रमिक अनुपात 3: 4 है।

II: 5 साल बाद, राम और मोहन की आयु का अनुपात 2: 3 हो जाएगा।

A. कथन I में दी गई जानकारी प्रश्न का उत्तर देने के लिए पर्याप्त है, जबकि कथन II में दी गई जानकारी प्रश्न का उत्तर देने के लिए पर्याप्त नहीं है।

B. कथन II में दी गई जानकारी प्रश्न का उत्तर देने के लिए पर्याप्त है, जबकि कथन I में दी गई जानकारी प्रश्न का उत्तर देने के लिए पर्याप्त नहीं है।

C. प्रश्न का उत्तर देने के लिए या तो कथन I या कथन II पर्याप्त है।

D. प्रश्न का उत्तर देने के लिए I और II दोनों कथनों में दी गई जानकारी आवश्यक है।

Q.29 निर्देश: नीचे एक प्रश्न और तीन कथन I, II और III दिए गए हैं। आपको यह तय करना है कि कथनों में दिया गया डेटा प्रश्न का उत्तर देने के लिए पर्याप्त है या नहीं। सभी कथनों को पढ़िए और उत्तर दीजिए:

100 के अंतर्गत चार क्रमागत अभाज्य संख्याएँ ज्ञात कीजिए।

कथन:

I. बीच वाली संख्याओं का औसत 64 है।

II. प्रथम और अंतिम संख्या का औसत 65 है।

III. प्रथम सख्या और अंतिम सख्या का अंतर 12 है।

A. केवल I और III

B. या तो I अथवा II

C. या तो I अथवा III

D. सभी तीनो कथन पर्याप्त नहीं है।

Q.30 निर्देश: नीचे एक प्रश्न दिया गया है और उसके नीचे दो कथन क्रमांक I और II दिए गए हैं। आपको यह तय करना है कि कथनों में दिया गया डेटा प्रश्न का उत्तर देने के लिए पर्याप्त है या नहीं।

दो अंकों की प्राकृतिक संख्या N का मान क्या है?

कथन:

I. N, 13 का एक गुणक है।

II. N एक संयुक्त संख्या नहीं है।

A. प्रश्न के उत्तर के लिए सिर्फ कथन I पर्याप्त है।

B. प्रश्न के उत्तर के लिए सिर्फ कथन II पर्याप्त है।

C. प्रश्न के उत्तर के लिए कथन I और कथन II दोनों पर्याप्त हैं, लेकिन दोनों में से सिर्फ कोई एक पर्याप्त नहीं है।

D. प्रश्न के उत्तर के लिए सिर्फ कथन I या सिर्फ कथन II पर्याप्त है।

// स्मार्ट उत्तर पुस्तिका //

सही उत्तर	उन छात्रों का प्रतिशत जिन्होंने प्रश्नों का सही उत्तर दिया था।	छोड़ दिया	उन छात्रों का प्रतिशत जिन्होंने प्रश्नों को छोड़ दिया था।

प्रश्न संख्या	उत्तर	सही उत्तर / छोड़ दिया	प्रश्न संख्या	उत्तर	सही उत्तर / छोड़ दिया	प्रश्न संख्या	उत्तर	सही उत्तर / छोड़ दिया	प्रश्न संख्या	उत्तर	सही उत्तर / छोड़ दिया	प्रश्न संख्या	उत्तर	सही उत्तर / छोड़ दिया	प्रश्न संख्या	उत्तर	सही उत्तर / छोड़ दिया
1	C	84.3 % / 14.85 %	6	D	80.62 % / 17.81 %	11	D	82.56 % / 15.7 %	16	A	84.56 % / 12.07 %	21	A	79.51 % / 16.18 %	26	D	87.14 % / 12.6 %
2	C	78.85 % / 10.12 %	7	D	79.0 % / 18.23 %	12	C	87.06 % / 10.02 %	17	C	82.86 % / 17.1 %	22	D	82.41 % / 10.97 %	27	C	82.59 % / 16.4 %
3	C	82.3 % / 11.11 %	8	B	79.13 % / 20.36 %	13	D	77.16 % / 10.68 %	18	C	85.43 % / 14.1 %	23	D	88.94 % / 10.98 %	28	D	87.19 % / 10.42 %
4	D	88.31 % / 11.26 %	9	D	82.7 % / 10.78 %	14	C	86.17 % / 13.5 %	19	C	87.53 % / 12.23 %	24	B	81.28 % / 12.82 %	29	B	84.54 % / 11.99 %
5	D	80.71 % / 17.47 %	10	D	76.1 % / 19.83 %	15	D	80.2 % / 17.51 %	20	C	79.76 % / 17.35 %	25	D	76.21 % / 21.51 %	30	C	77.1 % / 19.4 %

//संकेत और समाधान//

1. दिया है:

समय = 8 वर्ष

सूत्र:

साधारण ब्याज $= \dfrac{(P \times R \times T)}{100}$

कथन I:

समय $= 8$ वर्ष

कथन II:

माना की मूलधन $= x$ है तब साधारण ब्याज $= \dfrac{x}{2}$

$\Rightarrow \dfrac{x}{2} = \dfrac{(x \times R \times T)}{100}$

कथन I और II से:

$\Rightarrow \dfrac{x}{2} = \dfrac{(x \times R \times 8)}{100}$

$\Rightarrow R = \dfrac{100}{16} = \dfrac{25}{4}$

कथन I और II से हम ब्याज का दर ज्ञात कर सकते हैं।

∴ प्रश्न का उत्तर देने के लिए एक साथ I और II दोनों कथनों की आवश्यकता है।

अत: विकल्प (C) सही है।

2. कथन I से:

दो पुरुष और पाँच महिलाएँ 8 दिनों में कार्य कर सकते हैं।

माना कि एक दिन में 1 पुरुष द्वारा किया गया कार्य $= \dfrac{1}{M}$

माना कि एक दिन में 1 महिला द्वारा किया गया कार्य $= \dfrac{1}{W}$

$\Rightarrow \left(\dfrac{2}{M}\right) + \left(\dfrac{5}{W}\right) = \dfrac{1}{8}$

कथन II से:

एक महिला और एक बच्चे की कार्यक्षमता का अनुपात 4 : 7 है।

पुरुष और महिला की कार्यक्षमता के बीच संबंध निर्धारित नहीं किया जा सकता है।

∴ कथन I और II दोनों के मिले हुए आँकड़े प्रश्न का उत्तर देने के लिए पर्याप्त नहीं है।

अत: विकल्प (C) सही है।

3. माना रेल कि लम्बाई ' x ' मीटर और गति ' S ' मीटर/सेकंड है।

कथन I:

$\dfrac{x}{s} = 28$ ... (1)

कथन II:

$\dfrac{(x + 1.5x)}{s} = 70$

$\Rightarrow \dfrac{x}{s} = 28$ ... (2)

कथन III:

$\dfrac{(x + 300)}{s} = 45$ ... (3)

समीकरण (3) और या तो (1) या फिर (2) के उपयोग से, हम ' S' का मान ज्ञात कर सकते हैं।

∴ या तो कथन I या II और कथन III प्रश्न के उत्तर के लिए आवश्यक हैं।

अत: विकल्प (C) सही है।

4. दिया है:

माना P (एक रसगुल्ला) का मान x है।

P (एक रसगुल्ला) = रसगुल्ले की संख्या/मिठाई की कुल संख्या

एक रसगुल्ला खाने की प्रायिकता ज्ञात करने के लिए,

हमें रसगुल्ले की संख्या और मिठाई की कुल संख्या की आवश्यकता है।

जैसा कि किसी भी कथन में मिठाई की कुल संख्या का उल्लेख नहीं किया गया है।

इसलिए, हम रसगुल्ला खाने की प्रायिकता ज्ञात नहीं कर सकते हैं।

∴ सभी कथन एक साथ प्रश्न का उत्तर देने के लिए पर्याप्त नहीं हैं।

अत: विकल्प (D) सही है।

5. माना दो अंकों की संख्या $= 10a + b$

कथन I से, हम यह निष्कर्ष निकाल सकते हैं कि,

$a + b = 13$

कथन II से, हम यह निष्कर्ष निकाल सकते हैं कि,

$10\, b + a = 10a + b + 45$

$9(b - a) = 45$

यदि हम दोनों समीकरणों को हल करते है तो हमें उत्तर 49 प्राप्त हो सकता है।

इसलिए, कथन I और II दोनों में डेटा एक साथ प्रश्न का उत्तर देने के लिए आवश्यक है।

अत: विकल्प (D) सही है।

6. कथन I से, पाइप A की दक्षता प्रति घंटा

$= \dfrac{2500}{12} = \dfrac{625}{3}$ लीटर प्रति घंटा

कथन II से, पाइप की दक्षता $B = 1 \times 60 = 60$ लीटर प्रति घंटा

पाइप A और B एक साथ 1 घंटे में भर जाएगा

$= \dfrac{625}{3} + 60 = \dfrac{805}{3}$ लीटर प्रति घंटा

2500 लीटर पानी भरने में लगने वाला समय = 8 घंटे से अधिक

इसलिए, कथन I और II दोनों में डेटा एक साथ प्रश्न का उत्तर देने के लिए आवश्यक है।

अत: विकल्प (D) सही है।

7. माना राम कि गति $= x$ किमी प्रति घंटा

तब मोहन की गति $= y$ किमी प्रति घंटा

कथन I से, $y = x + 10$

कथन II से, हम y का मान 30 के रूप में ज्ञात कर सकते हैं, इसलिए मोहन की गति 30 किमी प्रति घंटा है।

दोनों कथनों को मिलाकर, हम x का मान भी प्राप्त कर सकते हैं जो कि 20 किमी प्रति घंटा है।

तो, राम को 100 किमी को 20 किमी प्रति घंटे की गति से तय करने में 5 घंटे का समय लगेगा।

अत: विकल्प (D) सही है।

8. कथन I से, AB = 12 सेमी

BC = 9 सेमी परन्तु हम यह निष्कर्ष नहीं निकाल सकते हैं कि कौन सा कोण समकोण है इसलिए, हमें केवल कथन I द्वारा विशिष्ट उत्तर नहीं मिल सकता।

कथन II से, माना त्रिभुज की भुजाएँ $= a, b,$ और c जहाँ c कर्ण है।

फिर, आन्तरिक त्रिज्या $= \frac{a+b-c}{2} = 3$

और, परिधि $=$ कर्ण $/2 = \frac{c}{2} = 7.5, c = 15$ सेमी

$$a + b = 21$$

पाइथागोरस प्रमेय द्वारा हम a और b के मान की गणना कर सकते हैं, उसके बाद हम क्षेत्र का निष्कर्ष निकाल सकते हैं।

इसलिए, केवल कथन II में दिया गया डेटा प्रश्न का उत्तर देने के लिए पर्याप्त है, जबकि कथन I में दिया गया डेटा प्रश्न का उत्तर देने के लिए पर्याप्त नहीं है।

अत: विकल्प (B) सही है।

9. कथन I से, $15x + 4y = 108 \cdots$ (i)

कथन II से, $y = 27 - 3.75x$

$$4y + 15x = 108 \cdots \text{(ii)}$$

यहाँ, दोनों समीकरण समान हैं इसका अर्थ है कि हमारे पास दो चर और एक समीकरण है इसलिए हम एक समीकरण से दो चर के मान का निष्कर्ष नहीं निकाल सकते हैं।

इसलिए, कथन I और II दोनों में डेटा प्रश्न का उत्तर देने के लिए पर्याप्त नहीं है।

अत: विकल्प (D) सही है।

10. कथन I से, हम यह निष्कर्ष निकाल सकते हैं कि रीना ने कितना पैसा निवेश किया था, लेकिन कहीं भी यह उल्लेख नहीं किया गया है कि रीना ने अपना पैसा निवेश किया था। इसलिए हम कथन से उत्तर तक नहीं पहुंच सकते।

कथन II से, 2 वर्ष के अंत में चक्रवृद्धि ब्याज और साधारण ब्याज के बीच का अंतर 12 रुपये है। चूंकि मूलधन यहां नहीं दिया गया है, हम केवल कथन II का उपयोग करके ब्याज दर नहीं निकाल सकते हैं।

लेकिन, कथन I से, हमने धन की राशि का निष्कर्ष निकाला और इस कथन पर हम ब्याज दर का निष्कर्ष निकाल सकते हैं।

इसलिए, यदि हम कथन I और कथन II को मिलाते हैं तो हम यह निष्कर्ष निकाल सकते हैं कि ब्याज की दर 10% प्रति वर्ष थी और धन की राशि 1200 रुपये अब हम गणना कर सकते हैं कि 2 साल के अंत में रीना को कितनी राशि मिलेगी।

इसलिए, कथन I और II दोनों में डेटा एक साथ प्रश्न का उत्तर देने के लिए आवश्यक है।

अत: विकल्प (D) सही है।

11. प्रश्न में दूरी दी गई है।

कथन I, में चाल का अनुपात दिया गया है।

कथन I, से हम यह निष्कर्ष निकाल सकते हैं कि P की चाल : Q की चाल = 4 : 5

लेकिन हम अलग-अलग ट्रेनों की चाल का पता नहीं लगा सकते हैं।

कथन II में दोनों ट्रेनों की औसत चाल दी गई है, इसलिए हम अलग-अलग ट्रेनों की चाल का पता नहीं लगा सकते हैं।

यदि हम कथन I को कथन II के साथ जोड़ते हैं, तो हम प्राप्त कर सकते हैं क्योंकि P की चाल = 40 किमी प्रति घंटा Q की चाल = 50 किमी प्रति घंटा

इसलिए, प्रश्न का उत्तर देने के लिए कथन I और II दोनों का डेटा एक साथ आवश्यक है।

अत: विकल्प (D) सही है।

12. माना शहर की जनसंख्या 4 साल पहले अर्थात वर्ष 2014 में $= x$

तब, कथन I से,

$$1.4641 \times x = 219615$$

$$x = 150000$$

कथन II से,

यदि इसमें प्रत्येक वर्ष 10% की वृद्धि की जाती है तो,

$$x \times \frac{110}{100} \times \frac{110}{100} \times \frac{110}{100} \times \frac{110}{100} = 219615$$

यहाँ से, हम x का मान प्राप्त कर सकते हैं $= 150000$

इसलिए, या तो कथन I या कथन II प्रश्न का उत्तर देने के लिए पर्याप्त है।

अत: विकल्प (C) सही है।

13. सभी कथनों को एक साथ लेते हुए,

माना कंपनी द्वारा 2001 में और 2002 में अर्जित लाभ $= x$ रुपये और y रुपये

$$2003 \text{ में अर्जित लाभ} = 1.4x$$

$$x + y = 20 \text{ करोड़ रुपये} \quad \cdots \text{(i)}$$

कथन (III) से,

$$1.4x = y \times \frac{80}{100}$$

$$x = \frac{4}{5} \times \frac{1}{1.4} y$$

$$x = \frac{4}{7} y \quad \cdots \text{(ii)}$$

समीकरण (i) और (ii) से हम अभीष्ट लाभ प्राप्त कर सकते हैं।

इस प्रकार, वर्ष 2002 में लाभ ज्ञात करने के लिए सभी कथनों की आवश्यकता है।

अत: विकल्प (D) सही है।

14. कथन III से,

हमें दुरंतो एक्सप्रेस की गति मिलती है:

$$\Rightarrow \frac{300}{10} = 30 \text{ मीटर/सेकंड} = 108 \text{ किमी/घंटा}$$

कथन II से,

हमें दिल्ली और लखनऊ के बीच की दूरी और प्रारम्भिक समय अर्थात 7: 15 A.M. भी मिलता है।

$$\Rightarrow \text{गंतव्य तक पहुंचने का समय} = \frac{560}{108} = 5.18 \text{ घंटा}$$

तो, कथन II और III प्रश्न का उत्तर देने के लिए पर्याप्त हैं।

इसलिए, कथन I निरर्थक है और इसे हटाया जा सकता है।

अत: विकल्प (C) सही है।

15. कथन I:

परिवार के पांच सदस्यों की कुल आयु = 36 × 5 = 180 वर्ष

केवल कथन I ही उत्तर देने के लिए पर्याप्त नहीं है।

कथन II:

निधि, विधि और अनिल की कुल आयु = 75 वर्ष

केवल कथन II उत्तर देने के लिए पर्याप्त नहीं है।

कथन III:

माना अजय की आयु = x वर्ष

अनिल की आयु = x + 12 वर्ष

केवल कथन III उत्तर देने के लिए पर्याप्त नहीं है।

कथन I, II और III में दिया गया डेटा उत्तर देने के लिए पर्याप्त नहीं है।

अत: विकल्प (D) सही है।

16. माना कुल छात्र $= x$

कथन I:

फेल छात्र $= x \times 35\%$, उत्तीर्ण छात्र $= x \times 65\%$

कथन II:

अनुत्तीर्ण और उत्तीर्ण छात्रों के बीच अंतर $= 240$

कथन III:

लड़के और लड़कियों के बीच का अनुपात $= 4:5$

कथन I + कथन II:

$$x \times 65\% - x \times 35\% = 240$$

$$x \times 30\% = 240$$

$$x = 800$$

परीक्षा पास करने वाले छात्र $= 800 \times 65\% = 520$

कथन I और II एक साथ प्रश्न का उत्तर देने के लिए पर्याप्त हैं।

अत: विकल्प (A) सही है।

17. कथन I:

अंकित मूल्य और क्रय मूल्य के बीच संबंध दिया गया है, लेकिन क्रय मूल्य नहीं दिया गया है।

कथन I अकेला पर्याप्त नहीं है।

कथन II:

क्रय मूल्य = 250 रुपए

अंकित मूल्य $= \frac{115}{100} \times 250$ रुपए $= 287.5$ रुपए

विक्रय मूल्य = अंकित मूल्य $\times \left(1 - \frac{D}{100}\right)$

विक्रय मूल्य $= 287.5 \times \left(1 - \frac{4}{100}\right) = 276$ रुपए

लाभ $= (276 - 250)$ रुपए $= 26$ रुपए

अब, विक्रय मूल्य पर लाभ % $= \frac{P}{SP} \times 100$

$$= \frac{26}{276} \times 100 = 9.4\%$$

∴ दोनों कथन I और II एक साथ प्रश्न के उत्तर के लिए आवश्यक हैं।

अत: विकल्प (C) सही है।

18. सूत्र:

चाल = दूरी/समय

औसत चाल = (कुल दूरी)/(कुल लिया गया समय)

कथन I:

पहले दो घंटे में तय की गई दूरी $= 20 \times 2 = 40$ किमी

अगले $\left(\frac{9}{5}\right)$ घंटे में तय की गई दूरी $= 40 \times \frac{9}{5} = 72$ किमी

इसलिए, इसकी यात्रा का $\frac{8}{11}$ हिस्सा $= 72$ किमी

कुल दूरी $= 72 \times \left(\frac{11}{8}\right) = 99$ किमी

∴ प्रश्न का उत्तर देने के लिए अकेला कथन I पर्याप्त नहीं है।

कथन II:

शेष समय $= \frac{6}{5}$ घंटे

कुल समय और कुल दूरी हमें मिलती है।

∴ केवल कथन II पर्याप्त नहीं है।

∴ कथन I और कथन II मिलकर पर्याप्त हैं, लेकिन दोनों में से कोई भी अकेले प्रश्न का उत्तर देने के लिए पर्याप्त नहीं है।

अत: विकल्प (C) सही है।

19. कथन I:

यदि सुहानी कार्य पूरा करने के लिए 'x' दिन लेती है।

तब राम कार्य का $\left(\frac{1}{3}\right)$ भाग '2x' दिनों में पूरा करता हैं।

इसलिए, राम कुल '6x' दिन लेता हैं।

∴ प्रश्न का उत्तर देने के लिए अकेला कथन I. पर्याप्त नहीं है।

कथन II:

सुहानी को कार्य पूरा करने में 5 दिन लगते हैं।

तब राम को कार्य पूरा करने में 30 दिन लगते हैं।

इसलिए, हम एक साथ लिए गए कुल दिनों की गणना कर सकते हैं।

∴ केवल कथन II. पर्याप्त नहीं है।

कथन I. और कथन II. से:

राम और सुहानी द्वारा एक साथ कार्य पूरा करने में लिया गया कुल समय $= \frac{1}{5} + \frac{1}{30} = \frac{7}{30}$

∴ कथन I. और कथन II. मिलकर पर्याप्त हैं, लेकिन दोनों में से कोई भी अकेले प्रश्न का उत्तर देने के लिए पर्याप्त नहीं है।

अतः विकल्प (C) सही है।

20. कथन I:

पुल की कुल लंबाई = 250 + 330 = 580 मीटर

∴ प्रश्न का उत्तर देने के लिए अकेला कथन I. पर्याप्त नहीं है।

कथन II:

ट्रेन द्वारा तय की गई कुल दूरी = 5 × 60 × 2 = 600 मीटर

ट्रेन की लंबाई = 600 - 580 = 20 मीटर

केवल कथन II पर्याप्त नहीं है।

∴ कथन I. और कथन II. मिलकर पर्याप्त हैं, लेकिन दोनों में से कोई भी अकेले प्रश्न का उत्तर देने के लिए पर्याप्त नहीं है।

अतः विकल्प (C) सही है।

21. कथन I:

गति का योग दिया गया है, जो विपरीत दिशा में रहते समय सापेक्ष गति के बराबर है।

सूत्र:

दूरी = गति × समय

दूरी = 23 × 46 = 1058 मीटर

दूरी = दोनों ट्रेनों की लंबाई का योग

इसलिए, केवल कथन I. प्रश्न का उत्तर देने के लिए पर्याप्त है।

कथन II:

गति में अंतर दिया गया है।

सापेक्ष गति की गणना गति के अंतर से नहीं की जा सकती।

इसलिए, कथन II. प्रश्न का उत्तर देने के लिए पर्याप्त नहीं है।

∴ केवल कथन I. प्रश्न का उत्तर देने के लिए पर्याप्त है लेकिन, केवल कथन II. पर्याप्त नहीं है।

अतः विकल्प (A) सही है।

22. दिया है:

कथन I: सभी मित्रों की आयु का योग = 58

A की आयु = B की आयु से 5% अधिक

कथन II: C की आयु = B की आयु का 15% कम

गणना:

कथन I:

माना कि A की आयु, B की आयु और C की आयु क्रमशःA, B, और C है

कुल आयु = A + B + C = 58

$\Rightarrow A = B + \frac{5B}{100} = \frac{21B}{20}$

कथन II:

$\Rightarrow C = B - \frac{15B}{100} = \frac{17B}{20}$

सभी की आयुओं का योग $= \frac{21B}{20} + B + \frac{17B}{20}$

$\Rightarrow \frac{58B}{20} = 58$

⇒ B = 20

⇒ C = 17

∴ यदि प्रश्न का उत्तर देने के लिए कथन I. और II. दोनों में दिए गए आंकड़ों की एक साथ आवश्यकता होती है।

अत: विकल्प (D) सही है।

23. दिया है:

कथन I:

नौ मित्रों की औसत आयु = 15

कथन II:

पहले पाँच मित्रों औसत आयु = 17

अंतिम पाँच मित्रों की औसत आयु = 14

सूत्र:

औसत आयु = सभी मित्र के आयु का कुल योग / मित्रों की संख्या

गणना:

कथन I:

माना कि नौ मित्रों की आयु का योग T है

औसत आयु $= 15 = \frac{T}{9}$

⇒ T = 135

कथन II:

माना कि पांचवें मित्र की आयु x है

⇒ (17 × 5) + (14 × 5) - x = 135

⇒ x = (85 + 70) − 135

⇒ x = 20 वर्ष

दोनों कथन को मिलाकर पाँचवे मित्र की आयु का निर्धारण करने में मदद मिल सकता है न कि चौथे मित्र की आयु का।

∴ यदि कथन I. और II. दोनों में दिए गए आँकड़े मिलाकर भी प्रश्न का उत्तर देने के लिए पर्याप्त नहीं हो।

अत: विकल्प (D) सही है।

24. कथन I:

$$4xyz + 2y + 4 - 34z = 0, z = 1$$

$$\Rightarrow 4xy + 2y + 4 - 34 = 0$$

$$\Rightarrow 4xy + 2y - 30 = 0$$

कथन II:

$$y = \sqrt{428 - 419}$$

$$\Rightarrow y = 3$$

कथन III:

$$xyz - 3z + 8y - 9 = 0, z = -1$$

$$\Rightarrow -xy + 3 + 8y - 9 = 0$$

$$\Rightarrow 8y - xy - 6 = 0$$

हम किन्हीं भी दो कथनों की सहायता से x का मान प्राप्त करेंगे।

अत: विकल्प (C) सही है।

25. कथन I से, AB : BC = 4 : 5

कथन II से, BC : AC = 25 : 13

दोनों कथनों से, AB : BC : CA = 20 : 25 : 13

इसलिए, दोनों कथनों को मिलाकर, हम यह निष्कर्ष निकाल सकते हैं कि दिया गया त्रिभुज समकोण त्रिभुज नहीं है।

अत: विकल्प (D) सही है।

26. कथन I से, 3A = B + C   .....(i)

कथन II से, 5C = 3(A + B)   .....(ii)

प्रश्न से, A + B + C = 120   .....(iii)

यदि हम तीन समीकरण हल करते हैं तो A = 30, B = C = 45

प्रश्न में, हमें यह निष्कर्ष निकालने की आवश्यकता है कि तीनों में से किसे सबसे अधिक हिस्सा मिला, यहाँ हमारा उत्तर B या C हो सकता है इसलिए, हम विशिष्ट उत्तर का निष्कर्ष नहीं निकाल सकते।

अत: विकल्प (D) सही है।

27. माना ट्रेन की गति = x मीटर/सेकंड और ट्रेन की लंबाई = y मीटर

प्रश्न से, 30 × x = y + 600 (दूरी = गति × समय)

कथन I से, y = (x + 20) × 6

कथन II से, y = x × 10

हमारे पास 2 चर और तीन समीकरण हैं, हम 2 समीकरणों में से किसी एक द्वारा y का मान निकाल सकते हैं।

x = 30 और y = 300

इसलिए, प्रश्न का उत्तर देने के लिए या तो कथन I या कथन II पर्याप्त है।

अत: विकल्प (C) सही है।

28. दिया है:

राम और श्याम की आयु का अनुपात = 5: 6

कथन I से:

राम : श्याम : मोहन = 2.5 : 3 : 4

कथन II से: 5 साल बाद

राम : मोहन = 2 : 3

यदि हम दोनों कथनों को मिला दें तो हमें R की वर्तमान आयु = 25 वर्ष प्राप्त होगी

श्याम की वर्तमान आयु = 30 वर्ष और मोहन की वर्तमान आयु = 40 वर्ष

अत: विकल्प (D) सही है।

29. कथन I से:

यह कथन हमें संभावित संख्या (औसत) की जानकारी देता है।

बीच की संख्याओं का योग = 128, इसलिए संभावित अभाज्य संख्याएं = 59, 61, 67, 71

कथन II से:

पहली और अंतिम संख्याओं का योग = 130, जो 59, 61, 67, 71 हैं

कथन III से:

उपरोक्त कथन में पहली और अंतिम के बीच में अंतर 12 है, लेकिन इनमें अन्य संख्याएं भी हैं अर्थात (29, 41), (31, 43) आदि

इसलिए, या तो I या II प्रश्न का उत्तर देने के लिए पर्याप्त हैं।

अत: विकल्प (B) सही है।

30. कथन I से:

N, 13 का एक गुणक है| इसका मान 13, 26, 39 और कुछ भी हो सकता है। लेकिन, N का मान विशिष्ट रूप से निर्धारित नहीं किया जा सकता।

∴ प्रश्न के उत्तर के लिए सिर्फ कथन I पर्याप्त नहीं है।

कथन II से:

N एक संयुक्त संख्या नहीं है। अतः, N कोई भी अभाज्य संख्या हो सकती है या इसका मान 1 हो सकता है (ध्यान दें कि 1 न तो अभाज्य और न ही संयुक्त संख्या है) N का अद्वितीय मान निर्धारित नहीं किया जा सकता।

∴ प्रश्न के उत्तर के लिए सिर्फ कथन II पर्याप्त नहीं है।

कथन I और कथन II की एकत्रित जानकारी से :

N, 13 का एक गुणक है, यह 13 हो सकता है या 13 का कोई भी गुणक हो सकता है, जो 100 से कम है।

N एक संयुक्त संख्या नहीं है। अतः, N कोई भी अभाज्य संख्या हो सकती है या यह 1 हो सकती है (ध्यान दें कि 1 न तो अभाज्य और न ही संयुक्त है)

13 को छोड़कर, 13 का कोई भी गुणक संयुक्त संख्या होगा। इसके अलावा, 13 का गुणक 1 नहीं है। इसलिए, N का केवल संभव मान 13 हो सकता है।

∴ दोनों कथनों का उपयोग एक साथ कर हम दिए गए प्रश्न का उत्तर दे सकते हैं।

अत: विकल्प (C) सही है।

Q.1 एक त्रिभुजाकार मैदान का आधार इसकी ऊंचाई का तीन गुना है। यदि मैदान की जुताई की लागत 36.72 रु/हेक्टेयर की दर से 495.72 रु है, तो उस त्रिभुजाकार मैदान की ऊंचाई और आधार ज्ञात कीजिए: (1 हेक्टेयर = 10000 वर्ग मी)

A. 480 मी, 1120 मी
B. 400 मी, 1200 मी
C. 300 मी, 900 मी
D. 250 मी, 650 मी

Q.2 एक वृत्ताकार मैदान का क्षेत्रफल 124.74 हेक्टेयर है। 80 पैसे प्रति मीटर की दर से इसमें बाड़ लगाने की लागत है:

A. 3168 रुपये
B. 1584 रुपये
C. 1729 रुपये
D. इनमें से कोई नहीं

Q.3 एक त्रिभुज की भुजाएँ 6.5 सेमी, 10 सेमी और x सेमी हैं, जहाँ x एक धनात्मक संख्या है। निम्नलिखित में से x का सबसे छोटा संभव मान क्या है?

[CTET Paper-II (Science & Mathematics), 2015]

A. 4.5
B. 2.8
C. 3.5
D. 4

Q.4 त्रिभुज की भुजाओं का अनुपात $3:4:5$ हो और उसका परिमाप 144 सेमी हो तो उसका क्षेत्रफल क्या होगा?

[Joint Entrance Examination (Polytechnic), 2019]

A. 764 सेमी²
B. 684 सेमी²
C. 864 सेमी²
D. 664 सेमी²

Q.5 समबाहु त्रिभुज का क्षेत्रफल $= 4\sqrt{3}$ सेमी² हो, तो उसका परिमाप होगा -

[Joint Entrance Examination (Polytechnic), 2019]

A. 10 सेमी
B. 12 सेमी
C. 20 सेमी
D. 15 सेमी

Q.6 तीन लोहे की गेंदों की त्रिज्या का अनुपात 1 : 2 : 3 है, इन्हें पिघलाकर 6 सेमी त्रिज्या वाले एक बड़े लोहे की गेंद में ढाला जाता है। सबसे छोटी गेंद का व्यास क्या है?

A. $\sqrt[3]{6}$
B. $\sqrt[3]{3}$
C. $2\sqrt[3]{6}$
D. $2\sqrt[3]{4}$

Q.7 9 सेमी त्रिज्या वाले एक ठोस धातु की गेंद को पिघलाकर बेलन बनाए जाते हैं जिनकी त्रिज्या 6 मिमी और ऊंचाई 1 सेमी है। इस प्रकार बनने वाले ठोस बेलनों की संख्या ज्ञात कीजिए?

A. 2200
B. 3000
C. 2500
D. 2700

Q.8 एक आयत की लंबाई और चौड़ाई का अनुपात 5 : 4 है। आयत का परिमाप 54 सेमी है। आयत का क्षेत्रफल ज्ञात कीजिये।

A. 180 सेमी²
B. 160 सेमी²
C. 210 सेमी²
D. 280 सेमी²

Q.9 एक त्रिभुज के आधार की लंबाई, एक समांतर चतुर्भुज के आधार का $\frac{5}{7}$ गुना है। त्रिभुज और समानांतर चतुर्भुज का क्षेत्रफल समान है। त्रिभुज और समानांतर चतुर्भुज की संबंधित ऊंचाइयों का अनुपात ज्ञात कीजिए।

A. 5 : 3
B. 7 : 5
C. 14 : 5
D. 21 : 10

Q.10 वृत्ताकार तार की परिधि 132 सेमी है उसी तार से बनने वाले वर्ग का क्षेत्रफल ज्ञात कीजिए?

A. 1089 सेमी²
B. 1809 सेमी²
C. 1890 सेमी²
D. 1980 सेमी²

Q.11 एक आयताकार मैदान की परिधि 84 मीटर है। यदि मैदान की लम्बाई उसकी चौड़ाई के दोगुना से 3 मीटर अधिक है, तब मैदान की लम्बाई क्या है?

A. 23 मीटर
B. 25 मीटर
C. 27 मीटर
D. इनमें से कोई नहीं

Q.12 3 सेमी त्रिज्या वाले एक गोले को आंशिक रूप से पानी से भरे एक बेलनाकार बर्तन में गिराया जाता है। बर्तन की त्रिज्या 6 सेमी है। यदि गोला पुर्णतः डूब जाता है। तो पानी के स्तर में कितनी वृद्धि होती है?

A. 1 सेमी
B. 2 सेमी
C. 3 सेमी
D. 4 सेमी

Q.13 8800 मीटर लंबाई का एक तार, एक वर्ग के रूप में है। यदि इस तार को काटकर एक वृत्त बनाया जाता है। तो, वर्ग के क्षेत्रफल और वृत्त के क्षेत्रफल का अनुपात है -

A. 14 : 11
B. 11 : 14
C. 11 : 13
D. 11 : 15

Q.14 54 मीटर लंबाई और 26 मीटर चौड़ाई का एक आयताकार मैदान, छोटी भुजा के साथ मैदान के बीच में 4 मीटर चौड़ाई की एक चलने वाली पट्टी है। चलने वाली पट्टी को छोड़कर मैदान का क्षेत्रफल क्या है?

A. 1220 वर्ग मीटर
B. 1200 वर्ग मीटर
C. 1300 वर्ग मीटर
D. 1320 वर्ग मीटर

Q.15 2 सेमी त्रिज्या के एक बेलनाकार तार की लंबाई क्या है जो 22 सेमी भुजा के तांबे के ठोस घन से बनाई जा सकती है?

A. 8.47 मीटर
B. 6.48 मीटर
C. 8.01 मीटर
D. 6.27 मीटर

Q.16 यदि आयत की एक भुजा 15 सेमी है और विकर्ण की लंबाई 17 सेमी है, तो इसका क्षेत्रफल क्या है?

A. 100 वर्ग सेमी
B. 120 वर्ग सेमी
C. 125 वर्ग सेमी
D. 110 वर्ग सेमी

Q.17 एक साइकिल का पहिया 11 किमी चलने में 5000 चक्कर लगाता है। पहिये की त्रिज्या क्या है? (मान लीजिए $\pi = \frac{22}{7}$)

[Indian Military Academy (IMA), 2020]

A. 17.5 सेमी
B. 35 सेमी
C. 70 सेमी
D. 140 सेमी

Q.18 यदि एक वृत्त और एक वर्ग की परिमाप समान हैं, तो वृत्त के क्षेत्रफल का वर्ग के क्षेत्रफल से अनुपात क्या है?

[Indian Military Academy (IMA), 2020]

A. $1:\pi$
B. $2:\pi$
C. $3:\pi$
D. $4:\pi$

Q.19 242 मीटर लंबे एक आयताकार क्षेत्र को 4840 वर्गमीटर क्षेत्र मिला है। यदि 1 मीटर बाड़ लगाने में 10 रुपये लगते हैं, तो उस क्षेत्र का चारों तरफ से बाड़ लगाने की लागत मूल्य (रुपये में) क्या होगी?

[Punjab Patwari, 2016]

A. 524
B. 262
C. 2620
D. 5240

Q.20 एक गोले और गोलार्ध की त्रिज्या 2 : 1 के अनुपात में है। उनके संबंधित पृष्ठ के क्षेत्रफल का अनुपात क्या है?

A. 2 : 1
B. 16 : 3
C. 3 : 16
D. 1 : 2

Q.21 1.4 सेमी व्यास वाले गोलाकार कंचो को बेलनाकार कांच के पात्र में डाला जाता है जिसमें कुछ पानी होता है और कांच के पात्र का व्यास 7 सेमी होता है। यदि पानी 5.6 सेमी बढ़ जाता है तो इसमें कितने कंचे गिराए गए हैं?

A. 50
B. 150
C. 250
D. 350

Q.22 एक आयत की लंबाई वृत्त की त्रिज्या की $\frac{2}{5}$ है। वृत्त की त्रिज्या एक वर्ग की भुजा के बराबर है जिसका क्षेत्रफल 4900 मीटर² है। आयत का क्षेत्रफल (मी² में) क्या है, यदि इसकी चौड़ाई 20 मीटर है?

A. 960 **B.** 400 **C.** 560 **D.** 1400

Q.23 यदि बेलन की त्रिज्या में 20% की वृद्धि हुई है, तो कितनी प्रतिशत ऊंचाई कम होनी चाहिए, ताकि सिलेंडर का आयतन समान रहे? (लगभग)

A. 33.3% **B.** 30.56% **C.** 16.6% **D.** 25%

Q.24 एक वृत्ताकार मैदान की त्रिज्या क्या है जिसका क्षेत्रफल तीन छोटे वृत्ताकार मैदानों, जिनकी त्रिज्यायें क्रमश: 8 मी, 9 मी और 12 मी हैं, के क्षेत्रफलों के योग के बराबर है?

A. 17 मीटर **B.** 20 मीटर **C.** 21 मीटर **D.** 29 मीटर

Q.25 यदि किसी आयत की लंबाई उसकी मूल लंबाई से चार गुना बढ़ाई जाती है और उसके मूल से चौड़ाई दुगनी हो जाती है, तो नई आयत का क्षेत्रफल इस प्रकार बढ़ जाता है:

A. 700% **B.** 50% **C.** 100% **D.** 150%

Q.26 लोहे से बने 3 सेमी भुजा के एक घन को पिघलाया जाता है और 8 छोटे घनों में ढाला जाता है, तो प्रत्येक छोटे घन की भुजा ज्ञात कीजिये।

A. 2.5 सेमी **B.** 1.5 सेमी **C.** 2 सेमी **D.** 1 सेमी

Q.27 उस वृत्त का क्षेत्रफल ज्ञात कीजिये जिसकी परिधि, 11 सेमी भुजा के एक वर्ग के परिमाप के बराबर है।

A. 231 सेमी² **B.** 140 सेमी² **C.** 77 सेमी² **D.** 154 सेमी²

Q.28 एक घनाकार डिब्बे की लंबाई उसकी चौड़ाई का 4/3 गुना है और इसकी ऊंचाई उसकी लंबाई का आधा है। यदि डिब्बे का आयतन 1536 सेमी3 है, तो, डिब्बे की लंबाई क्या है?

A. 10 सेमी **B.** 16 सेमी **C.** 18 सेमी **D.** 12 सेमी

Q.29 एक बेलन का वक्र पृष्ठीय क्षेत्रफल 308 सेमी2 है, और ऊंचाई 14 सेमी है। बेलन का आयतन क्या होगा?

A. 439 सेमी3 **B.** 385 सेमी3 **C.** 539 सेमी3 **D.** 529 सेमी3

Q.30 शंकु की ऊंचाई और त्रिज्या क्रमशः 15 सेमी और 7 सेमी है। शंकु का आयतन क्या है?

A. 550 सेमी3 **B.** 660 सेमी3 **C.** 110 सेमी3 **D.** 770 सेमी3

// स्मार्ट उत्तर पुस्तिका //

सही उत्तर	उन छात्रों का प्रतिशत जिन्होंने प्रश्नों का सही उत्तर दिया था।
छोड़ दिया	उन छात्रों का प्रतिशत जिन्होंने प्रश्नों को छोड़ दिया था।

प्रश्न संख्या	उत्तर	सही उत्तर / छोड़ दिया	प्रश्न संख्या	उत्तर	सही उत्तर / छोड़ दिया	प्रश्न संख्या	उत्तर	सही उत्तर / छोड़ दिया	प्रश्न संख्या	उत्तर	सही उत्तर / छोड़ दिया	प्रश्न संख्या	उत्तर	सही उत्तर / छोड़ दिया	प्रश्न संख्या	उत्तर	सही उत्तर / छोड़ दिया
1	C	86.42 % / 10.94 %	6	C	79.79 % / 12.56 %	11	D	85.76 % / 13.43 %	16	B	86.98 % / 11.35 %	21	B	86.29 % / 10.95 %	26	B	87.62 % / 10.08 %
2	A	83.98 % / 13.8 %	7	D	86.53 % / 10.58 %	12	A	89.76 % / 10.05 %	17	B	76.81 % / 11.68 %	22	C	79.83 % / 17.68 %	27	D	82.5 % / 12.51 %
3	D	80.9 % / 10.41 %	8	A	87.69 % / 10.59 %	13	B	81.91 % / 13.81 %	18	D	77.41 % / 21.95 %	23	B	83.73 % / 11.42 %	28	B	77.15 % / 18.62 %
4	C	80.48 % / 15.96 %	9	C	76.92 % / 18.18 %	14	C	83.88 % / 15.01 %	19	D	76.76 % / 10.49 %	24	A	83.84 % / 13.29 %	29	C	89.47 % / 10.31 %
5	B	78.54 % / 12.89 %	10	A	79.49 % / 11.45 %	15	A	80.27 % / 14.11 %	20	B	83.15 % / 14.29 %	25	A	81.62 % / 14.26 %	30	D	80.03 % / 19.37 %

//संकेत और समाधान//

1. मैदान का क्षेत्रफल $= \dfrac{495.72}{36.72} = 13.5$ हेक्टेयर

$= 135000$ मी²

$h = x, b = 3x$

$\dfrac{1}{2} \times b \times h = 135000$

$\dfrac{1}{2} \times x \times 3x = 135000$

$x = 300$ मी

और आधार $= 3x = 900$ मी

अतः विकल्प (C) सही है।

2. $\pi r^2 = 124.74$ हेक्टेयर

$\pi r^2 = 1247400$ मीटर²

r= 630 मीटर

$2\pi r = 3960$

लागत $= 3960 \times 0.8 = 3168$

अतः विकल्प (A) सही है।

3. एक त्रिभुज के लिए किसी भी दो भुजाओं का योग तीसरी भुजा से अधिक होना चाहिए।

यह नियम प्रयुक्त करने पर,

(1) 4.5

$\Rightarrow$ यदि तीसरी भुजा 4.5 सेमी है, तो 6.5 + 4.5 > 10 सही। लेकिन क्या 4.5 सबसे छोटा संभव मान है।

अधिक जांच करते हैं।

(2) 2.8

$\Rightarrow$ 2.8 + 6.5 = 9.3 < 10. एक त्रिभुज नहीं

(3) 3.5

$\Rightarrow$ 6.5 + 3.5 = 10 = 10. एक त्रिभुज नहीं

(4) 4

$\Rightarrow$ 4 + 6.5 = 10.5 >10. सही और चूंकि 4 < 4.5 यह विकल्पों में से सबसे छोटी संख्या है और इसलिए यह सही उत्तर है।

अतः विकल्प (D) सही है।

4. भुजाएँ $= 3x, 4x$ और $5x$ ले

तब, $3x + 4x + 5x = 144$ सेमी

$12x = 144$

$\Rightarrow x = 12$

त्रिभुज का क्षेत्रफल

$= \dfrac{1}{2} \times 4x \times 3x$

$= \dfrac{1}{2} \times 12x^2$

$= \dfrac{1}{2} \times 12 \times 12 \times 12$

$= 144 \times 6$

$= 864$ सेमी²

अतः विकल्प (C) सही है।

5. दिया है:

समबाहु त्रिभुज का क्षेत्रफल सेमी $= 4\sqrt{3}$ सेमी²

$\Rightarrow \dfrac{\sqrt{3}}{4} a^2 = 4\sqrt{3}$ सेमी²

$\Rightarrow a^2 = 16$

$\Rightarrow a = 4$ सेमी

$\therefore$ परिमाप

$= 4 \times 3$

$= 12$ सेमी

अतः विकल्प (B) सही है।

6. तीन लोहे की गेंदों की त्रिज्या का अनुपात $= x : 2x : 3x$

हम जानते हैं कि,

गोले का आयतन $= \dfrac{4}{3} \times \pi r^3$

प्रश्नानुसार,

$\dfrac{4}{3} \times \pi \times [x^3 + (2x)^3 + (3x)^3] = \dfrac{4}{3} \times \pi \times 6^3$

$\Rightarrow x^3 + 8x^3 + 27x^3 = 216$

$\Rightarrow 36x^3 = 216$

$\Rightarrow x^3 = 6$

$\Rightarrow x = \sqrt[3]{6}$

$\therefore$ सबसे छोटी गेंद का व्यास $= 2\sqrt[3]{6}$

अतः विकल्प (C) सही है।

7. माना बनाए जा सकने वाले बेलनों की संख्या 'n' है।

$\therefore$ गोलाकार गेंद का आयतन $= n \times$ एक बेलन का आयतन

$\Rightarrow \dfrac{4}{3}\pi r^3 = n \times \pi r^2 h$

$\Rightarrow \dfrac{4}{3} \times \dfrac{22}{7} \times 9 \times 9 \times 9 = n \times \dfrac{22}{7} \times 0.6 \times 0.6 \times 1$

$\Rightarrow n = 2700$

अतः विकल्प (D) सही है।

8. माना आयत की लंबाई और चौड़ाई क्रमशः 5x और 4x है।

आयत का परिमाप = 54 सेमी

आयत का परिमाप = 2 × (l + b)

⇒ 2 × (5x + 4x) = 54

⇒ 9x = 27

⇒ x = 3 सेमी

अब, आयत की लंबाई = 5 × 3 = 15 सेमी

आयत की चौड़ाई = 4 × 3 = 12 सेमी

आयत का क्षेत्रफल = 15 × 12

आयत का क्षेत्रफल = 180 सेमी²

अतः विकल्प (A) सही है।

9. माना समांतर चतुर्भुज का आधार x है।

तो, त्रिभुज का आधार $= \left(\dfrac{5}{7}\right)x$

माना समांतर चतुर्भुज की ऊंचाई P है।

माना त्रिभुज की ऊंचाई T है।

अतः, हम निम्नलिखित प्राप्त करते हैं:

त्रिभुज का क्षेत्रफल $= \dfrac{1}{2} \times \left[\left(\dfrac{5}{7}\right)x\right] \times 1$

समांतर चतुर्भुज का क्षेत्रफल $= x \times P$

अब, दोनों क्षेत्रफल समान है तो, हम प्राप्त करते हैं:

$\dfrac{1}{2} \times \left[\left(\dfrac{5}{7}\right)x\right] \times T = x \times P$

$\Rightarrow \dfrac{T}{P} = \dfrac{14}{5}$

∴ त्रिभुज और समांतर चतुर्भुज की संबंधित ऊंचाइयों का अभीष्ट अनुपात 14 : 5 है।

अतः विकल्प (C) सही है।

10. वृत्ताकार तार की परिधि 132 सेमी है।

अब, उसी वृत्ताकार तार से एक वर्ग बनाया जाता है।

∴ वृत्ताकार तार की परिधि = वर्ग का परिमाप

⇒ 4 × भुजा = 132

⇒ भुजा = 33 सेमी

अब, वर्ग का क्षेत्रफल = भुजा × भुजा

= 33 × 33 = 1089 सेमी²

अतः विकल्प (A) सही है।

11. माना मैदान की लम्बाई और चौड़ाई क्रमशः 'l' और 'b' हैं।

प्रश्नानुसार, मैदान की लम्बाई उसकी चौड़ाई के दोगुना से 3 मीटर अधिक है।

⇒ l = (2b + 3) मीटर

हम जानते हैं कि,

आयताकार क्षेत्र की परिधि = 2(l + b)

⇒ 84 = 2(2b + 3 + b)

$\Rightarrow \dfrac{84}{2} = 3b + 3$

$\Rightarrow b = \dfrac{39}{3} = 13$ मीटर

∴ b = 13 मीटर

l = 2b + 3 = 2 × 13 + 3 = 29 मीटर

∴ l = 29 मीटर

अतः विकल्प (D) सही है।

12. बेलन का आयतन = πr²H

गोले का आयतन $= \left(\dfrac{4}{3}\right)\pi R^3$

जहाँ,

r → बेलन का त्रिज्या

H → बेलन की ऊँचाई

R → गोले का त्रिज्या

जब गोला डूब जाता है,

गोले का आयतन = बेलन का आयतन

$\Rightarrow \left(\dfrac{4}{3}\right) \times \pi \times (3)^3 = \pi \times (6)^2 \times H$

$\Rightarrow H = \left(\dfrac{36}{36}\right)$

⇒ H = 1 सेमी

∴ पानी के स्तर में 1 सेमी की वृद्धि होती है।

अतः विकल्प (A) सही है।

13. यह दिया गया है कि, वर्ग का परिमाप = 8800 मीटर

⇒ 4 × भुजा = 8800

$\Rightarrow$ भुजा $= \dfrac{8800}{4}$

⇒ भुजा = 2200 मीटर

उसी तार को एक वृत्त के रूप में परिवर्तित किया जाता है।

इसलिए, वृत्त की परिधि = वर्ग का परिमाप

⇒ 2πr = 8800

⇒ 2 × π × r = 8800

$\Rightarrow r = \dfrac{4400}{\pi}$

हम जानते हैं की वर्ग का क्षेत्रफल: वृत्त का क्षेत्रफल = (भुजा)² : πr²

$\Rightarrow$ वर्ग का क्षेत्रफल: वृत्त का क्षेत्रफल = (2200)²: π $\left(\dfrac{4400}{\pi}\right)^2$

⇒ वर्ग का क्षेत्रफल: वृत्त का क्षेत्रफल = 11: 14

अतः विकल्प (B) सही है।

14. दिया है:

लंबाई = 54 मीटर

चौड़ाई = 26 मीटर

पट्टी की चौड़ाई = 4 मीटर

प्रयुक्त सूत्र:

आयत का क्षेत्रफल = लंबाई × चौड़ाई

मैदान का क्षेत्रफल = 54 × 26

पट्टी का क्षेत्रफल = 26 × 4

आवश्यक क्षेत्रफल = 54 × 26 - 26 × 4

⇒ 26 (54- 4) = 26 × 50 = 1300 मीटर²

∴ क्षेत्रफल 1300 मीटर² है।

अतः विकल्प (C) सही है।

15. दिया है:

बेलनाकार तार की त्रिज्या = 2 सेमी

तांबे के ठोस घन की भुजा = 22 सेमी

प्रयुक्त सूत्र:

बेलनाकार तार का आयतन = πr²h

ठोस घन का आयतन = भुजा³

⇒ πr²h = भुजा³

⇒ $\frac{22}{7}$ × 2 × 2 × h = 22 × 22 × 22

⇒ h = 847 सेमी

⇒ h = 8.47 मीटर

अतः विकल्प (A) सही है।

16. दिया है:

L=15 (लंबाई = L;B = चौड़ाई;H = क्षेत्रफल)

H=17 सेमी

प्रयुक्त सूत्र:

आयत के विकर्ण की लंबाई = √(लंबाई² + चौड़ाई²)

आयत का क्षेत्रफल = लंबाई × चौड़ाई

H² = L²+B²

⇒ (17)² = (15)²+B²

⇒ 289 = 225+B²

⇒ B² = 289−225

⇒ B² = 64

⇒ B = 8 सेमी

आयत का क्षेत्रफल = L × B

अब, आयत का क्षेत्रफल = 8 × 15 = 120 वर्ग सेमी

इसलिए, आयत का क्षेत्रफल 120 वर्ग सेमी है

अतः विकल्प (B) सही है।

17. दिया गया है:

पहिए के परिक्रमणों की संख्या = 5000

तय की गई दूरी = 11 किमी = 11000 मी

हम जानते हैं की,

पहिए की परिधि = $2\pi r$

जहाँ r पहिए की त्रिज्या है

$(2\pi r) \times N = D$

$2\pi r$ = पहिए की परिधि

N = परिक्रमणों की संख्या

D = तय की गई दूरी

सूत्र के अनुसार,

$2\pi r \times 5000 = 11000$

$\Rightarrow 2r \times \left(\frac{22}{7}\right) \times 5000 = 11000$

$\Rightarrow r = \frac{(11\times7)}{(22\times2\times5)}$ मी

$r = \left(\frac{7}{20}\right) \times 100$ सेमी

$\Rightarrow r = 35$ सेमी

∴ पहिए की त्रिज्या 35 सेमी है।

अतः विकल्प (B) सही है।

18. दिया गया है:

वृत्त की परिधि वर्ग के परिमाप के बराबर है।

हम जानते हैं की,

यदि " r " वृत्त की त्रिज्या है और " a " वर्ग की भुजा है,

1) वृत्त की परिधि = $2\pi r$

2) वृत्त का क्षेत्रफल = πr^2

3) वर्ग का परिमाप = $4a$

4) वर्ग का क्षेत्रफल = a^2

माना कि " r " वृत्त की त्रिज्या है और " a " वर्ग की भुजा है,

प्रश्न के अनुसार,

वृत्त की परिधि वर्ग के परिमाप के बराबर है।

$2\pi r = 4a$

$\Rightarrow \frac{r}{a} = \frac{4}{(2\pi)} = \frac{2}{\pi}$ ...(1)

अब, वृत्त के क्षेत्रफल और वर्ग के क्षेत्रफल का अनुपातः

$\Rightarrow \frac{\pi r^2}{a^2}$ ...(2)

समीकरण (1) और (2) से,

$$\frac{\pi r^2}{a^2} = \pi \left(\frac{2}{\pi}\right)^2$$

$$\Rightarrow \frac{\pi r^2}{a^2} = \frac{4}{\pi}$$

∴ वृत्त के क्षेत्रफल और वर्ग के क्षेत्रफल का अनुपात $4 : \pi$ है।

अत: विकल्प (D) सही है।

19. दिया है:

मैदान की लंबाई = 242 मीटर

मैदान का क्षेत्रफल = 4840 वर्ग मी

बाड़ लगाने का खर्च 1 मीटर = 10 रुपये

हम जानते हैं कि,

मैदान का क्षेत्रफल = लंबाई × चौड़ाई

मैदान का परिमाप = 2 × (लंबाई + चौड़ाई)

Calculation:

माना चौड़ाई B मीटर है।

242 × B = 4840

$B = \frac{4840}{242} = 20$ मीटर

मैदान का परिमाप = 2 × (242 + 20) = 524 मीटर

मैदान के चारों ओर बाड़ लगाने के लिए राशि = 10 × 524 = 5,240 रुपये

∴ मैदान के चारों तरफ बाड़ लगाने के लिए कुल 5,240 रुपये की आवश्यकता है।

अत: विकल्प (D) सही है।

20. दिया है:

गोले और गोलार्ध की त्रिज्या का अनुपात = 2 : 1

प्रयुक्त सूत्र:

गोले का कुल पृष्ठ क्षेत्रफल = $4\pi r^2$

गोलार्ध का कुल पृष्ठ क्षेत्रफल = $3\pi r^2$

Solution:

माना कि गोलार्ध की त्रिज्या x है।

⇒ तो गोले की त्रिज्या 2x है।

⇒ गोले का कुल पृष्ठ क्षेत्रफल = $4\pi r^2$

⇒ गोले का कुल पृष्ठ क्षेत्रफल = $4\pi \times (2x)^2$

⇒ गोलार्ध का कुल पृष्ठ क्षेत्रफल = $3\pi r^2$

⇒ गोलार्ध का कुल पृष्ठ क्षेत्रफल = $3\pi \times (x)^2$

अब उनके संबंधित क्षेत्रफलों का अनुपात,

$$\Rightarrow \frac{4\pi(2x)^2}{3\pi(x)^2}$$

$$\Rightarrow \frac{4(4x^2)}{3(x^2)}$$

$$\Rightarrow \frac{16}{3}$$

∴ उनके कुल पृष्ठ क्षेत्रफल का अनुपात 16 : 3 है।

अत: विकल्प (B) सही है।

21. दिया है:

कांच के पात्र का व्यास = 7 सेमी

कंचे का व्यास = 1.4 सेमी

कांच के पात्र मे पानी बढ़ा = 5.6 सेमी

धारणा:

कांच के पात्र के आयतन में वृद्धि = n × एक गोलाकार कंचे का आयतन

सूत्र उपयोग किया गया:

बेलन का आयतन = $\pi r^2 h$

गोले का आयतन = $\frac{4}{3}\pi r^3$

गणना:

बेलनाकार कांच के पात्र की त्रिज्या = $\frac{7}{2}$ सेमी

चूंकि कांच के पात्र में पानी बढ़ा है 5.6 सेमी, h = 5.6 सेमी

कंचे की त्रिज्या = $\frac{1.4}{2}$ = 0.7 सेमी

मान लीजिए कि कांच के पात्र में 'n' पत्थर गिरा दिए गए हैं।

इसलिए,

$$\pi \times \left(\frac{7}{2}\right)^2 \times 5.6 = n \times \frac{4}{3} \times \pi \times (0.7)^3$$

$$\Rightarrow 100 \times 1.4 = n \times \frac{4}{3} \times 0.7$$

$$\Rightarrow n = \frac{420}{2.8}$$

$$\Rightarrow n = 150$$

इसलिए, 150 कंचे कांच के पात्र में गिराए गये है।

अत: विकल्प (B) सही है।

22. दिया है:

आयत की लंबाई = $\left(\frac{2}{5}\right)$ × वृत्त की त्रिज्या

वर्ग का क्षेत्रफल = 4900 मीटर²

आयत की चौड़ाई = 20 मीटर

प्रयुक्त सूत्र:

वर्ग का क्षेत्रफल = (भुजा)²

आयत का क्षेत्रफल = लंबाई × चौड़ाई

गणना:

वर्ग की भुजा = $\sqrt{4900}$ = 70 मीटर

वृत्त की त्रिज्या = 70 मीटर

आयत की लंबाई = $\left(\dfrac{2}{5}\right) \times 70 = 28$ मीटर

आयत का क्षेत्रफल = $28 \times 20 = 560$ मीटर²

∴ आयत का क्षेत्रफल 560 मीटर² है।

अतः विकल्प (C) सही है।

23. दिया है:

बेलन की त्रिज्या में 20% की वृद्धि हुई है

हम जानते हैं कि,

बेलन का आयतन = πr²h

माना कि मूल त्रिज्या और बेलन की ऊंचाई 'r' सेमी और 'h' सेमी है

⇒ बेलन की नई त्रिज्या = 1.2r

⇒ नई ऊंचाई = $\dfrac{r^2 h}{(1.2r)^2} = 0.694h$ (आयतन समान है)

⇒ ऊँचाई में प्रतिशत कमी = $\dfrac{(h - 0.694h)}{h} \times 100 \approx 30.56\%$

∴ आवश्यक प्रतिशत = 30.56%

अतः विकल्प (B) सही है।

24. $\pi R^2 = \pi\left[r_1^2 + r_2^2 + r_3^2\right]$

$R^2 = [64 + 81 + 144]$

$R = 17$ मीटर

अतः विकल्प (A) सही है।

25. माना आयत की लंबाई L सेमी और चौड़ाई B सेमी है।

हम जानते हैं कि,

आयत का क्षेत्रफल $= L \times B$

प्रश्नानुसार,

आयत का नया क्षेत्रफल $= 4L \times 2B = 8LB$ सेमी²

वृद्धि % = (वृद्धि मान − मूल मान) / मूल मान $\times 100$

वृद्धि % $= \dfrac{8LB - LB}{LB} \times 100$

$= 700\%$

अतः विकल्प (A) सही है।

26. घन का आयतन $= 3 \times 3 \times 3 = 27$ सेमी³

⇒ छोटे घन का आयतन $= \dfrac{27}{8}$ सेमी³ माना कि प्रत्येक छोटे घन की भुजा x है, तो

$x3 = \dfrac{27}{8}$

⇒ $x = \sqrt[3]{\dfrac{27}{8}}$

⇒ $x = \dfrac{3}{2}$

⇒ $x = 1.5$

∴ प्रत्येक छोटे घन की भुजा 1.5 सेमी है।

अतः विकल्प (B) सही है।

27. प्रश्नानुसार,

वृत्त की परिधि = वर्ग का परिमाप

⇒ $2\pi r = 4a$

⇒ $2\pi r = 4 \times 11$

⇒ $2 \times \dfrac{22}{7} \times r = 44$

⇒ $r = 7$ सेमी

वृत्त का क्षेत्रफल $= \pi r^2$

⇒ $\dfrac{22}{7} \times 7 \times 7 = 154$ सेमी²

∴ वृत्त का क्षेत्रफल 154 सेमी² है।

अतः विकल्प (D) सही है।

28. मान लीजिए कि डिब्बे की लंबाई 4x है, तो, इसकी चौड़ाई 3x होगी और ऊंचाई 2x होगी।

अब, आयतन = 4x × 3x × 2x = 24x³

⇒ $24x^3 = 1536$

⇒ $x^3 = 64$

⇒ $x = 4$

डिब्बे की लंबाई ∠x = 16 cm

∴ डिब्बे की लम्बाई 16 सेमी है।

अतः विकल्प (B) सही है।

29. बेलन का वक्र पृष्ठीय क्षेत्रफल $= 2\pi rh$

$308 = 2 \times (22/7) \times r \times 14$

⇒ $308 = 88r$

⇒ $r = \dfrac{7}{2} = 3.5$ सेमी

आयतन $= \pi r^2 h$

⇒ आयतन $= \dfrac{22}{7} \times (3.5)^2 \times 14$

⇒ आयतन $= 539\ cm^3$

⇒ आयतन = 539 सेमी³

∴ बेलन का आयतन 539 सेमी³ है।

अतः विकल्प (C) सही है।

30. दिया:

शंकु की ऊंचाई=15 सेमी

शंकु की त्रिज्या= 7 सेमी

हम जानते हैं कि:

शंकु का आयतन $= \frac{1}{3}\pi r^2 h$

$= \frac{1}{3} \times \frac{22}{7} \times 7 \times 7 \times 15$

$= 22 \times 7 \times 5$

=770 सेमी^{3}

अतः विकल्प (D) सही है।

Q.1 पाँच क्रमागत विषम संख्याओं का औसत 51 है। सबसे बड़ी और सबसे छोटी संख्या में क्या अंतर है?

A. 3 **B.** 7 **C.** 8 **D.** 11

Q.2 तीन संख्याएँ 8 : 7 : 5 के अनुपात में हैं और उनका औसत 40 है। सबसे बड़ी संख्या है:

A. 28 **B.** 32 **C.** 48 **D.** 42

Q.3 $7.5, 3.2, 11.3, 20.5$ और x का औसत 10 है। x का मान ज्ञात कीजिये।

A. 7.5 **B.** 4.5 **C.** 3.5 **D.** 6.5

Q.4 60 अवलोकनों का औसत 42 है। यदि 50 मान वाली एक संख्या को 20 से प्रतिस्थापित किया जाता है। 60 अवलोकनों का नया औसत ज्ञात कीजिये।

A. 46 **B.** 44 **C.** 45.5 **D.** 41.5

Q.5 एक कार्यालय में पूरे स्टाफ का औसत वेतन 120 रुपए प्रति माह है। अधिकारियों का औसत वेतन 460 रुपए है और गैर-अधिकारियों का औसत वेतन 110 रुपए है। यदि अधिकारियों की संख्या 15 है तो कार्यालय में गैर-अधिकारियों की संख्या ज्ञात कीजिए।

A. 610
B. 510
C. 410
D. निर्धारित नहीं किया जा सकता

Q.6 चार निरंतर सम संख्याओं का औसत 29 है। इनमें से सबसे बड़ी संख्या ज्ञात करें।

A. 42 **B.** 28 **C.** 32 **D.** 36

Q.7 नौ लोग अपने भोजन लेने के लिए एक होटल गए। उनमें से आठ ने 12 रुपये खर्च किये और नवें ने आठों के खर्च से औसत 8 रुपये अधिक खर्च किये। उनके द्वारा खर्च किया गया कुल पैसा था:

A. 104 **B.** 105 **C.** 116 **D.** 117

Q.8 3 लगातार प्राकृतिक संख्या (जो बढ़ते क्रम में हैं) का औसत k है। यदि संख्याओं के पहले सेट के ठीक बगल में दो और लगातार संख्याएँ जोड़ी जाती हैं, तो नया औसत बन जाता है?

A. $k + 2$ **B.** $k + 1$ **C.** $\frac{(2k+1)}{2}$ **D.** $2k - 1$

Q.9 30 लड़कियों का औसत वजन 40 किलो है, अन्य 40 लड़कियों का वजन 30 किलो है और अन्य 20 लड़कियों का औसत वजन 20 किलो है। सभी लड़कियों का औसत वजन ज्ञात कीजिए।

A. 28 **B.** $28\frac{8}{9}$ **C.** 30 **D.** $31\frac{1}{9}$

Q.10 48 छात्रों वाली एक कक्षा का औसत वजन 36 किलो है। यदि शिक्षक और प्रधानाध्यापक का वजन शामिल किया जाता है। तो औसत 36.76 किलो हो जाता है। तो शिक्षक और प्रधानाध्यापक के वजन का योग ज्ञात कीजिये।

A. 108 किलो **B.** 112 किलो **C.** 110 किलो **D.** 114 किलो

Q.11 20 संख्याओं का औसत 56 है। बाद में यह पाया गया कि संख्या 10 को गलत तरीके से 100 के रूप में लिया गया था। संख्याओं का सही औसत ज्ञात कीजिए।

A. 60.5 **B.** 59.5 **C.** 51.5 **D.** 50.5

Q.12 सात क्रमागत संख्याओं का औसत 33 है। इनमें उच्चतम संख्या क्या है?

A. 39 **B.** 34 **C.** 36 **D.** 38

Q.13 9 की पहली तीन विषम गुणकों का औसत ज्ञात कीजिए।

A. 29 **B.** 28 **C.** 27 **D.** 25

Q.14 6 लोगों के समूह की औसत आयु 48 वर्ष है। यदि समूह के एक सदस्य को बाहर रखा जाता है, तो औसत 45 वर्ष हो जाती है। उस सदस्य की आयु क्या है जिसे बाहर रखा गया था?

A. 52 वर्ष **B.** 62 वर्ष **C.** 63 वर्ष **D.** 50 वर्ष

Q.15 45 संख्याओं का औसत 150 है। बाद में यह पाया जाता है कि एक संख्या 46 को गलती से 91 लिखा गया है, तो सही औसत ज्ञात कीजिये।

A. 151 **B.** 147 **C.** 149 **D.** 153

Q.16 एक अंग्रेजी परीक्षा में 40 छात्रों के औसत अंक 72 हैं। बाद में यह पाया गया कि तीन अंक 64, 62 और 84 गलत तरीके से 68, 65 और 73 के रूप में दर्ज किए गए थे। गलतियों को सुधारने के बाद औसत है:

A. 70 **B.** 72 **C.** 71.9 **D.** 72.1

Q.17 दो संख्याओं A तथा B का औसत 20, B तथा C का औसत 19 और C तथा A का औसत 21 है। A का मान क्या है?

A. 24 **B.** 22 **C.** 20 **D.** 18

Q.18 0.16 और 0.36 के बीच का मध्यानुपाती ज्ञात करें।

A. 0.26 **B.** 0.24 **C.** 0.48 **D.** 0.12

Q.19 X, Y और Z का औसत Y, Z और W के औसत से 22 अधिक है। X और W के बीच अंतर ज्ञात कीजिए?

A. 44 **B.** 88 **C.** 22 **D.** 66

Q.20 3 भाइयों की औसत आयु 23 वर्ष है। यदि उनकी आयु का अनुपात 9 : 8 : 6 है। तो सबसे बड़े और सबसे छोटे भाई की आयु के बीच अंतर ज्ञात कीजिए।

A. 12 वर्ष **B.** 9 वर्ष **C.** 13 वर्ष **D.** 27 वर्ष

Q.21 $23, 34, x, 21, 19$ और 18 का औसत 21 है। x का मान क्या है?

A. 9 **B.** 10 **C.** 11 **D.** 12

Q.22 पहली 10 प्राकृत सम संख्याओं का औसत क्या होगा?

A. 12 **B.** 10 **C.** 33 **D.** 11

Q.23 एक महीने में पहले के 10 दिनों में फलों के खपत की मात्रा 25 किग्रा प्रति दिन है और अगले 15 दिनों में यह 20 किग्रा प्रति दिन है और शेष 5 दिनों में, यह 10 किग्रा है। पूरे महीने के में प्रति दिन खपत फलों का औसत ज्ञात कीजिए।

A. 50 किग्रा **B.** 40 किग्रा **C.** 20 किग्रा **D.** 30 किग्रा

Q.24 15 संख्याओं का माध्य 25 है। यदि प्रत्येक संख्या से 4 घटाया जाए तो, नया माध्य क्या होगा?

A. 29	B. 11	C. 21	D. 19

Q.25 750 लड़कों के एक स्कूल में लड़कों की औसत आयु 15.4 वर्ष है। 50 लड़कों के छोड़ने पर औसत आयु 15.3 वर्ष रह जाती है। छोड़ने वाले लड़कों की औसत आयु कितनी थी।

A. 18 वर्ष	B. 16.8 वर्ष	C. 16 वर्ष	D. 15 वर्ष

Q.26 एक कक्षा में 50 छात्रों की औसत आयु 16 वर्ष है। जब 10 नए छात्रों को भर्ती किया जाता है, तो औसत आयु 0.5 वर्ष बढ़ जाती है। नए छात्रों की औसत आयु क्या है?

A. 17 वर्ष	B. 18 वर्ष	C. 19 वर्ष	D. 20 वर्ष

Q.27 चार लगातार विषम संख्याओं का औसत 64 है। सबसे बड़ी विषम संख्या का मान क्या है?

A. 65	B. 69	C. 71	D. 67

Q.28 5 क्रमिक सम संख्याओं P, Q, R, S और T का औसत 106 है। Q और S का उत्पाद क्या है?

A. 11440	B. 11024	C. 10608	D. 11232

Q.29 60 संख्याओं का औसत 50 है और 50 संख्याओं का औसत 60 है। सभी संख्याओं का औसत ज्ञात कीजिए।

A. $\frac{600}{11}$	B. $\frac{600}{13}$	C. $\frac{550}{11}$	D. $\frac{585}{17}$

Q.30 कुछ पहली प्राकृतिक संख्याओं का योग ज्ञात कीजिए जिनका औसत 20.5 है।

A. 620	B. 820	C. 810	D. 705

// स्मार्ट उत्तर पुस्तिका //

सही उत्तर | उन छात्रों का प्रतिशत जिन्होंने प्रश्नों का सही उत्तर दिया था।   छोड़ दिया | उन छात्रों का प्रतिशत जिन्होंने प्रश्नों को छोड़ दिया था।

प्रश्न संख्या	उत्तर	सही उत्तर / छोड़ दिया	प्रश्न संख्या	उत्तर	सही उत्तर / छोड़ दिया	प्रश्न संख्या	उत्तर	सही उत्तर / छोड़ दिया	प्रश्न संख्या	उत्तर	सही उत्तर / छोड़ दिया	प्रश्न संख्या	उत्तर	सही उत्तर / छोड़ दिया	प्रश्न संख्या	उत्तर	सही उत्तर / छोड़ दिया
1	C	85.7 % / 10.27 %	6	C	85.93 % / 11.1 %	11	C	84.27 % / 14.19 %	16	D	76.15 % / 17.35 %	21	C	79.33 % / 10.66 %	26	C	77.41 % / 20.92 %
2	C	89.59 % / 10.4 %	7	D	86.03 % / 11.5 %	12	C	86.6 % / 11.11 %	17	B	78.84 % / 21.16 %	22	D	80.95 % / 16.72 %	27	D	79.44 % / 15.91 %
3	A	80.86 % / 11.53 %	8	B	76.44 % / 17.88 %	13	C	78.93 % / 10.54 %	18	B	83.79 % / 10.01 %	23	C	86.45 % / 13.5 %	28	D	87.16 % / 12.25 %
4	D	77.73 % / 15.01 %	9	D	89.52 % / 10.24 %	14	C	77.68 % / 16.13 %	19	D	84.76 % / 12.01 %	24	C	77.14 % / 12.78 %	29	A	86.32 % / 10.41 %
5	B	77.21 % / 14.78 %	10	C	81.27 % / 11.97 %	15	C	79.98 % / 11.08 %	20	B	77.65 % / 21.41 %	25	B	80.24 % / 10.52 %	30	B	84.39 % / 10.52 %

//संकेत और समाधान//

1. माना संख्याएँ $x, x + 2, x + 4, x + 6$ और $x + 8$ हैं।

प्रश्न के अनुसार,

$$\frac{[x+(x+2)+(x+4)+(x+6)+(x+8)]}{5} = 51$$

$$\Rightarrow 5x + 20 = 255$$

$$\Rightarrow x = 47$$

इसलिए, आवश्यक अंतर $= (47 + 8) - 47 = 8$

अत: विकल्प (C) सही है।

2. माना संख्याएँ $8x, 7x$ और $5x$ हैं।

प्रश्न के अनुसार,

$$\frac{(8x+7x+5x)}{3} = 40$$

$$\Rightarrow 20x = 120$$

$$\Rightarrow x = 6$$

सबसे बड़ी संख्या $= 8x = 48$

अत: विकल्प (C) सही है।

3. दिया गया है,

$7.5, 3.2, 11.3, 20.5$ और x का औसत $= 10$

जैसा कि हम जानते हैं,

n संख्याओं का औसत $=$ सभी संख्याओं का योग $/n$

प्रश्नानुसार,

$$10 = \frac{(7.5+3.2+11.3+20.5+x)}{5}$$

$$\Rightarrow 50 = 42.5 + x$$

$$\therefore x = 7.5$$

अत: विकल्प (A) सही है।

4. दिया गया है,

60 अवलोकनों का औसत $= 42$

जैसा कि हम जानते हैं,

औसत $=$ सभी अवलोकनों का योग/अवलोकनों की कुल संख्या

60 अवलोकनों का औसत $= 42$

60 अवलोकनों का योग $= 60 \times 42 = 2520$

यदि 50 को 20 से प्रतिस्थापित किया जाता है तो 60 अवलोकनों का नया योग $= 2520 - 50 + 20 = 2490$

$\therefore$ 50 अवलोकनों का नया औसत $= \frac{2490}{60} = 41.5$

अत: विकल्प (D) सही है।

5. माना गैर-अधिकारियों की संख्या $= a$

अधिकारियों की संख्या $= 15$

अधिकारियों का औसत वेतन 460 रुपए है

तो, अधिकारियों की कुल वेतन $= 15 \times 460 = 6900$

इसी तरह, गैर-अधिकारियों का कुल वेतन $= a \times 110$

अब हम सभी कर्मचारियों का कुल वेतन इस रूप में प्राप्त कर सकते हैं:

$$\Rightarrow 120 \times (15 + a) = 6900 + 110a$$

$$\Rightarrow 1800 + 120a = 6900 + 110a$$

$$\Rightarrow 120a - 110a = 6900 - 1800$$

$$\Rightarrow 10a = 5100$$

$$\Rightarrow a = 510$$

$\therefore$ कार्यालय में गैर-अधिकारियों की संख्या 510 है।

अत: विकल्प (B) सही है।

6. माना, चार निरंतर सम संख्याएँ $x, x + 2, x + 4$ और $x + 6$ हैं।

सम संख्याओं का औसत $= 29$

हम जानते हैं कि:

सम संख्याओं का औसत $=$ सम संख्याओं का योग $/$ कुल संख्या

$$29 = \frac{x+x+2+x+4+x+6}{4}$$

$$29 = \frac{4x+12}{4}$$

$$29 = x + 3$$

$$x = 26$$

इसलिए, सबसे बड़ी संख्या $= x + 6 = 26 + 6 = 32$ है।

अत: विकल्प (C) सही है।

7. माना की औसत x है

$$\frac{12\times8+(x+8)}{9} = x$$

$$96 + x + 8 = 9x$$

$$104 = 8x$$

$$x = 13$$

कुल पैसा खर्च होता है $= 13 \times 9 = 117$

अत: विकल्प (D) सही है।

8. $1,2,3$ का औसत 2 है

$1,2,3,4,5$ का औसत 3 है

$2,3,4$ का औसत 3 है

$2,4,4,5,6$ का औसत 4 है

तो, औसत 1 नए औसत से बढ़ता है $= k + 1$

अतः विकल्प (B) सही है।

9. 30 लड़कियों का औसत वजन 40 किलो है।

30 लड़कियों का वजन का योग $= 40 \times 30 = 1200$ किलो

40 लड़कियों का औसत वजन 30 किलो है।

40 लड़कियों का वजन का योग $= 30 \times 40 = 1200$ किलो

दूसरी 20 लड़कियों का 20 किलो औसत वजन है।

20 लड़कियों का वजन का योग $= 20 \times 20 = 400$ किलो

सभी लड़कियों के वजन के योग $= 1200 + 1200 + 400 = 2800$ किलो

लड़कियों की कुल संख्या $= 30 + 40 + 20 = 90$

सभी लड़कियों का औसत वजन $= \frac{2800}{90} = 31\frac{1}{9}$ किलो

∴ सभी लड़कियों का औसत वजन $= 31\frac{1}{9}$ किलो है।

अतः विकल्प (D) सही है।

10. शिक्षक और प्रधानाध्यापक के वजन का योग

= नया औसत × छात्रों की संख्या – मौजूदा औसत × छात्रों की संख्या

$= 36.76 \times 50 - 36 \times 48 = 1838 - 1728$

= 110 किलो

∴ शिक्षक और प्रधानाध्यापक के वजन का योग 110 किलो है।

अतः विकल्प (C) सही है।

11. दिया है:

20 संख्याओं का औसत 56 है।

प्रयोग किया गया सूत्र:

अवलोकनों का योग = औसत × अवलोकनों की संख्या

सभी संख्याओं का योग $= 56 \times 20 = 1120$

बाद में पता चला कि एक संख्या 10 को 100 के रूप में गलत तरीके से लिया गया था

$\Rightarrow$ सही योग $= 1120 - 100 + 10 = 1030$

∴ सही औसत = सही योग/संख्या $= \frac{1030}{20} = 51.5$

अतः विकल्प (C) सही है।

12. दिया गया है,

सात क्रमागत संख्याओं का औसत $= 33$

माना सात क्रमागत संख्याएँ $(x-3), (x-2), (x-1), x, (x+1), (x+2), (x+3)$ है।

सात संख्याओं का योग
$= x - 3 + x - 2 + x - 1 + x + x + 1 + x + 2 + x + 3$

$= 7x$

जैसा कि हम जानते हैं,

औसत = संख्याओं का योग / पदों की संख्या

$33 = \frac{7x}{7}$

$\Rightarrow x = 33$

इसलिए, उच्चतम संख्या $= x + 3$

$= 33 + 3$

$= 36$

∴ क्रमागत श्रृंखला में उच्चतम संख्या 36 है।

अतः विकल्प (C) सही है।

13. जैसा कि हम जानते हैं,

औसत = (सभी पदों का योग)/पदों की संख्या

9 के पहले तीन विषम गुणक $= 9, 27$ और 45

औसत $= \frac{(9 + 27 + 45)}{3}$

$= \frac{81}{3}$

$= 27$

∴ पहले तीन विषम गुणकों का औसत 27 है।

अतः विकल्प (C) सही है।

14. दिया गया है,

6 व्यक्तियों की औसत आयु 48 वर्ष है।

उसके बाद, 1 सदस्य को छोड़कर, औसत 45 वर्ष हो जाता है।

सभी व्यक्तियों की आयु का योग = औसत आयु × व्यक्तियों की संख्या

6 व्यक्तियों की आयु का योग $= 48 \times 6 = 288$

1 सदस्य को छोड़कर 5 सदस्यों की आयु का योग $= 45 \times 5 = 225$

निकाले गये सदस्य की आयु = 6 व्यक्तियों की आयु का योग -1 सदस्य को छोड़कर 5 सदस्यों की आयु का योग

निकाले गये सदस्य की आयु $= 288 - 225 = 63$

अतः विकल्प (C) सही है।

15. दिया गया है,

45 संख्याओं का औसत 150 है।

46 को गलती से 91 लिखा जाता है।

जैसा कि हम जानते हैं,

औसत = कुल प्रेक्षणों का योग /प्रेक्षणों की कुल संख्या

45 संख्याओं का कुल योग $= 150 \times 45 = 6750$

अब, 46 को गलती से 91 लिखा जाता है,

आंकड़ों का सही योग $= 6750 - (91 - 46) = 6705$

तो, आंकड़ों का सही औसत $= \frac{6705}{45} = 149$

∴ सही औसत 149 है।

अतः विकल्प (C) सही है।

16. अंग्रेजी परीक्षा में 40 छात्रों के कुल अंक $= 72 \times 40 = 2880$

अब, चूंकि तीन नंबर गलत तरीके से दर्ज किए गए थे।

तो, छात्रों के सही कुल अंक:

$= 2880 - (68 + 65 + 73) + (64 + 62 + 84) = 2884$

कुल सही अंक $= 2884$

सही औसत $= \frac{2884}{40} = 72.1$

अतः विकल्प (D) सही है।

17. $(A + B)$ का योग $= 2 \times 20 = 40$

$(B + C)$ का योग $= 2 \times 19 = 38$

$(C + A)$ का योग $= 2 \times 21 = 42$

जोड़ने पर,

$\Rightarrow 2(A + B + C) = 40 + 38 + 42 = 120$

$\Rightarrow (A + B + C) = 60$

इसलिए,

$A = (A + B + C) - (B + C) = 60 - 38 = 22$

अतः विकल्प (B) सही है।

18. हम जानते हैं कि,

a और b के बीच मध्यानुपाती c द्वारा दिया जाता है।

$c^2 = a \times b$

मान रखने के बाद

$c^2 = 0.16 \times 0.36$

$c = 0.24$

अतः विकल्प (B) सही है।

19. दिया है:

X, Y और Z का औसत $= Y, Z$ और W के औसत से 22 अधिक है।

औसत = संख्याओं का योग/कुल संख्याएं

प्रश्न के अनुसार:

$\frac{X+Y+Z}{3} = \frac{Y+Z+W}{3} + 22$

$\Rightarrow X + Y + Z = Y + Z + W + 66$

$\Rightarrow X = W + 66$

$\Rightarrow X - W = 66$

अतः विकल्प (D) सही है।

20. दिया है:

3 भाइयों की औसत आयु $= 23$

उनकी आयु का अनुपात $= 9:8:6$

माना कि तीन भाइयों की आयु $9x, 8x$ और $6x$ है।

प्रश्नानुसार,

$\Rightarrow \frac{(9x+8x+6x)}{3} = 23$

$\Rightarrow 23x = 69$

$\Rightarrow x = 3$

भाइयों की आयु $27, 24$ और 18 वर्ष है।

∴ सबसे बड़े और सबसे छोटे भाई के बीच 9 वर्ष का अंतर है। (अर्थात $27 - 18$)

अतः विकल्प (B) सही है।

21. दिया है:

$23, 34, x, 21, 19$ और 18 का औसत $= 21$

$\frac{23+34+x+21+19+18}{6} = 21$

$\Rightarrow 23 + 34 + x + 21 + 19 + 18 = 21 \times 6$

$\Rightarrow 115 + x = 126$

$\Rightarrow x = 11$

अतः विकल्प (C) सही है।

22. हम जानते है:

संख्याओं का औसत = संख्याओं का योग / कुल संख्या

संख्या $2, 4, 6, 8, 10, 12, 14, 16, 18, 20$ हैं

औसत $= \frac{(2+4+6+8+10+12+14+16+18+20)}{10}$

$\Rightarrow \frac{110}{10} = 11$

अतः विकल्प (D) सही है।

23. पहले 10 दिनों में फलों के खपत की मात्रा $= 25 \times 10 = 250$ किग्रा

अगले 15 दिनों में फलों के खपत की मात्रा $= 15 \times 20 = 300$ किग्रा

अंतिम 5 दिनों में फलों के खपत की मात्रा $= 5 \times 10 = 50$ किग्रा

कुल फल की खपत $= 250 + 300 + 50 = 600$ किग्रा

औसत $=$ वस्तुओं का योग/वस्तुओं की कुल संख्या

∴ अभीष्ट औसत $= \frac{600}{30} = 20$ किग्रा

अतः विकल्प (C) सही है।

24. दिया है:

15 संख्या का माध्य $= 25$

15 संख्या का योग $= 25 \times 15 = 375$ नया योग

$= 375 - 15 \times 4$

$= 375 - 60 = 315$

$\therefore$ नया माध्य $= \frac{315}{15} = 21$

अतः विकल्प (C) सही है।

25. 750 लड़कों की कुल आयु $= 750 \times 15.4 = 11550$

700 लड़कों की कुल आयु $= 700 \times 15.3 = 10710$

50 लड़कों की औसत आयु $= \frac{11550 - 10710}{50} = 16.8$ वर्ष

अतः विकल्प (B) सही है।

26. 50 छात्रों की कुल आयु $= 50 \times 16 = 800$ वर्ष

10 नए छात्रों के प्रवेश के बाद, कुल आयु

$= 60 \times 16.5 = 990$ वर्ष

इसलिए, नए छात्रों की आयु $= 990 - 800 = 190$ वर्ष

इस प्रकार, उनका औसत $\frac{190}{10} = 19$ वर्ष

अतः विकल्प (C) सही है।

27. माना पहली विषम संख्या x हैं।

तो अन्य संख्या $x + 2, x + 4, x + 6$ हैं।

चार क्रमागत संख्याओं का औसत $= 64$

चार क्रमागत विषम संख्याओं का योग $= 64 \times 4 = 256$

$x + x + 2 + x + 4 + x + 6 = 256$

$4x = 244$

$x = 61$

सबसे बड़ी विषम संख्या $= x + 6 = 67$

अतः विकल्प (D) सही है।

28. माना क्रमिक सम संख्याएं P, Q, R, S और T हैं:

$n, n + 2, n + 4, n + 6$ और $n + 8$, तो

$\therefore \frac{n + (n+2) + (n+4) + (n+6) + (n+8)}{5} = 106$

$5n = 530 - 20 \Rightarrow n = \frac{510}{5} = 102$

इसलिए, क्रमिक सम संख्याएं हैं: $102, 104, 106, 108$ और 110

$Q \times S = 104 \times 108 = 11232$

अतः विकल्प (D) सही है।

29. दिया गया है,

60 संख्याओं का औसत $= 50$

60 संख्याओं का योगफल $= 60 \times 50 = 3000$

50 संख्याओं का औसत $= 60$

50 संख्याओं का योगफल $= 50 \times 60 = 3000$

जैसा कि हम जानते हैं,

औसत $=$ सभी संख्याओं का योगफल/कुल संख्याएँ

$\therefore$ सभी संख्याओं का औसत $= \frac{(3000 + 3000)}{110} = \frac{600}{11}$

अतः विकल्प (A) सही है।

30. दिया है:

कुछ पहली प्राकृतिक संख्याओं का औसत 20.5 है

औसत $=$ अवलोकनों का योग/अवलोकनों की संख्या

'पहली' n ' प्राकृतिक संख्याओं का औसत $= \frac{n+1}{2}$

कुछ पहली प्राकृतिक संख्याओं का औसत $= 20.5 = \frac{n+1}{2}$

$\Rightarrow n + 1 = 41$

$\Rightarrow n = 40$

$\therefore$ इन प्रथम 40 प्राकृतिक संख्याओं का योग $=$ अवलोकनों का औसत $\times$ संख्या

$\Rightarrow 20.5 \times 40$

$\Rightarrow 820$

अतः विकल्प (B) सही है।

Q.1 एक कांच का विक्रय मूल्य 1965 रुपये है और हानि 25% है। यदि विक्रय मूल्य 3013 रुपये है तो लाभ प्रतिशत कितना है?

A. 13% **B.** 10.4% **C.** 15% **D.** 20%

Q.2 एक व्यक्ति ने कुछ अंडे 5 रुपये मे 3 की दर से खरीदे और उन्हें 12 रुपये में 5 की दर से बेच दिया। यदि उसने 143 रुपये प्राप्त किये है तो अंडो की संख्या क्या थी:

A. 210 **B.** 200 **C.** 193 **D.** 195

Q.3 नवनीत ने 5% की छूट पर 45,000 रुपये की अंकित मूल्य के साथ एक मोटरसाइकिल खरीदी। यदि 10% बिक्री कर लिया जाता है, तो मोटरसाइकिल खरीदने के लिए कितनी राशि नवनीत को भुगतान करनी होगी।

A. 47035 रुपये **B.** 47000 रुपये
C. 47025 रुपये **D.** 47020 रुपये

Q.4 एक कमीज का क्रय मूल्य 262.40 रुपये है। बाजार मूल्य पर 18% छूट देने के बाद 14% लाभ प्राप्त करने के लिए इसे किस मूल्य पर अंकित किया जाना चाहिए?

[SSC Selection Post Phase IX, 2020]

A. 364.80 रुपये **B.** 356 रुपये
C. 358.40 रुपये **D.** 352 रुपये

Q.5 रीना ने 24 किलो चीनी 1,056 रुपये में खरीदी। उसने इसे 4 किलोग्राम के विक्रय मूल्य के बराबर लाभ पर बेचा। चीनी का विक्रय मूल्य प्रति किलोग्राम था:

[SSC Selection Post Phase IX, 2020]

A. 54.50 रुपये **B.** 54.20 रुपये
C. 55.40 रुपये **D.** 52.80 रुपये

Q.6 सुरेश को 15% की हानि हुई, जब उसने अपना कंप्यूटर 17,000 रुपये में बेचा। यदि वह इसे 20,448 रुपये में बेचता है, तो उसका हानि/लाभ प्रतिशत है:

[SSC Selection Post Phase IX, 2020]

A. हानि: 1.12% **B.** लाभ : 1.12%
C. लाभ : 2.24% **D.** हानि: 2.24%

Q.7 विष्णु 25% लाभ पर एक वस्तु बेचता है। यदि उसने इसे 51 रुपये ज्यादा में बेचा होता तो उसे 28% लाभ प्राप्त होता। वस्तु का क्रय मूल्य ज्ञात कीजिये:

A. 1500 **B.** 1700 **C.** 2100 **D.** 2500

Q.8 एक वस्तु के क्रय मूल्य का 10%, 1245.80 रुपये है। यदि वस्तु 15% की हानि पर बेची जाती है तो विक्रय मूल्य क्या होगा: (रुपये के निकटतम मान तक)

[RRB (NTPC), 2017]

A. 12458 **B.** 10589 **C.** 14327 **D.** 14657

Q.9 160 साइकिल 524,000 रुपये में बेची गई जिसके परिणामस्वरू 10% की हानि हुई। एक साइकिल का क्रय मूल्य (रुपये में) क्या था? (रुपये के निकटतम मान तक)

[RRB (NTPC), 2017]

A. 3275 **B.** 3639 **C.** 4321 **D.** 4763

Q.10 जीवा ने 2500 रुपये में एक वस्तु खरीदा और इसे क्रय मूल्य से 25% अधिक मूल्य पर बेचा और 125 रुपये का कर भुगतान किया। कर के बाद लाभ रुपये में ज्ञात कीजिये।

[RRB (NTPC), 2017]

A. 500 **B.** 550 **C.** 475 **D.** 625

Q.11 एक व्यापारी ने 132 दर्जन आमों को 475 रुपये प्रति दर्जन की दर पर खरीदा और केवल 125 दर्जन को 530 रुपये प्रति दर्जन की दर पर बेच सका। उसके पास आम के स्टॉक का मूल्य (रुपये में) क्या है?

[RRB (NTPC), 2017]

A. 3325 **B.** 4250 **C.** 3710 **D.** 4620

Q.12 एक दूधवाला डेयरी से 800 रुपये में 25 लीटर दूध खरीदता है और इसे 33.50 प्रति लीटर की दर से बेचता है। लाभ या हानि% क्या है? (निकटतम ज्ञात करें)

[RRB (NTPC), 2017]

A. लाभ 4.7% **B.** हानि 4.8%
C. हानि 5.1% **D.** लाभ 5.3%

Q.13 रेमी एक वस्तु को एक निश्चित मूल्य पर बेचने पर 20% का लाभ अर्जित करता है। यदि वह वस्तु को 8 रुपए अधिक में बेचती है, तो उसे 30% लाभ प्राप्त होगा। ऐसी 16 वस्तुओं की वास्तविक कीमत क्या है?

[SSC CGL, 2020]

A. 1200 रुपए **B.** 1120 रुपए
C. 1152 रुपए **D.** 1280 रुपए

Q.14 एक वस्तु का अंकित मूल्य उसके क्रय मूल्य से 40% अधिक है। यदि उसका विक्रय मूल्य, अंकित मूल्य का $73\frac{1}{2}$% है, तो लाभ प्रतिशत क्या है?

[SSC CGL, 2020]

A. 3.1% **B.** 2.4% **C.** 2.7% **D.** 2.9%

Q.15 एक वस्तु पर क्रय मूल्य से 35% अधिक मूल्य अंकित किया जाता है। यदि वस्तु को बेचने पर 20% का लाभ अर्जित किया जाता है, तो वस्तु के अंकित मूल्य पर दिया गया छूट प्रतिशत क्या है?

[SSC CGL, 2020]

A. $11\frac{1}{9}$% **B.** 15% **C.** 12% **D.** $10\frac{1}{9}$%

Q.16 14 वस्तुओं का क्रय मूल्य 10 वस्तुओं के विक्रय मूल्य के बराबर है। लाभ प्रतिशत ज्ञात कीजिये।

A. 20% **B.** 40% **C.** 30% **D.** 10%

Q.17 एक लड़के ने अंकित मूल्य पर 20% की छूट पर एक घड़ी खरीदी। उसने उस घड़ी को 40% के लाभ पर बेच दिया। नया विक्रय मूल्य, अंकित मूल्य से कितने प्रतिशत अधिक है?

A. 10% **B.** 11% **C.** 12% **D.** 13%

Q.18 एक दुकानदार अपने माल को क्रय मूल्य से 12.5% अधिक मूल्य पर अंकित करता है। यदि वह अपने ग्राहक को 10% की छूट देता है। तो, उसका लाभ या हानि प्रतिशत ज्ञात कीजिए।

A. 1.25%   **B.** 3.5%   **C.** 4.5%   **D.** 5.0%

Q.19 एक ओवन और एक मिक्सर का क्रय मूल्य क्रमशः 6000 रु और 4000 रु है। प्रत्येक ओवन और मिक्सर पर 10% लाभ अर्जित किया जाता है। कुल लाभ प्रतिशत ज्ञात कीजिये।

A. 10%   **B.** 16%   **C.** 13%   **D.** 18%

Q.20 अर्पित दो हेडफोन प्रत्येक को 500 रुपये में खरीदता है। उसने एक हेडफोन को 40% के लाभ पर और अन्य को 10% की हानि पर बेचा। प्रतिशत में कुल हानि या लाभ ज्ञात कीजिए।

A. 5%   **B.** 10%   **C.** 15%   **D.** 20%

Q.21 एक व्यापारी लकड़ी के फर्नीचर का व्यवसाय करता है। वह लकड़ी की अलमारी 11,000 रुपये में बेचता है और 10% लाभ प्राप्त करता है। फर्नीचर का क्रय मूल्य ज्ञात कीजिये।

A. 10,000 रुपये   **B.** 1500 रुपये
C. 6500 रुपये   **D.** 7,500 रुपये

Q.22 एक दुकानदार एक टी.वी. पर 10% की छूट देता है। टी. वी. का अंकित मूल्य 8000 रुपये है। छूट देने के बाद, दुकानदार को 20% लाभ होता है। टी. वी. का क्रय मूल्य ज्ञात कीजिए।

[IBPS PO, 2021]

A. 8500 रुपये   **B.** 3500 रुपये
C. 4050 रुपये   **D.** 6000 रुपये

Q.23 यदि 45 मास्क का क्रय मूल्य 30 मास्क के विक्रय मूल्य के बराबर है, तो लाभ या हानि प्रतिशत क्या होगा?

A. 20%   **B.** 30%   **C.** 40%   **D.** 50%

Q.24 एक खिलौना 160 रुपये में बेचा गया और उसे खिलौने के लागत मूल्य के बराबर लाभ हुआ। यदि नया लाभ मूल लाभ से 50% अधिक होने की उम्मीद है, तो आवश्यक विक्रय मूल्य ज्ञात कीजिए।

A. 180 रुपये   **B.** 200 रुपये   **C.** 220 रुपये   **D.** 240 रुपये

Q.25 एक व्यापारी अपने ग्राहकों को अंकित मूल्य पर 10% छूट की अनुमति देने के बाद 20% लाभ हासिल करना चाहता है। क्रय मूल्य से कितने प्रतिशत अधिक होने पर उसे अपने सामान को चिह्नित करना चाहिए?

A. 30%   **B.** $33\frac{1}{3}$%   **C.** $34\frac{2}{3}$%   **D.** 35%

Q.26 यदि 20 साइकिलों को बेचकर विनय को 2 साइकिलों के विक्रय मूल्य के बराबर की हानि होती है, तो उसका हानि प्रतिशत ज्ञात कीजिये?

A. 10%   **B.** 11%   **C.** $13\frac{1}{3}$%   **D.** $9\frac{1}{11}$%

Q.27 20% छूट की बिक्री पर, एक वस्तु का मूल्य 596 है। वस्तु का वास्तविक मूल्य क्या था?

A. 720 रुपये   **B.** 735 रुपये   **C.** 745 रुपये   **D.** 775 रुपये

Q.28 दुकानदार थोक में स्पीकर खरीदता है। 12 स्पीकरों की कीमत 3000 रुपये है। यदि 2 स्पीकर ख़राब हैं और वह एक स्पीकर को 350 रुपये में बेचता है। दुकानदार द्वारा सभी स्पीकरों को बेचने पर अर्जित लाभ है:

A. 600 रुपये   **B.** 500 रुपये   **C.** 550 रुपये   **D.** 450 रुपये

Q.29 40 शर्ट बेचकर, एक दुकानदार 8 शर्ट के विक्रय मूल्य के बराबर लाभ प्राप्त करता है। उसका लाभ प्रतिशत ज्ञात कीजिए।

A. 25%   **B.** 20%   **C.** 35%   **D.** 30%

Q.30 रामू ने 900 रुपये में एक वस्तु खरीदी। उसने 600 रुपये में उसे बेच दिया। उसका लाभ या हानि प्रतिशत ज्ञात कीजिये।

A. $33\frac{1}{3}$%   **B.** 30%   **C.** 45%   **D.** 51%

// स्मार्ट उत्तर पुस्तिका //

सही उत्तर — उन छात्रों का प्रतिशत जिन्होंने प्रश्नों का सही उत्तर दिया था।　　छोड़ दिया — उन छात्रों का प्रतिशत जिन्होंने प्रश्नों को छोड़ दिया था।

प्रश्न संख्या	उत्तर	सही उत्तर / छोड़ दिया	प्रश्न संख्या	उत्तर	सही उत्तर / छोड़ दिया	प्रश्न संख्या	उत्तर	सही उत्तर / छोड़ दिया	प्रश्न संख्या	उत्तर	सही उत्तर / छोड़ दिया	प्रश्न संख्या	उत्तर	सही उत्तर / छोड़ दिया	प्रश्न संख्या	उत्तर	सही उत्तर / छोड़ दिया
1	C	76.5 % / 10.15 %	6	C	80.79 % / 16.02 %	11	A	77.45 % / 18.49 %	16	B	88.93 % / 10.04 %	21	A	83.55 % / 11.31 %	26	D	88.84 % / 11.06 %
2	D	86.18 % / 10.72 %	7	B	78.58 % / 13.35 %	12	A	88.11 % / 10.99 %	17	C	83.67 % / 10.38 %	22	D	77.24 % / 18.72 %	27	C	83.27 % / 11.41 %
3	C	89.17 % / 10.26 %	8	B	86.36 % / 13.04 %	13	D	84.17 % / 11.99 %	18	A	85.23 % / 11.09 %	23	D	88.85 % / 10.92 %	28	B	76.92 % / 10.47 %
4	A	89.99 % / 10.0 %	9	B	88.77 % / 11.01 %	14	D	80.64 % / 14.2 %	19	A	79.57 % / 19.61 %	24	B	81.08 % / 10.16 %	29	A	89.0 % / 10.17 %
5	D	84.27 % / 10.75 %	10	A	81.4 % / 12.03 %	15	A	81.94 % / 16.37 %	20	C	77.46 % / 14.34 %	25	B	80.87 % / 18.52 %	30	A	82.49 % / 15.6 %

//संकेत और समाधान//

1. प्रश्नानुसार,

कांच का विक्रय मूल्य = 1965 रुपये

और हानि = 25%

$$\therefore CP = \frac{1965}{75} \times 100 = 2620 \text{ रुपये}$$

यदि विक्रय मूल्य = 3013 रुपये

$$\therefore \text{लाभ } \% = \frac{(3013-2620)}{2620} \times 100$$

$$= \frac{3930}{262} = 15\%$$

अतः विकल्प (C) सही है।

2. माना अंडों की संख्या x है

3 अंडे की लागत = 5 रु

1 अंडे की लागत = $\frac{5}{3} \times x$

इसलिए, CP = $\frac{5}{3} \times x$

जिस कीमत पर अंडे बेचे जाते हैं = 12 रु

इसलिए, SP = $\frac{12}{5x}$

लाभ = SP - CP

$$143 = \frac{12}{5x} - \frac{5}{3x}$$

(हल करने के लिए, 3 और 5 का LCM लें और उसके माध्यम से हल करें)

x = 195

इस प्रकार, उन्होंने 195 अंडे खरीदे।

अतः विकल्प (D) सही है।

3. प्रश्नानुसार,

मोटरसाइकिल का अंकित मूल्य = 45000 रु

छूट = 45000 का 5%

$$\frac{5}{100} \times 45000$$

= 2250 रु

अब, मूल्य = 45000 - 2250

= 42750 रु

बिक्री कर = 42750 का 10%

$$\frac{10}{100} \times 42750$$

= 4275 रु

शुद्ध राशि उसे देनी होगी = 42750 + 4275

= 47025 रु

अतः विकल्प (C) सही है।

4. दिया है:

क्रय मूल्य = 262.40 रुपये

सूत्र:

विक्रय मूल्य = क्रय मूल्य × (लाभ% + 100)/100

माना एक कमीज का अंकित मूल्य a रुपये है।

छूट के बाद विक्रय मूल्य $= a \times \frac{(100-18)}{100} = \frac{82a}{100}$ रुपये

तदनुसार,

$$\frac{82a}{100} = 262.40 \times \frac{(100+14)}{100}$$

$$\Rightarrow \frac{82a}{100} = \frac{262.40 \times 114}{100}$$

$$\Rightarrow a = 364.80$$

$\therefore$ एक कमीज का अंकित मूल्य 364.80 रुपये है।

अतः विकल्प (A) सही है।

5. दिया है:

24 किलो चीनी का क्रय मूल्य = 1056 रुपये

माना चीनी का प्रति किलो विक्रय मूल्य a रुपये है।

$\Rightarrow 4a = 24a - 1056$

$\Rightarrow a = 52.80$

$\therefore$ प्रति किलो चीनी का विक्रय मूल्य 52.80 रुपये है।

अतः विकल्प (D) सही है।

6. दिया है:

विक्रय मूल्य = 17000 रुपये

हानि % = 15%

सूत्र:

विक्रय मूल्य = क्रय मूल्य × (100 - हानि %)/100

क्रय मूल्य $= 17000 \times \frac{100}{85} = 20000$ रुपये

$\therefore$ लाभ प्रतिशत $= \frac{(20448-20000)}{20000} \times 100 = 2.24\%$

अतः विकल्प (C) सही है।

7. दिया है

51 रुपये अधिक में वस्तु बेचने पर विष्णु को 3% अधिक लाभ मिल रहा है।

सूत्र

विक्रय मूल्य = क्रय मूल्य × [(100 + लाभ%)/100]

माना कि क्रय मूल्य 100x है।

विक्रय मूल्य$_1$ = 100x × $\left(\frac{125}{100}\right)$ = 125x

विक्रय मूल्य$_2$ = 100x × $\left(\frac{128}{100}\right)$ = 128x

प्रश्नानुसार

$128x - 125x = 51$

$\Rightarrow 3x = 51$

$\Rightarrow x = 17$

$\therefore$ क्रय मूल्य $= 100x = 100 \times 17 = 1700$

अतः विकल्प (B) सही है।

8. दिया है:

एक वस्तु के क्रय मूल्य का 10%, 1245.80 रुपये है

हानि $= 15\%$

यदि एक वस्तु के क्रय मूल्य का 10%, x है, तो पूरी वस्तु का क्रय मूल्य $10x$ होगा

हम जानते हैं कि:

हानि% $= ($हानि/क्र.मू$) \times 100$

वि.मू $=$ क्र.मू - हानि

एक वस्तु के क्रय मूल्य का 10%, 1245.80 रुपये है

$\Rightarrow$ पूरी वस्तु का क्रय मूल्य $= 1245.80 \times 10 = 12458$

अब,

हानि को L द्वारा दर्शाया जाएगा

$\Rightarrow \left(\dfrac{L}{12458}\right) \times 100 = 15$

$\Rightarrow L = \dfrac{(12458 \times 15)}{100}$

$\Rightarrow L = 1868.7$

$\therefore$ वि.मू $= 12458 - 1868.7 = 10589.3$

विक्रय मूल्य (रुपये के निकटतम मान तक) $= 10589$

अतः विकल्प (B) सही है।

9. दिया है:

160 साइकिल 524,000 रुपये में बेची गई

हानि $= 10\%$

हम जानते हैं कि:

हानि % $= ($हानि/क्र.मू$) \times 100$

वि.मू $=$ क्र.मू - हानि

160 साइकिल $\rightarrow 524000$

1 साइकिल $\rightarrow \dfrac{524000}{160}$

अब,

$($हानि/क्र.मू$) \times 100 = 10$

$\Rightarrow ($हानि/क्र.मू$) = \dfrac{10}{100}$

हानि $= 10$ और क्र.मू $= 100$

$\Rightarrow$ वि.मू $= 100 - 10 = 90$

1 साइकिल का वि.मू $= \dfrac{524000}{160}$

$\Rightarrow 90 \rightarrow \dfrac{524000}{160}$

$\Rightarrow 100 \rightarrow \left(\dfrac{524000}{160}\right) \times \left(\dfrac{100}{90}\right)$

$\therefore$ एक साइकिल का क्र.मू $= 3638.88 = 3639 ($ रुपये के निकटतम मान तक)

अतः विकल्प (B) सही है।

10. दिया है:

जीवा ने 2500 रुपये में एक वस्तु खरीदा

इसे क्रय मूल से 25% अधिक मूल्य पर बेचा गया

125 रुपये का कर भुगतान किया गया

जीवा ने 2500 रुपये में एक वस्तु खरीदा

$\Rightarrow$ एक वस्तु का क्रय मूल्य, क्र.मू $= 2500$

इसे क्रय मूल से 25% अधिक मूल्य पर बेचा गया

$\Rightarrow$ वस्तु का विक्रय मूल्य, वि.मू $= 2500 + \left[\dfrac{(2500 \times 25)}{100}\right]$

$\Rightarrow$ वि.मू $= 3125$

125 रुपये का कर भुगतान किया गया

$\Rightarrow$ जीवा के पास कर के बाद राशि $= 3125 - 125 = 3000$

$\therefore$ कर के बाद लाभ $= 3000 - 2500 = 500$

अतः विकल्प (A) सही है।

11. दिया है:

132 दर्जन आर्मों को 475 रुपये प्रति दर्जन की दर पर खरीदा

केवल 125 दर्जन को 530 रुपये प्रति दर्जन की दर पर बेच सका

132 दर्जन खरीदा और केवल 125 दर्जन बेच सका

$\Rightarrow$ उसके पास आम के स्टॉक $= 132 - 125 = 7$ दर्जन

प्रति दर्जन मूल्य $= 475$ रुपये

$\therefore$ उसके पास आम के स्टॉक का मूल्य $= 7 \times 475 = 3325$

अतः विकल्प (A) सही है।

12. दिया है:

25 लीटर दूध का लागत मूल्य $= 800$ रु.

1 लीटर दूध का विक्रय मूल्य $= 33.5$ रु.

हम जानते हैं कि:

लाभ $=$ विक्रय मूल्य $-$ लागत मूल्य

लाभ % = (लाभ/लागत मूल्य) $\times 100$

25 लीटर दूध का विक्रय मूल्य $= 25 \times 33.5 = 837.5$ रु.

$\therefore$ लाभ $= 837.5 - 800 = 37.5$ रु.

लाभ % $= \left(\dfrac{37.5}{800}\right) \times 100$

$\Rightarrow 4.6875\%$

$\therefore$ लाभ % (निकटतम) $= 4.7\%$

अत: विकल्प (A) सही है।

13. दिया गया है:

लाभ $= 20\%$

नया लाभ यदि 8 रुपए अधिक में बेचा जाता है $= 30\%$

जैसा कि हम जानते है,

विक्रय मूल्य $=$ क्रय मूल्य का $(100 + $ लाभ $)\%$

माना वस्तु का क्रय मूल्य x रुपए है

प्रश्न के अनुसार,

क्रय मूल्य का $120\% + 8 = $ क्रय मूल्य का 130%

$\Rightarrow x$ का $130\% - x$ का $120\% = 8$

$\Rightarrow x$ का $10\% = 8$

$\Rightarrow \dfrac{10}{100} \times x = 8$

$\Rightarrow x = 80$

16 वस्तुओं का वास्तविक क्रय मूल्य $= 16x$

आवश्यक क्रय मूल्य $= 16 \times 80$

$= 1280$ रुपए

$\therefore$ 16 वस्तुओं का वास्तविक क्रय मूल्य 1280 रुपए है।

अत: विकल्प (D) सही है।

14. दिया गया है:

एक वस्तु का अंकित मूल्य उसक क्रय मूल्य से अधिक है $= 40\%$

विक्रय मूल्य, अंकित मूल्य का है $= 73\frac{1}{2}\% = $ अंकित मूल्य का $\dfrac{147}{2}\%$

जैसा कि हम जानते है,

लाभ $=$ विक्रय मूल्य $-$ क्रय मूल्य

माना, वस्तु का क्रय मूल्य 100 है

तब वस्तु का अंकित मूल्य $(100 + 40) = 140$

विक्रय मूल्य $= \dfrac{\left\{140 \times \left(\frac{147}{2}\right)\right\}}{100}$

$= \dfrac{(140 \times 147)}{200}$

$= 102.9$

लाभ $= (102.9 - 100) = 2.9$

लाभ प्रतिशत $= \dfrac{(2.9 \times 100)}{100} = 2.9\%$

$\therefore$ लाभ प्रतिशत 2.9% है।

अत: विकल्प (D) सही है।

15. दिया गया है:

अंकित मूल्य = क्रय मूल्य से 35% अधिक

लाभ % $= 20\%$

जैसा कि हम जानते है,

छूट % $= ($ छूट/अंकित मूल्य $) \times 100\%$

माना क्रय मूल्य $100x$ रुपये है।

अंकित मूल्य $= \left(100x \times \left(\dfrac{135}{100}\right)\right.$ रुपये

$= 135x$ रुपये

विक्रय मूल्य $= 100x \times \left(\dfrac{120}{100}\right)$ रुपये

$= 120x$ रुपये

छूट $= (135x - 120x)$ रुपये $= 15x$ रुपये

छूट % $= \left(\dfrac{15x}{135x}\right) \times 100\%$

$= \dfrac{100}{9}\%$

$\therefore$ अंकित मूल्य पर दिया गया छूट प्रतिशत $\dfrac{100}{9}\%$ है।

अत: विकल्प (A) सही है।

16. दिया है:

14 वस्तुओं का क्रय मूल्य $= 10$ वस्तुओं का विक्रय मूल्य

सूत्र:

लाभ % = (विक्रय मूल्य – क्रय मूल्य)/ क्रय मूल्य $\times 100$

माना 1 वस्तु का क्रय मूल्य $= x$

14 वस्तुओं का क्रय मूल्य $= 14x$

और 10 वस्तुओं का विक्रय मूल्य $= 14x$ (दिया है)

$\Rightarrow 1$ वस्तु का विक्रय मूल्य $= \left(\dfrac{14}{10}\right) x = 1.4x$

लाभ % $= \left[\dfrac{(1.4x - x)}{x}\right] \times 100$

$= \dfrac{2}{5} \times 100$

$$= 40\%$$

$\therefore$ लाभ 40% है।

अत: विकल्प (B) सही है।

17. दिया गया है:

एक लड़के ने अंकित मूल्य पर 20% की छूट पर एक घड़ी खरीदी।

उसने उस घड़ी को 40% के लाभ पर बेच दिया।

माना कि घड़ी का अंकित मूल्य 100 है।

$\Rightarrow$ वह मूल्य जिस पर लड़के ने घड़ी खरीदी $= 100$ का $80\% = 80$

40% के लाभ पर बेचनें पर

$\Rightarrow$ विक्रय मूल्य $= 80$ का 140%

$\Rightarrow$ विक्रय मूल्य $= 112$

नए विक्रय मूल्य और अंकित मूल्य के बीच अंतर $= 112 - 100 = 12$

$\Rightarrow$ प्रतिशत अधिक $= \dfrac{12}{100} \times 100 = 12\%$

$\therefore$ नया विक्रय मूल्य, अंकित मूल्य से 12% अधिक है।

अत: विकल्प (C) सही है।

18. दिया है:

अंकित मूल्य क्रय मूल्य से 12.5% अधिक है।

प्रयुक्त सूत्र:

(लाभ/हानि %) =(लाभ/हानि/ क्रय मूल्य × 100

माना कि क्रय मूल्य 100 रुपये है।

अंकित मूल्य 112.5 रुपये है

$\Rightarrow$ छूट $= (112.5)$ का 10%

$= 11.25$ रुपये

विक्रय मूल्य = अंकित मूल्य – छूट

$= (112.5) - 11.25 = 101.25$

$\Rightarrow$ लाभ $=$ Rs. 1.25

लाभ $\% = \dfrac{1.25}{100} \times 100$

$= 1.25\%$

अत: विकल्प (A) सही है।

19. दिया है:

क्रय मूल्य, ओवन $= 6000$ रु; मिक्सर $= 4000$ रु

प्रयुक्त सूत्र:

विक्रय मूल्य = (100 + लाभ%)/100 × क्रय मूल्य

विक्रय मूल्य (ओवन) $= 6000 \times \dfrac{110}{100} = 6600$ रु

विक्रय मूल्य (मिक्सर) $= 4000 \times \dfrac{110}{100} = 4400$ रु

कुल लाभ $= (6600 - 6000) + (4400 - 4000) = 1000$ रु

$\therefore$ अभीष्ट प्रतिशत $= \dfrac{1000}{10000} \times 100$

$= 10\%$

अत: विकल्प (A) सही है।

20. दिया है:

1 हेडफोन की कीमत $= 500$ रुपये

लाभ = एक हेडफोन पर 40%

हानि = एक हेडफोन पर 10%

कुल क्रय मूल्य $= 1000$ रुपये

1 हेड फोन का विक्रय मूल्य $= 700$ रुपये

दूसरे हेडफोन का विक्रय मूल्य $= 450$ रुपये

2 हेडफोन का विक्रय मूल्य $= 1150$ रुपये

लाभ $= 150$ रुपये

लाभ प्रतिशत = लाभ/ क्रय मूल्य $\times 100$

$= \dfrac{150}{1000} \times 100$

$= 15\%$

$\therefore$ अभीष्ट प्रतिशत $= 15\%$

अत: विकल्प (C) सही है।

21. दिया है:

विक्रय मूल्य $= 11,000$ रुपये

दर $= 10\%$

प्रयुक्त सूत्र:

यदि विक्रय मूल्य और लाभ% दिया गया है, तो दिए गए सूत्र का उपयोग करके क्रय मूल्य की गणना करें:

क्रय मूल्य = [100/(100 + लाभ %)] × विक्रय मूल्य

$= \left[\dfrac{100}{(100+10)}\right] \times 11,000$

$= 10,000$ रुपये

अत: विकल्प (A) सही है।

22. दिया है:

अंकित मूल्य 8000 रुपये है; छूट $= 10\%$

प्रयुक्त सूत्र:

क्रय मूल्य + लाभ = विक्रय मूल्य

छूट $= 8000$ का 10%

$= 800$ रुपये

विक्रय मूल्य $= 8000 - 800 = 7200$ रुपये

माना कि क्रय मूल्य x रुपये है।

$x + (x$ का $20\%) = 7200$

$\Rightarrow \dfrac{120x}{100} = 72000$

$\Rightarrow x = 6000$ रुपये

अत: विकल्प (D) सही है।

23. दिया गया है:

45 मास्क का क्रय मूल्य $= 30$ मास्क की बिक्री मूल्य

प्रयुक्त सूत्र:

लाभ = विक्रय मूल्य - क्रय मूल्य

लाभ प्रतिशत = (लाभ/क्रय मूल्य) × 100

माना क्रय मूल्य CP है।

माना विक्रय मूल्य SP है।

$CP \times 45 = SP \times 30$

$\Rightarrow CP \times 3 = SP \times 2$

$\Rightarrow \dfrac{CP}{SP} = \dfrac{2}{3}$

$\Rightarrow$ लाभ $= 3 - 2 = 1$

$\Rightarrow$ लाभ प्रतिशत $= \dfrac{1}{2} \times 100 = 50\%$

$\therefore$ लाभ प्रतिशत 50% है।

अत: विकल्प (D) सही है।

24. दिया है:

खिलौने का विक्रय मूल्य (SP) $= 160$ रुपये

लाभ(P) = खिलौने का लागत मूल्य(CP)

उपयोग किए गए सूत्र:

SP = CP + P

प्रश्नानुसार:

$160 = 2CP = 2P$

$\Rightarrow CP = P =$ Rs. 80

नया लाभ $= 150\%$ of 80

$= \dfrac{150}{100} \times 80 = 120$

विक्रय मूल्य $= CP + 120$

$= 80 + 120 = 200$ रुपये

आवश्यक विक्रय मूल्य 200 रुपये है।

अत: विकल्प (B) सही है।

25. मान लीजिए सामान का क्रय मूल्य $= 100$ रुपये

सामान का विक्रय मूल्य $= 100$ का $120\% = 120$ रुपये

सामान का अंकित मूल्य $= 120 \times \dfrac{100}{90} = \dfrac{400}{3}$

अंकित मूल्य और क्रय मूल्य का अंतर $= \dfrac{400}{3} - 100$

अंतर $\% = \dfrac{\frac{100}{3}}{100} \times 100$

$= \dfrac{100}{3}\%$

$= 33\dfrac{1}{3}\%$

अत: विकल्प (B) सही है।

26. माना, प्रत्येक साइकिल का विक्रय मूल्य $= x$

तब हानि $= 2x$

विक्रय मूल्य $= 20x$

लागत मूल्य = विक्रय मूल्य + हानि

$= 20x + 2x = 22x$

हानि $\% =$ (हानि/लागत मूल्य) $\times 100$

$= \dfrac{2x}{22x} \times 100$

$= \dfrac{100}{11} = 9\dfrac{1}{11}\%$

अत: विकल्प (D) सही है।

27. दिया गया है:

छूट $= 20\%$ और विक्रय मूल्य $= 596$

प्रयुक्त सूत्र:

S.P = M.P $\times \dfrac{(100 - D\%)}{100}$

जहां, S.P = विक्रय मूल्य, M.P = अंकित मूल्य, D = छूट $\%$

माना वस्तु का अंकित मूल्य या वास्तविक मूल्य y है।

S.P = M.P $\times \dfrac{(100 - D\%)}{100}$

$\Rightarrow 596 = y \times \dfrac{(100 - 20)}{100}$

$\Rightarrow 596 = y \times \left(\dfrac{80}{100}\right)$

$\Rightarrow y = \dfrac{596}{0.8}$

$\Rightarrow y = 745$

$\therefore$ वस्तु का वास्तविक मूल्य 745 रुपये है।

अत: विकल्प (C) सही है।

28. दिया है:

12 स्पीकरों की कीमत 3000 रुपये है।

2 स्पीकर ख़राब हैं और वह एक स्पीकर को 350 रुपये में बेचता है।

प्रयुक्त सूत्र:

लाभ = विक्रय मूल्य - क्रय मूल्य

सही स्पीकरों की संख्या $= 12 - 2 = 10$

10 स्पीकरों का विक्रय मूल्य $= 10 \times 350 = 3500$ रुपये

लाभ $= 3500$ रुपये $-3000 = 500$ रुपये

$\therefore$ दुकानदार द्वारा अर्जित लाभ 500 रुपये है।

अत: विकल्प (B) सही है।

29. प्रयुक्त सूत्र:

लाभ = विक्रय मूल्य - क्रय मूल्य

लाभ% = (लाभ/क्रय मूल्य) × 100

यहाँ, SP → विक्रय मूल्य, CP → क्रय मूल्य

मान लीजिए कि एक शर्ट का विक्रय मूल्य x रुपये है

अब, 40 शर्ट का विक्रय मूल्य $= 40x$ रुपये

लाभ $= 8x$

40 शर्ट का क्रय मूल्य $= 40x - 8x = 32x$

$\Rightarrow$ लाभ $\% = \dfrac{8x}{32x} \times 100$

$= \dfrac{100}{4} = 25\%$

$\therefore$ दुकानदार 25% का लाभ प्राप्त करता है।

अत: विकल्प (A) सही है।

30. दिया है:

क्रय मूल्य $= 900$ रुपये

विक्रय मूल्य $= 600$ रुपये

हानि% = (हानि/क्रय मूल्य) × 100

हानि = क्रय मूल्य - विक्रय मूल्य

$\Rightarrow$ हानि $= 900 - 600$

$\Rightarrow$ हानि $= 300$

हानि $\% = \dfrac{300}{900} \times 100$

$= \dfrac{1}{3} \times 100$

$= 33\dfrac{1}{3}\%$

$\therefore$ हानि $\% \ 33\dfrac{1}{3}\%$ है।

अत: विकल्प (A) सही है।

Q.1 एक कुर्सी और एक मेज का कुल मूल्य 600 रुपए है। एक कुर्सी और एक मेज का मूल्य का अनुपात 7 : 5 है। तो कुर्सी का मूल्य बताओ।

A. 400 रुपए   **B.** 350 रुपए   **C.** 250 रुपए   **D.** 450 रुपए

Q.2 एक यौगिक में, कार्बन और ऑक्सीजन का अनुपात 1 : 4 है। यौगिक में कार्बन का प्रतिशत ज्ञात कीजिए।

A. 20%   **B.** 10%   **C.** 5%   **D.** 80%

Q.3 $x + 3 : x + 7$ का समानार्थी अनुपात $4 : 9$ है। तब x का मान ज्ञात कीजिए।

A. 5   **B.** 3   **C.** 2   **D.** 4

Q.4 पिंकी और अदिति की उम्र क्रमशः 35 और 25 है। तो कितने वर्षों बाद इनकी उम्रों का अनुपात 4 : 3 हो जाएगा?

A. 5 वर्ष   **B.** 6 वर्ष   **C.** 4 वर्ष   **D.** 7 वर्ष

Q.5 एक पार्टी में लड़कों की संख्या से लड़कियो की संख्या का अनुपात 5 : 9 है। यदि पार्टी में 99 लड़कियां हैं, पार्टी में व्यक्तियों की कुल संख्या हैं:

A. 99   **B.** 55   **C.** 132   **D.** 154

Q.6 यदि 658 बैगों को $\left(\frac{3}{2}\right) : \left(\frac{5}{3}\right) : \left(\frac{3}{4}\right)$ के समानुपाती तीन भागों में बांटा जाता है, तो तीसरा भाग क्या होगा?

A. 126   **B.** 123   **C.** 156   **D.** 186

Q.7 तीन संख्याओं का अनुपात 7 : 8 : 9 है। उनके वर्गों का योग 776 है। दी गई तीन संख्याओं का योग क्या है?

A. 68   **B.** 78   **C.** 64   **D.** 48

Q.8 वो संख्याँ 5 : 6 के अनपात में हैं। यदि उनमें से 8 को घटाया जाता है, तो वे 4 : 5 के अनपात में हो जाती हैं, संख्याएं हैं:

A. (40, 48)   **B.** (15, 16)   **C.** (25, 30)   **D.** (15, 18)

Q.9 यदि $\frac{A}{3} = \frac{B}{4} = \frac{C}{7}$ है, तो $\frac{A+B+C}{C}$ का मान है:

A. 1   **B.** 2
C. 3   **D.** इनमे से कोई भी नहीं

Q.10 एक संख्या का 20% दूसरी संख्या का 40% है। पहली संख्या से दूसरी संख्या का अनुपात क्या है?

A. 2 : 7   **B.** 2 : 1   **C.** 2 : 3   **D.** 2 : 5

Q.11 यदि $A : B = 7 : 3$, $\frac{AB+B^2}{A^2-B^2}$ का मान ज्ञात करें।

A. $\frac{3}{4}$ **B.** $\frac{4}{3}$ **C.** $\frac{7}{3}$ **D.** $\frac{3}{7}$

Q.12 यदि x का 15%, y के 10% के तीन गुना के बराबर है, तो $x : y$ का मान ज्ञात कीजिए।

A. 2 : 1   **B.** 1 : 2   **C.** 3 : 2   **D.** 2 : 3

Q.13 दो धनात्मक संख्याएँ 3 : 4 के अनुपात में हैं। उनके वर्गों का अंतर 63 है। संख्याओं का योग ज्ञात कीजिए।

A. 21   **B.** 28   **C.** 35   **D.** 42

Q.14 एक कार 20 सेकंड में 500 मीटर की दूरी तय करती है और एक बस 45 मिनट में 30 किमी की दूरी तय करती है। उनकी गति का अनुपात क्या है?

A. 6:9   **B.** 9:4   **C.** 7:5   **D.** 1 : 2

Q.15 दो संख्याएं एक तीसरी संख्या से क्रमशः 20% और 50% अधिक हैं। दो संख्याओं का अनुपात है:

[MP Police (Constable), 2017]

A. 2 : 5   **B.** 3 : 5   **C.** 4 : 5   **D.** 6 : 7

Q.16 यदि 3162 रुपये को A, B, C और D के बीच क्रमशः 3 : 7 : 11 : 13 के अनुपात में विभजित किया जाता है, तो D का हिस्सा ज्ञात कीजिये।

A. 1306 रुपये   **B.** 1136 रुपये
C. 1209 रुपये   **D.** 999 रुपये

Q.17 अगर 9996 रूपए P, Q, R एवं S में $\frac{1}{5} : \frac{1}{4} : \frac{1}{6} : \frac{1}{5}$ के अनुपात में बाँटे जाते हैं, तो R को मिलने वाली राशि क्या है?

A. 7800 रूपए   **B.** 5050 रूपए
C. 2040 रूपए   **D.** 1600 रूपए

Q.18 एक बैग में 1 : 3 : 5 के अनुपात में 10 रुपये, 20 रुपये और 50 रुपये के नोट हैं। यदि बैग में धन का कुल मूल्य 1920 रुपये है। 20 रुपये के नोटों की संख्या ज्ञात कीजिए।

[RRB (NTPC), 2017]

A. 6   **B.** 30   **C.** 18   **D.** 12

Q.19 यदि निम्नलिखित तीन संख्याएँ समानुपात में हैं, तो 'X' ज्ञात कीजिए। 2.6, 1.3, X

[RRB (NTPC), 2017]

A. 1.95   **B.** 1.83   **C.** 3.9   **D.** 0.65

Q.20 चार पद समानुपात में हैं। पहला, दूसरा और चौथा पद क्रमशः 4, 22 और 33 हैं। तीसरा पद ज्ञात कीजिये:

[RRB (NTPC), 2017]

A. 8   **B.** 6   **C.** 11   **D.** 3

Q.21 यदि $A : B = 1 : 2, B : C = 3 : 4, C : D = 6 : 9$ तथा $D : E = 12 : 16$, हो, तो $A : B : C : D : E$ बराबर होगा:

A. 1 : 3 : 6 : 12 : 16   **B.** 2 : 4 : 6 : 9 : 16
C. 3 : 4 : 8 : 12 : 16   **D.** 3 : 6 : 8 : 12 : 16

Q.22 यदि $a : b : c = 3 : 4 : 7$, है, तो अनुपात $(a + b + c) : c$ के बराबर है:

[MP Sub Inspector (MPSI), 2017]

A. 2 : 1   **B.** 14 : 3   **C.** 7 : 2   **D.** 1 : 2

Q.23 दो संख्याएँ ऐसी ज्ञात करें कि उनके बीच का आनुपातिक अनुपात 12 है और उनके लिए तीसरा आनुपातिक 96 है।

A. a = 6, b = 24   **B.** a = 24, b = 6
C. a = 60, b = 10   **D.** a = 10, b = 24

Q.24 कमल और कोबिता की मासिक आय का अनुपात 10 : 7 है तथा उनकी बचत का अनुपात 5 : 2 है। यदि, इनमें से दोनों प्रतिमाह 500 रुपये खर्च करते हैं, तो कमल की मासिक आय ज्ञात कीजिये।

A. 7200　　**B.** 1000　　**C.** 24000　　**D.** 5604

Q.25 यदि किसी भिन्न के अंश और हर को 2 से घटाया जाता है तो अनुपात 2 : 1 हो जाता है और अंश में 4 एवं हर में 3 बढ़ाने पर अनुपात 5 : 3 हो जाता है तो मूल भिन्न क्या है?

A. 256 : 81　　**B.** 16 : 9　　**C.** 4 : 3　　**D.** 2 : 1

Q.26 तीन संख्याएँ 8 : 6 : 7 के अनुपात में हैं यदि उन्हें क्रमशः 50%, 33.33% और 28.56% तक बढ़ाया जाता है तो नया अनुपात क्या होगा?

A. 8 : 18 : 15　　　　**B.** 6 : 8 : 9

C. 12 : 8 : 9　　　　**D.** 12 : 4 : 9

Q.27 दो संख्याएँ 7 : 5 के अनुपात में हैं। यदि पहली संख्या से 1 घटाया जाए और दूसरी संख्या से 3 घटाया जाए, तो उनका अनुपात 3 : 2 हो जाता है। दूसरी संख्या क्या है?

A. 25　　**B.** 35　　**C.** 45　　**D.** 55

Q.28 यदि m : n = 3 : 2 तब (4m + 5n) : (4m – 5n) किसके बराबर होगा?

A. 4 : 9　　**B.** 9 : 4　　**C.** 11 : 1　　**D.** 9 : 1

Q.29 5 : 2 : 4 : 3 के अनुपात में A, B, C, D के बीच धनराशि वितरित की जानी है। यदि C को D से 2000 रु अधिक मिलता है, तो B का हिस्सा क्या है?

A. 3000 रु　　　　**B.** 2000 रु

C. 4000 रु　　　　**D.** इनमें से कोई नहीं

Q.30 टॉम ने अपने बेटे अरुण को अपनी आधी संपत्ति दे दी और शेष संपत्ति का एक चौथाई अपनी बेटी को दे दिया। उसने अपनी कुल संपत्ति का $\frac{1}{16}$ वाँ भाग एक संस्था को दान कर दिया। टॉम की संपत्ति का कितना अंश टॉम के पास बचा है?

A. $\frac{9}{16}$　　**B.** $\frac{3}{16}$　　**C.** $\frac{5}{16}$　　**D.** $\frac{5}{16}$

// स्मार्ट उत्तर पुस्तिका //

सही उत्तर	उन छात्रों का प्रतिशत जिन्होंने प्रश्नों का सही उत्तर दिया था।

छोड़ दिया	उन छात्रों का प्रतिशत जिन्होंने प्रश्नों को छोड़ दिया था।

प्रश्न संख्या	उत्तर	सही उत्तर / छोड़ दिया	प्रश्न संख्या	उत्तर	सही उत्तर / छोड़ दिया	प्रश्न संख्या	उत्तर	सही उत्तर / छोड़ दिया	प्रश्न संख्या	उत्तर	सही उत्तर / छोड़ दिया	प्रश्न संख्या	उत्तर	सही उत्तर / छोड़ दिया	प्रश्न संख्या	उत्तर	सही उत्तर / छोड़ दिया
1	B	78.63 % / 14.03 %	6	A	82.3 % / 10.65 %	11	A	76.55 % / 15.93 %	16	C	84.86 % / 11.12 %	21	D	77.25 % / 18.25 %	26	C	77.03 % / 19.57 %
2	A	78.07 % / 11.64 %	7	D	88.3 % / 11.04 %	12	A	86.15 % / 13.18 %	17	C	81.79 % / 18.05 %	22	A	85.23 % / 14.39 %	27	B	78.58 % / 18.94 %
3	A	83.06 % / 11.74 %	8	A	84.78 % / 11.19 %	13	A	78.46 % / 20.52 %	18	C	76.54 % / 13.62 %	23	A	77.36 % / 12.25 %	28	C	84.01 % / 10.37 %
4	A	87.28 % / 10.64 %	9	B	88.05 % / 11.15 %	14	B	86.43 % / 10.25 %	19	D	88.63 % / 10.71 %	24	B	81.84 % / 15.83 %	29	C	83.6 % / 13.07 %
5	D	81.72 % / 13.65 %	10	B	87.98 % / 11.39 %	15	C	79.93 % / 14.05 %	20	B	78.57 % / 20.18 %	25	B	86.04 % / 10.8 %	30	C	81.29 % / 17.85 %

//संकेत और समाधान//

1. दिया है, एक कुर्सी और एक मेज की कीमत 600 रुपए है और एक कुर्सी और एक मेज की कीमत के बीच अनुपात $7:5$ है।

माना एक कुर्सी की कीमत a और एक मेज की कीमत b है।

$$\therefore \frac{a}{b} = \frac{7}{5}$$

$$\Rightarrow a = \frac{7b}{5}$$

अब, $a + b = 600$

$$\Rightarrow \left(\frac{7b}{5} + b\right) = 600$$

$$\Rightarrow 12b = 3000$$

$$\Rightarrow b = 250 \text{ रुपए}$$

$$\therefore a = 350 \text{ रुपए}$$

अतः विकल्प (B) सही है।

2. दिया गया:

कार्बन और ऑक्सीजन का अनुपात $= 1:4$

उपयोग किया गया सूत्र:

कार्बन का प्रतिशत = कार्बन का मूल्य / अनुपात का योग $\times$ 100

अनुपात का योग $= 1 + 4 = 5$

कार्बन का प्रतिशत $= \left(\frac{1}{5}\right) \times 100$

$$\Rightarrow 20\%$$

कार्बन का प्रतिशत 20% है।

अतः विकल्प (A) सही है।

3. समानार्थी अनुपात $= x + 3: x + 7$ का $4:9$ है।

अर्थात् $\left(\frac{x+3}{x+7}\right)^2 = \frac{4}{9}$

$$\Rightarrow \frac{x+3}{x+7} = \frac{2}{3}$$

$$\Rightarrow 3x + 9 = 2x + 14$$

$$\Rightarrow x = 5$$

$$\therefore x \text{ का मान } = 5$$

अतः विकल्प (A) सही है।

4. माना कि T वर्षों के बाद इनकी उम्रों का अनुपात $4:3$ होगा

प्रश्नानुसार,

(पिंकी की उम्र $+T$)/(अदिति की उम्र $+T$) $= \frac{4}{3}$

$$\Rightarrow \frac{(35+T)}{(25+T)} = \frac{4}{3}$$

$$\Rightarrow 105 + 3T = 100 + 4T$$

$$\Rightarrow 4T - 3T = 105 - 100$$

$$\therefore T = 5 \text{ वर्ष}$$

अतः विकल्प (A) सही है।

5. माना पार्टी में लड़को की संख्या 5x और लड़कियों की संख्या 9x है

दिया हुआ है कि पार्टी में 99 लड़कियां हैं,

तो,

$$\Rightarrow 9x = 99$$

$$\Rightarrow x = 11$$

पार्टी में कुल व्यक्तियों की संख्या = लड़कों की संख्या + लड़कियों की संख्या

$\Rightarrow$ पार्टी में कुल व्यक्तियों की संख्या = 5x + 9x = 14x

$\Rightarrow$ पार्टी में कुल व्यक्तियों की संख्या = 14 × 11

$\therefore$ पार्टी में कुल व्यक्तियों की संख्या = 154

अतः विकल्प (D) सही है।

6. दिया है:

658 बैगों को तीन भागों में बांटा गया है, $\left(\frac{3}{2}\right):\left(\frac{5}{3}\right):\left(\frac{3}{4}\right)$ के समानुपाती हैं।

तीसरा भाग = (तीसरा अनुपात × कुल) / अनुपात का योग

अनुपात $= \frac{3}{2}:\frac{5}{3}:\frac{3}{4}$

$= 18:20:9$

अनुपात का योग $= 47$

तीसरा भाग $= \frac{(9\times658)}{47} = 126$

अतः विकल्प (A) सही है।

7. दिया है,

तीन संख्याओं का अनुपात 7 : 8 : 9 है।

उनके वर्गों का योग 776 है।

माना तीन संख्याएँ 7X, 8X और 9X हैं।

पहली संख्या का वर्ग + दूसरी संख्या का वर्ग + तीसरी संख्या का वर्ग = 776

$$\Rightarrow (7X)^2 + (8X)^2 + (9X)^2 = 776$$

$$\Rightarrow 49X^2 + 64X^2 + 81X^2 = 776$$

$$\Rightarrow 194X^2 = 776$$

$$\Rightarrow X^2 = \frac{776}{194}$$

$$\Rightarrow X^2 = 4$$

$$\Rightarrow X = 2$$

पहली संख्या = 7X = 14

दूसरी संख्या = 8X = 16

तीसरी संख्या = 9X = 18

योग = 14 + 16 + 18 = 48

$\therefore$ अभीष्ट योग 48 है।

अत: विकल्प (D) सही है।

8. दिया गया है:

वो संख्याएँ $5:6$ के अनुपात में हैं।

यदि उनमें से 8 को घटाया जाता हैं, तो वे $4:5$ के अनुपात में हो जाती हैं।

माना कि दो संख्याएँ $5x$ और $6x$ है।

प्रश्नानुसार,

$\Rightarrow \frac{(5x-8)}{(6x-8)} = \frac{4}{5}$

$\Rightarrow 5(5x-8) = 4(6x-8)$

$\Rightarrow 25x - 40 = 24x - 32$

$\Rightarrow x = 8$

संख्या हैं $5 \times 8 = 40, 6 \times 8 = 48$

$\therefore$ संख्याएँ $(40, 48)$ है।

अत: विकल्प (A) सही है।

9. दिया गया है:

$\frac{A}{3} = \frac{B}{4} = \frac{C}{7}$

$\Rightarrow \frac{A}{B} = \frac{3}{4}$

$\Rightarrow \frac{B}{C} = \frac{4}{7}$

यदि B समान है तो

$\Rightarrow A:B:C = 3:4:7$

प्रश्नानुसार,

$\Rightarrow \frac{(A+B+C)}{C} = \frac{(3+4+7)}{7}$

$\Rightarrow \frac{14}{7}$

$\Rightarrow 2$

$\therefore \frac{(A+B+C)}{C}$ का मान 2 है।

अत: विकल्प (B) सही है।

10. दिया हुआ:

एक संख्या का 20% = दूसरी संख्या का 40%

माना, पहली संख्या $= x$

दूसरी संख्या $= y$

$\Rightarrow x \times \left(\frac{20}{100}\right) = y \times \left(\frac{40}{100}\right)$

$\Rightarrow \left(\frac{x}{5}\right) = \left(\frac{2y}{5}\right)$

$\Rightarrow \left(\frac{x}{y}\right) = \frac{2}{1}$

$\therefore$ आवश्यक अनुपात $= 2:1$

अत: विकल्प (B) सही है।

11. दिया है-

$A:B = 7:3$

माना कि $A = 7k, B = 3k$ है।

A और B का मान रखने पर,

$\frac{AB+B^2}{A^2-B^2}$

$= \frac{(7k \times 3k)+(3k)^2}{(7k)^2-(3k)^2}$

$= \frac{21k^2+9k^2}{49k^2-9k^2}$

$= \frac{30k^2}{40k^2}$

$= \frac{3}{4}$

अत: विकल्प (A) सही है।

12. दिया है-

x का 15%, y के 10% के तीन गुना के बराबर है।

$\Rightarrow \left(\frac{15}{100} \times x\right) = \left(3 \times \frac{10}{100} \times y\right)$

$\Rightarrow 15x = 30y$

$\Rightarrow x = 2y$

$\Rightarrow \frac{x}{y} = \frac{2}{1}$

$\Rightarrow x:y = 2:1$

अत: विकल्प (A) सही है।

13. दिया है-

दो धनात्मक संख्याएँ $3:4$ के अनुपात में हैं।

माना कि संख्याएँ $3x, 4x$ हैं।

उनके वर्गों का अंतर 63 है।

$\Rightarrow (4x)^2 - (3x)^2 = 63$

$\Rightarrow 16x^2 - 9x^2 = 63$

$\Rightarrow 7x^2 = 63$

$\Rightarrow x^2 = 9$

$\Rightarrow x = \pm 3$

क्योंकि संख्याएँ धनात्मक है,

$\Rightarrow x = 3$

पहली संख्या $= 3x$

$= 3 \times 3$

$= 9$

दूसरी संख्या $= 4x$

$= 4 \times 3$

$= 12$

संख्याओं का योग $= 9 + 12 = 21$

अतः विकल्प (A) सही है।

14. दिया गया है:

कार 20 सेकंड में 500 मीटर की दूरी तय करती है

बस 45 मिनट में 30 किमी की दूरी तय करती है

$\Rightarrow$ कार की गति $= \dfrac{500}{20}$

$= 25$ मीटर/सेकंड

$= 25 \times \dfrac{18}{5}$ किमी प्रति घंटा

$= 90$ किमी प्रति घंटा

$\Rightarrow$ बस की गति $= \dfrac{30}{\left(\frac{45}{60}\right)}$

$= 40$ किमी प्रति घंटा

$\Rightarrow$ उनकी गति का अनुपात $= \dfrac{90}{40}$

$= 9 : 4$

$\therefore$ अभीष्ट परिणाम $9 : 4$ होगा।

अतः विकल्प (B) सही है।

15. मान लें कि तीसरा नंबर x है।

फिर, पहले नंबर $= x$ का $120\% = \dfrac{120x}{100} = \dfrac{6x}{5}$

दूसरा नंबर $= x$ का $150\% = \dfrac{150x}{100} = \dfrac{3x}{2}$

$\therefore$ पहले दो नंबरों का अनुपात $= \left(\dfrac{6x}{5} : \dfrac{3x}{2}\right)$

$= 12x : 15x = 4 : 5$

अतः विकल्प (C) सही है।

16. दिया है:

A, B, C और D का अनुपात $= 3 : 7 : 11 : 13$

मान लीजिये, A का हिस्सा $= 3x$ रुपये

B का हिस्सा $= 7x$ रुपये

C का हिस्सा $= 11x$ रुपये

D का हिस्सा $= 13x$ रुपये

प्रश्नानुसार,

$\Rightarrow 3x + 7x + 11x + 13x = 3162$

$\Rightarrow 34x = 3162$

$\Rightarrow x = 93$

$\therefore$ D का हिस्सा $= 13 \times 93 = 1209$ रुपये

अतः विकल्प (C) सही है।

17. मान लेते हैं कि P, Q, R एवं S के द्वारा प्राप्त किया गया मूल्य $\dfrac{x}{5}, \dfrac{x}{4}, \dfrac{x}{6}$ एवं $\dfrac{x}{5}$ है।

तो,

$= \dfrac{x}{5} + \dfrac{x}{4} + \dfrac{x}{6} + \dfrac{x}{5} = 9996$

$\Rightarrow x = \left(\dfrac{60}{49}\right) \times 9996$

इसलिए R को मिलने वाली राशि $= \left(\dfrac{60}{49}\right) \times \dfrac{9996}{6}$

$= \dfrac{99960}{49}$

$= 2040$

अतः विकल्प (C) सही है।

18. दिया है:

एक बैग में $1 : 3 : 5$ के अनुपात में 10 रुपये, 20 रुपये और 50 रुपये के नोट हैं

बैग में धन का कुल मूल्य 1920 रुपये है

10 रुपये,20 रुपये और 50 रुपये के नोटों की संख्या क्रमशः 1x, 3x और 5x है और बैग में धन का कुल मूल्य 1920रुपये है

$\Rightarrow (10 \times 1x) + (20 \times 3x) + (50 \times 5x) = 1920$

$\Rightarrow 320x = 1920$

$\Rightarrow x = 6$

$\therefore$ 20 रुपये के नोटों की संख्या $= 3x$

$\Rightarrow 3 \times 6 = 18$

अतः विकल्प (C) सही है।

19. तृतीयानुपाती: यदि तीन संख्याएँ a, b और c समानुपात में हैं, तो $c = \dfrac{b^2}{a}$

दिया गया है, समानुपात में तीन संख्याएँ 2.6, 1.3, X

$\Rightarrow X = \dfrac{(1.3)^2}{2.6}$

$\Rightarrow X = 0.65$

अतः विकल्प (D) सही है।

20. चतुर्थानुपाती: यदि 4 संख्याएँ a, b, c और d समानुपात में हैं, तो $d = \dfrac{(b \times c)}{a}$

यहां, माना कि समानुपात में संख्याएँ 4,,22, c और 33 हैं

$\Rightarrow \dfrac{(22 \times c)}{4} = 33$

$\Rightarrow c = \dfrac{(4 \times 33)}{22}$

$\Rightarrow c = 6$

$\therefore$ तीसरा पद 6 है।

अतः विकल्प (B) सही है।

21. प्रश्न के अनुसार:

A: B=1: 2, B: C=3: 4, C: D=6: 9, D: E=12: 16

हम जानते हैं कि तीन या अधिक मात्राओं के बीच अनुपात के सूत्र के अनुसार

$\Rightarrow A:B:C = 3:6:8$

$\Rightarrow A:B:C:D = 9:18:24:36$

$\Rightarrow A:B:C:D:E = 9:18:24:36:48$

$\Rightarrow A:B:C:D:E = 3:6:8:12:16$

अतः विकल्प (D) सही है।

22. दिया है,

a : b : c = 3 : 4 : 7

$\Rightarrow$ 3x + 4x + 7x = 14x

$\therefore$ a + b + c = 14x

$\Rightarrow$ c = 7x

$\therefore$ (a + b + c) : c

= 14x : 7x

= 2 : 1

अतः विकल्प (A) सही है।

23. मान लीजिए कि आवश्यक संख्याएँ a और b हैं।

$\therefore$ a और b का औसत के बीच आनुपातिक है।

$\therefore$ a : 12 = 12 : b

ab = 144   ....(1)

96, a और b के लिए तीसरा आनुपातिक है।

a : b = b : 96

b² = 96a   ......(2)

समीकरण (1) और (2) से,

ab = 144

$\Rightarrow a = \dfrac{144}{b}$

समीकरण (2) से,

$b^2 = 96 \times \dfrac{144}{b}$

$b^3 = 96 \times 144$

$\Rightarrow b = 24$

$\Rightarrow a = \dfrac{144}{24} = 6$

$\Rightarrow a = 6, b = 24$

अतः विकल्प (A) सही है।

24. कमल और कोबिता की मासिक आय का अनुपात,

$\Rightarrow 10:7$

उनकी बचत का अनुपात $= 5:2$

माना कि कमल की मासिक आय $= 10x$ रुपये है।

कोबिता की मासिक आय $= 7x$ रुपये

कमल की मासिक बचत $= 5y$ रुपये

कोबिता की मासिक बचत $= 2y$ रुपये

प्रश्न के अनुसार,

$\Rightarrow 10x - 5y = 500$

$\Rightarrow 4x - 2y = 200 \;\cdots(1)$

प्रश्न के अनुसार,

$\Rightarrow 7x - 2y = 500 \;\cdots(2)$

समीकरण (2) से (1) को घटाने पर हमें प्राप्त होता है,

$\Rightarrow 3x = 300$

$\Rightarrow x = 100$

$\therefore$ कमल की मासिक आय $= 10 \times 100 = 1000$ रुपये।

अत: विकल्प (B) सही है।

25. माना अंश $\dfrac{x}{y}$ है

$\dfrac{(x-2)}{(y-2)} = 2:1$

$x - 2 = 2y - 4$

$x - 2y = -2$

$\dfrac{(x+4)}{(y+3)} = 5:3$

$3x + 12 = 5y + 15$

$3x - 5y = 3$

$3x - 6y = -6$

$y = 9$

$x = 16$

$\dfrac{x}{y} = \dfrac{16}{9}$

अतः विकल्प (B) सही है।

26. माना संख्या $8x, 6x$ और $7x$ है।

$8x$ में 50% की वृद्धि हुई है और इसलिए नई संख्या $8x \times \dfrac{3}{2} = 12x$ है

$6x$ में 33.33% की वृद्धि हुई है और इसलिए नई संख्या $6x \times \dfrac{4}{3} = 8x$ है

$7x$ में 28.56% की वृद्धि हुई है और इसलिए नई संख्या $7x \times \dfrac{9}{7} = 9x$ है

अनुपात $= 12x : 8x : 9x$

$= 12 : 8 : 9$

अतः विकल्प (C) सही है।

27. दिया गया है:

दो संख्याओं का अनुपात = 7 : 5

माना पहली संख्या = 7x

दूसरी संख्या = 5x

यदि पहली संख्या में से 1 घटाया जाता है और दूसरी संख्या से 3 घटाया जाता है, तो अनुपात $= \dfrac{(7x-1)}{(5x-3)}$

$\Rightarrow \dfrac{(7x-1)}{(5x-3)} = \dfrac{3}{2}$

$\Rightarrow 3(5x - 3) = 2(7x - 1)$

$\Rightarrow 15x - 9 = 14x - 2$

$\Rightarrow 15x - 14x = 9 - 2$

$\Rightarrow x = 7$

पहली संख्या = 7x

$= 7 \times 7 = 49$

दूसरी संख्या = 5x

$= 5 \times 7 = 35$

∴ दूसरी संख्या 35 है।

अतः विकल्प (B) सही है।

28. माना चयन की गई संख्याएं-

m=3

n=2

अभीष्ट अनुपात

$\dfrac{4\times3+5\times2}{4\times3-5\times2} = \dfrac{22}{2}$

$= 11 : 1$

अतः विकल्प (C) सही है।

29. प्रश्नानुसार,

माना A, B, C, और D के हिस्से क्रमश: 5x, 2x, 4x और 3x रु होंगे।

फिर, 4x - 3x = 2000

x = 2000

B का हिस्सा = 2x

$= (2 \times 2000)$ रु

$= 40000$ रु

अतः विकल्प (C) सही है।

30. दिया है:

अरुण को मिला संपत्ति का हिस्सा $= \dfrac{1}{2}$

उसकी बेटी को मिला संपत्ति का हिस्सा $= \dfrac{1}{8}$

उसने अपनी संपत्ति का हिस्सा एक संस्थान को दान कर दिया $= \dfrac{1}{16}$

अरुण के पास संपत्ति का हिस्सा है = 1

टॉम के पास संपत्ति का बचा हुआ हिस्सा है $= 1 - \left(\dfrac{1}{2} + \dfrac{1}{8} + \dfrac{1}{16}\right) = \dfrac{5}{16}$

∴ टॉम के पास संपत्ति का अंश $\dfrac{5}{16}$ है।

अतः विकल्प (C) सही है।

Q.1 गणेश और भीम 6 दिनों में एक काम पूरा कर सकते हैं। यदि गणेश अकेले इसे 10 दिनों में पूरा कर सकते हैं, तो भीम कितने दिनों में काम पूरा कर सकता है?

A. 18   **B.** 14   **C.** 12   **D.** 15

Q.2 A 10 दिनों में एक काम कर सकता है और B इसे 15 दिनों में कर सकता है। यदि वे एक साथ काम करते हैं तो काम पूरा करने के लिए दिनों की संख्या है:

A. 6 दिन   **B.** 9 दिन   **C.** 7 दिन   **D.** 5 दिन

Q.3 3 पुरुष या 5 महिलाएं एक काम को 12 दिनों में पूरा कर सकते हैं तो 3 पुरुष और 7 महिलाएं उसी काम को कितने दिनों में पूरा करेंगे?

A. 5 दिन   **B.** 8 दिन   **C.** 10 दिन   **D.** 15 दिन

Q.4 पाइप A, 3 घंटे में कुंड भर सकता है और पाइप B, 4 घंटे में कुंड भर सकता है। यदि उन्हें एकांतर रूप से खोला जाता है कि पहले पाइप A खोला जाए, तो कुंड भरने में कितना समय लगेगा?

A. $\frac{10}{3}$ घंटे   **B.** $\frac{7}{2}$ घंटे   **C.** $\frac{5}{2}$ घंटे   **D.** 4.5 घंटे

Q.5 एक नाव स्थिर पानी में एक घंटे में 15 किमी चलती है और उतनी ही दूरी को प्रवाह की विपरीत दिशा में तय करने के लिए तीन गुना समय लेती है। धारा प्रवाह की गति(किमी/घंटा में) क्या है?

A. 10 किमी/घंटा   **B.** 12 किमी/घंटा

C. 13 किमी/घंटा   **D.** 14 किमी/घंटा

Q.6 6 महिलाएं और 8 पुरुष 10 दिनों में एक काम पूरा कर सकते हैं जहां एक महिला एक पुरुष से दोगुनी कुशल है। उसी कार्य को पूरा करने के लिए 40 पुरुषों द्वारा लिया गया समय ज्ञात कीजिये।

A. 15 दिन   **B.** 20 दिन   **C.** 5 दिन   **D.** 10 दिन

Q.7 12 आदमी प्रतिदिन 8 घंटे काम करते हैं और दीवार बनाने में 10 दिन लगते हैं। यदि 8 आदमी उपलब्ध हैं, तो 8 दिनों में काम पूरा करने के लिए उन्हें प्रतिदिन कितने घंटे काम करना होगा?

[Indian Military Academy (IMA), 2018]

A. 10 घंटे   **B.** 12 घंटे   **C.** 15 घंटे   **D.** 18 घंटे

Q.8 X और Y दोनों मिलकर एक काम को 6 दिन में पूरा कर सकते हैं। अकेला X उसी काम को 12 दिन में पूरा कर सकता है। उसी काम को पूरा करने में अकेले Y को कितना समय लगेगा?

[Indian Military Academy (IMA), 2018]

A. 16 दिन   **B.** 12 दिन   **C.** 10 दिन   **D.** 8 दिन

Q.9 12 व्यक्ति एक जैसे 10 कमरों को 16 दिन मे पेन्ट कर सकते हैं। 8 व्यक्ति इसी प्रकार के 20 कमरो को कितने दिन में पेन्ट कर सकते हैं?

[Indian Military Academy (IMA), 2018]

A. 12   **B.** 24   **C.** 36   **D.** 48

Q.10 A और B एक साथ किसी काम को 20 दिनों में पूरा कर सकते हैं और A अकेले इसे 30 दिनों में पूरा कर सकता है। B अकेले इस काम को कितने दिनों में पूरा कर सकता है?

A. 45   **B.** 60   **C.** 75   **D.** 90

Q.11 एक कार्य को राम और श्याम एक साथ 8 दिनों में खत्म कर सकते हैं। राम उसी कार्य को 12 दिनों में अकेला पूरा कर सकता है। श्याम को उसी कार्य को पूरा करने में कितना समय लगेगा?

A. 16 दिन   **B.** 20 दिन   **C.** 24 दिन   **D.** 30 दिन

Q.12 यदि एक कार्य, 6 पुरुष 10 दिनों में कर सकते हैं। फिर 4 आदमी समान कार्य को पूरा करेंगे:

[Punjab Patwari, 2016]

A. 15 दिन   **B.** 20 दिन   **C.** 16 दिन   **D.** 14 दिन

Q.13 8 घंटे प्रतिदिन कार्य करते हुए अनु एक पुस्तक की प्रति 18 दिनों में तैयार कर सकती है। यदि वही कार्य 12 दिनों में पूरा करना हो, तो अनु को प्रतिदिन कितने घंटे काम करना होगा?

A. 12 घंटे   **B.** 10 घंटे   **C.** 11 घंटे   **D.** 13 घंटे

Q.14 'A' एक कार्य को 7 दिनों में पूरा कर सकता है। 'A' और 'B' उसी कार्य को 3 दिनों में पूरा कर सकते हैं। कितने दिनों में 'B' अकेला समान कार्य को पूरा करेगा?

A. $5\frac{1}{4}$ दिन   **B.** $6\frac{1}{4}$ दिन   **C.** $8\frac{1}{4}$ दिन   **D.** $9\frac{1}{4}$ दिन

Q.15 यदि 5 महिलाएं या 8 लड़कियां एक कार्य को 84 दिनों में कर सकती हैं। तो समान कार्य को 10 महिलाएं और 5 लड़कियां कितने दिन में कर सकती हैं?

A. 14   **B.** 32   **C.** 20   **D.** 24

Q.16 14 मजदूर 20 दिनों में एक दीवार का निर्माण कर सकते हैं, तो 20 मजदूर इस प्रकार के 2 दीवारों का निर्माण कितने दिनों में करेंगे?

A. 20 दिन   **B.** 35 दिन   **C.** 28 दिन   **D.** 21 दिन

Q.17 A कार्य को 15 दिनों में करता है और B उसी कार्य को 30 दिनों में करता है। दोनों साथ मिलकर उसी कार्य को कितने दिनों में करेंगे?

A. 10 दिन   **B.** 16 दिन   **C.** 12 दिन   **D.** 14 दिन

Q.18 नल C एक टंकी को 12 घंटों में भर सकता है और नल D समान टंकी को 40 घंटों में भर सकता है। नल C और D दोनों एकसाथ समान टंकी को कितने घंटों में भर सकते हैं?

A. $\frac{60}{7}$ घंटे   **B.** $\frac{60}{11}$ घंटे   **C.** $\frac{120}{13}$ घंटे   **D.** $\frac{120}{11}$ घंटे

Q.19 P और Q द्वारा एक काम को 20 दिनों में, Q और R द्वारा 10 दिनों में, और R और P द्वारा 15 दिनों में पूरा किया जा सकता है। तो P इस काम को अकेले कितने दिनों में पूरा कर सकता है?

A. 20   **B.** 40   **C.** 60   **D.** 120

Q.20 वरुण की दक्षता, करन से $\frac{1}{5}$ अधिक है। यदि दोनों मिलकर किसी कार्य को 30 दिनों में कर सकते हैं। अकेले करन इसे कितने समय में कर सकता है?

A. 55 दिन   **B.** 66 दिन   **C.** 60 दिन   **D.** 76 दिन

Q.21 A और B किसी काम को मिलकर 72 दिनों में पूरा करते हैं, B और C उसी काम को 120 दिनों में तथा A और C, 90 दिनों में करें, तो A अकेला उस काम को कितने दिनों में करेगा?

A. 120 दिनों में   **B.** 55 दिनों में

C. 110 दिनों में   **D.** 60 दिनों में

Q.22 रवि $\frac{3}{4}$ भाग काम 12 दिनों में कर सकता है। तो $\frac{1}{2}$ काम करने में रवि को कितने दिन लगेंगे?

[Joint Entrance Examination (Polytechnic), 2019]

A. 8 दिन
B. 7 दिन
C. 6 दिन
D. इनमें से कोई नहीं

Q.23 दो पाइप A और B एक टंकी को क्रमशः 12 और 18 घंटे में भर सकते है। टंकी को भरने के लिए दोनों पाइपों को एक साथ खोला जाता है। खाली टंकी कितनी देर में पूरी भर जाएगी?

[SSC Sub Inspector (CPO), 2020]

A. 10 घंटे24 मिनट
B. 9 घंटे30 मिनट
C. 8 घंटे
D. 7 घंटे12 मिनट

Q.24 जब पांच व्यक्ति प्रति दिन 8 घंटे काम करते हैं, तो वे एक घर की रंगाई 3 दिनों में करते हैं। फिर यदि एक व्यक्ति प्रति दिन 4 घंटे काम करता है, तो समान काम को पूरा करने के लिए वह कितना समय (दिन) लेगा?

A. 30 **B.** $\frac{15}{2}$ **C.** $\frac{6}{5}$ **D.** $\frac{3}{10}$

Q.25 साक्षी एक काम को 20 दिनों में कर सकती है। तान्या साक्षी से 25% अधिक कुशल है। तान्या द्वारा समान कार्य को करने में लिए गए दिनों की संख्या है:

A. 15 **B.** 16 **C.** 18 **D.** 25

Q.26 A, B और C मिलकर एक कार्य को 30 मिनट में पूरा कर सकते हैं। A और B मिलकर उसी कार्य को 50 मिनट में पूरा कर सकते हैं। C अकेले कार्य को पूरा कर सकता है

A. 150 मिनट **B.** 80 मिनट **C.** 60 मिनट **D.** 75 मिनट

Q.27 एक विशेष कार्य को 10 व्यक्तियों की एक टीम द्वारा 12 दिनों में पूरा किया जा सकता है। वही काम 10 महिलाओं की टीम 6 दिनों में पूरा कर सकती है। यदि दोनों टीमें एक साथ कार्य करें तो कार्य को पूरा करने में कितने दिन लगेंगे?

A. 18 दिन **B.** 9 दिन **C.** 4 दिन **D.** 6 दिन

Q.28 A, B और C व्यक्तिगत रूप से एक कार्य को क्रमशः 10 दिन, 12 दिन और 15 दिन में पूरा कर सकते हैं। यदि वे एक साथ काम करना शुरू करते हैं, तो काम खत्म करने के लिए आवश्यक दिनों की संख्या है

A. 2 दिन **B.** 4 दिन **C.** 16 दिन **D.** 8 दिन

Q.29 दो पाइप P और Q अकेले एक टंकी को क्रमशः 120 और 80 घंटे में भर सकते हैं। यदि उन्हें साथ में खोला जाता है, तब टंकी कितने घंटे में भर जाएगी?

A. 24 **B.** 48 **C.** 100 **D.** 120

Q.30 A किसी काम को 12 दिनों में पूरा कर सकता है। A, B की तुलना में 60% अधिक दक्ष है, तो B उस काम को कितने दिनों में पूरा करेगा?

A. $7\frac{1}{2}$ दिनों में
B. 8 दिनों में
C. $8\frac{1}{2}$ दिनों में
D. 7 दिनों में

// स्मार्ट उत्तर पुस्तिका //

सही उत्तर	उन छात्रों का प्रतिशत जिन्होंने प्रश्नों का सही उत्तर दिया था।		छोड़ दिया	उन छात्रों का प्रतिशत जिन्होंने प्रश्नों को छोड़ दिया था।

प्रश्न संख्या	उत्तर	सही उत्तर / छोड़ दिया	प्रश्न संख्या	उत्तर	सही उत्तर / छोड़ दिया	प्रश्न संख्या	उत्तर	सही उत्तर / छोड़ दिया	प्रश्न संख्या	उत्तर	सही उत्तर / छोड़ दिया	प्रश्न संख्या	उत्तर	सही उत्तर / छोड़ दिया	प्रश्न संख्या	उत्तर	सही उत्तर / छोड़ दिया
1	D	78.31 % / 13.58 %	6	C	81.74 % / 16.4 %	11	C	89.22 % / 10.33 %	16	C	88.39 % / 10.86 %	21	A	82.81 % / 12.38 %	26	D	87.39 % / 10.07 %
2	A	76.65 % / 12.92 %	7	C	83.68 % / 12.1 %	12	A	76.6 % / 13.47 %	17	A	77.63 % / 19.26 %	22	A	89.32 % / 10.11 %	27	C	79.35 % / 19.29 %
3	A	89.47 % / 10.41 %	8	B	80.01 % / 18.91 %	13	A	78.94 % / 12.28 %	18	C	80.23 % / 15.58 %	23	D	82.09 % / 13.09 %	28	B	80.86 % / 11.24 %
4	A	87.7 % / 10.99 %	9	D	79.67 % / 17.04 %	14	A	81.58 % / 12.58 %	19	D	78.92 % / 14.95 %	24	A	84.5 % / 14.24 %	29	B	81.51 % / 17.25 %
5	A	84.81 % / 14.6 %	10	B	76.95 % / 14.24 %	15	B	87.56 % / 10.69 %	20	B	78.89 % / 10.17 %	25	B	81.28 % / 13.64 %	30	A	84.73 % / 13.79 %

//संकेत और समाधान//

1. जैसा कि हम जानते हैं,

यदि कोई व्यक्ति 'n' दिनों में काम पूरा करता है, तो एक दिन का काम, काम का $\frac{1}{n}$ हिस्सा होगा।

गणेश और भीम द्वारा एक काम को पूरा करने में लिया गया समय = 6 दिन

काम का वह भाग जो गणेश और भीम द्वारा 1 दिन में पूरा किया जाता हैं $= \frac{1}{6}$

गणेश द्वारा किसी काम को पूरा करने में लगने वाला समय = 10 दिन

गणेश द्वारा 1 दिन में पूरा किया जाने वाला काम $= \frac{1}{10}$

अब, हम 1 दिन में भीम द्वारा पूरा किए गए काम का हिस्सा निकालेंगे $= \frac{1}{6} - \frac{1}{10}$

$$= \frac{(10-6)}{60}$$

$$= \frac{4}{60}$$

$$= \frac{1}{15}$$

∴ भीम पूरे काम को 15 दिनों में पूरा करता है।

अत: विकल्प (D) सही है।

2. दिया हुआ,
A 10 दिनों में काम कर सकता है।
A का 1 दिन का काम $= \frac{1}{10}$
B 15 दिनों में काम कर सकता है।
B का 1 दिन का काम $= \frac{1}{15}$
(A + B) का 1 दिन का काम $= \frac{1}{10} + \frac{1}{15}$

$$= \frac{(3+2)}{30}$$

$$= \frac{1}{6}$$

∴ साथ में वे 6 दिनों में काम पूरा कर सकते हैं।
अत: विकल्प (A) सही है।

3. दिया हुआ,

3 पुरुष या 5 महिलाएं एक काम को 12 दिनों में पूरा कर सकते हैं।

3 पुरुषों द्वारा किया गया कार्य = 5 महिलाओं द्वारा किया गया कार्य

1 पुरुष $= \frac{5}{3} \times$ महिला

अब, 3 पुरुष + 7 महिलाएं $= 3 \times \left(\frac{5}{3}\right) + 7$ महिलाएं = 12 महिलाएं

जैसा कि हम जानते हैं,

$$W1 \times D1 = W2 \times D2$$

$$\therefore 5 \times 12 = 12 \times D2$$

$$\Rightarrow D2 = 5 \text{ दिन}$$

अत: विकल्प (A) सही है।

4. दिया हुआ,

पाइप A, 3 घंटे में कुंड भर सकता है और पाइप B, 4 घंटे में कुंड भर सकता है।

जैसा कि हम जानते हैं,

कुल कार्य = समय × क्षमता
माना कुंड की कुल क्षमता = 12 इकाई (3 और 4 का ल.स.)
इसलिए,

पाइप A की क्षमता $= \frac{12}{3} = 4$ इकाई

पाइप B की क्षमता $= \frac{12}{4} = 3$ इकाई

प्रश्न के अनुसार,

A पहले शुरू होता है फिर B और फिर A।
कार्य 3 घंटे में पूरा होता है $= 4 + 3 + 4 = 11$ इकाई
शेष 1 इकाई कार्य B द्वारा $\frac{1}{3}$ घंटे में पूरा हो जाएगा।

$$\therefore \text{कुल कार्य} = 3 + \frac{1}{3} = \frac{10}{3} \text{ घंटे}$$

अत: विकल्प (A) सही है।

5. माना, धारा की गति 'a' एवं नाव की गति 'b' है।

स्थिर पानी में, नाव की गति = b

धारा के विपरीत दिशा में नाव की गति = b – a

दिया गया है, नाव स्थिर पानी में एक घंटे में 15 किमी चलती है, और उतनी ही दूरी को विपरीत दिशा में तय करने में तीन गुना समय लेती है।

गति = दूरी/समय

$$b = \frac{15}{1}$$

$$\Rightarrow b = 15 \text{ किमी/घंटा}$$

$$b - a = \frac{15}{3}$$

$$\Rightarrow b - a = 5$$

$$\Rightarrow a = b - 5 = 10 \text{ किमी/घंटा}$$

अत: विकल्प (A) सही है।

6. दिया है:

6 महिलाएं और 8 पुरुष 10 दिनों में एक काम पूरा कर सकते हैं

एक महिला एक पुरुष से दो गुना कुशल है: $\frac{W}{M} = \frac{2}{1}$

प्रयुक्त सूत्र:

$M_1 \times Eff_1 \times D_1 = M_2 \times Eff_2 \times D_2$, जहां M = श्रमिकों की संख्या, D = दिनों की संख्या और कुशलता = श्रमिक की कुशलता

माना कि एक ही कार्य को पूरा करने के लिए 40 पुरुषों द्वारा लिया गया समय 'D' है।

$(6 \times 2 + 8 \times 1) \times 10 = (40 \times 1) \times D$

$$\Rightarrow D = \frac{200}{40} = 5 \text{ days}$$

∴ उसी काम को पूरा करने के लिए 40 पुरुषों द्वारा लिया गया समय 5 दिन है।

अतः विकल्प (C) सही है।

7. 12 पुरुष प्रति दिन 8 घंटे कार्य करते हुए 10 दिनों में एक दीवार बनाते हैं

12 पुरुषों द्वारा लिया गया कुल समय $= 10 \times 8 = 80$ घंटे

1 पुरुष द्वारा लिया गया समय $= 12 \times 80 = 960$ घंटे

8 पुरुष द्वारा लिया गया समय $= \dfrac{960}{8} = 120$ घंटे

लेकिन, 8 पुरुषों के पास कार्य पूरा करने के लिए केवल 8 दिन हैं,

$\therefore$ 8 पुरुषों को प्रति दिन कितने घंटे कार्य करना चाहिए $= \dfrac{120}{8} = 15$ घंटे

अतः विकल्प (C) सही है।

8. $(X + Y)$ के 1-दिन का कार्य $= \dfrac{1}{6}$

X के 1-दिन का कार्य $= \dfrac{1}{12}$

Y के 1 दिन का कार्य $= \dfrac{1}{6} - \dfrac{1}{12} = \dfrac{1}{12}$

$\therefore$ Y अकेले 12 दिनों में समान कार्य को पूरा करेगा।

अतः विकल्प (B) सही है।

9. 10 कमरों को पेंट करने के लिए, 12 व्यक्तियों द्वारा लिया गया समय = 16 दिन

1 कमरे को रंगने करने के लिए, 12 व्यक्तियों द्वारा लिया गया समय $= \dfrac{16}{10} = \dfrac{8}{5}$ दिन

1 कमरे को रंगने करने के लिए, 1 व्यक्तियों द्वारा लिया गया समय $= 12 \times \dfrac{8}{5} = \dfrac{96}{5}$ दिन

1 कमरे को रंगने करने के लिए 8 व्यक्तियों द्वारा लिया गया समय $= \dfrac{1}{8} \times \dfrac{96}{5} = \dfrac{12}{5}$ दिन

20 कमरों को रंगने करने के लिए 8 व्यक्तियों द्वारा लिया गया समय $= 20 \times \dfrac{12}{5} = 48$ दिन

$\therefore$ 8 व्यक्तियों को 20 कमरों को रंगने में 48 दिन लगेंगे।

अतः विकल्प (D) सही है।

10. दिया है:

A और B एक साथ किसी काम को 20 दिनों में पूरा कर सकते हैं।

1 दिन में A और B काम का भाग पूरा कर सकते हैं $= \dfrac{1}{20}$

A अकेले काम को 30 दिनों में कर सकता है।

1 दिन में A काम का भाग पूरा कर सकता है $= \dfrac{1}{30}$

$\therefore$ 1 दिन में B अकेले काम का भाग पूरा कर सकता है $= \dfrac{1}{20} - \dfrac{1}{30} = \dfrac{1}{60}$

$\therefore$ B अकेले काम को 60 दिनों में पूरा कर सकता है।

अतः विकल्प (B) सही है।

11. राम कार्य को 12 दिनों में पूरा कर सकता है।

राम का एक दिन ऴा कार्य $= \dfrac{1}{12}$

कार्य को पूरा करने में राम और श्याम द्वारा लिया गया कुल समय $= 8$ दिन

राम और श्याम का एक दिन का कार्य $= \dfrac{1}{8}$

श्याम का एक दिन का कार्य $= \dfrac{1}{8} - \dfrac{1}{12}$

$= \dfrac{3}{24} - \dfrac{2}{24}$

$= \dfrac{1}{24}$

इसलिए, श्याम कार्य को 24 दिनों में पूरा कर सकता है।

अतः विकल्प (C) सही है।

12. दिया गया है:

एक कार्य को पूरा करने के लिए 6 पुरुषों द्वारा लिया गया समय $= 10$ दिन

यदि कोई व्यक्ति किसी कार्य को पूरा करने में x दिन लेता है, तो एक दिन में उसके द्वारा पूर्ण किए गए कार्य का भाग $= \dfrac{1}{x}$

1 पुरुष द्वारा लिया गया समय $= 6 \times 10 = 60$ दिन

$\therefore$ 4 पुरुषों द्वारा कार्य पूरा करने के लिए लिया गया समय $= \dfrac{60}{4} = 15$ दिन

अत: विकल्प (A) सही है।

13. दिए गए विवरण हैं:

रोजाना 8 घंटे काम करने के बाद आशु काम पूरा कर सकता है $= 18$ दिन

दिन में 1 घंटा काम करने से आशु काम पूरा कर सकता हैं $= 18 \times 8 = 144$ दिन

$\therefore$ 12 घंटे में काम पूरा करने के लिए आशु को कितने घंटे काम करना चाहिए

$= \dfrac{144}{12} = 12$ घंटे / दिन

अतः विकल्प (A) सही है।

14. प्रश्न के अनुसार,

'A' द्वारा 1 दिन में अके ले किया गया कार्य $= \dfrac{1}{7}$

'A' और 'B' द्वारा 1-दिन में किया गया कार्य $= \dfrac{1}{3}$

तो, 'B' द्वारा 1 दिन में किया गया कार्य,

'B' का एक दिन का कार्य $= \dfrac{1}{3} - \dfrac{1}{7}$

$= \dfrac{7-3}{21}$

$= \dfrac{4}{21}$

इसीलिए, B उस कार्य को $\frac{21}{4} = 5\frac{1}{4}$ दिनों में पूरा कर सकता है

अतः विकल्प (A) सही है।

15. दिया है, एक काम पूरा करने के लिए 5 महिलाएं 8 लड़कियों के बराबर हैं।

तो, 10 महिलाएं $= 16$ लड़कियां

इसलिए, 10 महिलाएं $+5$ लड़कियां $= 16$ लड़कियां $+5$ लड़कियां $= 21$ लड़कियां

8 लड़कियां 84 दिनों में काम कर सकती हैं तो 21 लड़कियां:

$$M_1 D_1 = M_2 D_2$$

$$8 \times 84 = 21 \times D_2$$

$$\Rightarrow D_2 = \frac{8 \times 84}{21}$$

$$\Rightarrow D_2 = 32$$

इसलिए, 10 महिलाएं और 5 लड़कियां 32 दिनों में काम कर सकती हैं।

अतः विकल्प (B) सही है।

16. लिया गया समय $=$ कुल कार्य $/$दक्षता

चूँकि, 14 मजदूर 20 दिनों में एक दीवार का निर्माण कर सकते हैं।

इसलिए, 1 मजदूर दीवार बना सकता है $20 \times 14 = 280$ दिन

$\Rightarrow 20$ मजदूर इस प्रकार के 1 दीवार $\frac{280}{20} = 14$ दिन में बना सकते हैं।

$\Rightarrow 20$ मजदूर इस प्रकार के 2 दीवार $14 \times 2 = 28$ दिन में बना सकते हैं।

$\therefore 20$ मजदूर इस प्रकार के 2 दीवारों का निर्माण 28 दिन में करते हैं।

अत: विकल्प (C) सही है।

17. दिया है:

A कार्य को 15 दिन में कर सकता है।

$\therefore 1$ दिन में $A, \frac{1}{15}$ कार्य कर सकता है।

B कार्य को 30 दिन में कर सकता है।

$\therefore 1$ दिन में $B, \frac{1}{30}$ कार्य कर सकता है।

मान लीजिये, वह कार्य को साथ मिलकर x दिन में कर सकते हैं।

प्रश्न के अनुसार,

$$\Rightarrow x\left(\frac{1}{15} + \frac{1}{30}\right) = 1$$

$$\Rightarrow x \times \left(\frac{3}{30}\right) = 1$$

$$\Rightarrow x = 10$$

$\therefore$ वह साथ मिलकर कार्य को 10 दिन में कर सकते हैं।

अतः विकल्प (A) सही है।

18. दिया है:

नल C एक टंकी को 12 घंटों में भर सकता है।

नल D समान टंकी को 40 घंटों में भर सकता है।

40 और 12 का ल.स.प. $= 120$

इसलिए, माना कुल काम = 120 इकाई

C के द्वारा एक घंटे में किया गया काम $= \frac{120}{12} = 10$ इकाई

D के द्वारा एक घंटे में किया गया काम $= \frac{120}{40} = 3$ इकाई

यदि दोनों एक साथ काम करते हैं, तो उनके द्वारा किया गया काम = एक घंटे में 13 इकाई

दोनों के एकसाथ काम करने पर लिया गया समय $= \frac{120}{13}$ घंटे

अतः विकल्प (C) सही है।

19. P और Q का एक दिन का काम $= \frac{1}{20}$

Q और R का एक दिन का काम $= \frac{1}{10}$

R और P का एक दिन का काम $= \frac{1}{15}$

केवल P का एक दिन का काम $= \frac{1}{2}(P$ और $Q)$ के एक दिन का काम $+(P$ और $R) - (Q$ और $R))$

केवल P का एक दिन का काम $= \frac{1}{2}\left(\frac{1}{20} + \frac{1}{15} - \frac{1}{10}\right) = \frac{1}{120}$

P द्वारा काम को पूरा करने में लिया गया समय $= 120$ दिन

अतः विकल्प (D) सही है।

20. दिया है:

वरुण की दक्षता, करन से $\frac{1}{5}$ अधिक है।

वरुण की दक्षता $=$ करन की दक्षता $+ \frac{1}{5} \times$ करन की दक्षता

$\Rightarrow ($ वरुण की दक्षता$) /($करन की दक्षता $) = \frac{6}{5}$

वरुन और करन की कुल दक्षता $= 11$

कार्य $=$ दक्षता $\times$ समय

कुल कार्य $= 11 \times 30 = 330$

करन द्वारा पूरे कार्य को पूरा करने के लिए अभीष्ट दिनों की संख्या

$\Rightarrow \frac{330}{5} = 66$ दिन

$\therefore$ करन पूरे कार्य को 66 दिनों में पूरा कर सकता है।

अतः विकल्प (B) सही है।

21. हम जानते हैं कि,

लिया गया समय $= 1 /$ (काम की दर)

इसलिए, प्रश्नानुसार,

$$\because 2\left(\frac{1}{A} + \frac{1}{B} + \frac{1}{C}\right) = \frac{1}{72} + \frac{1}{120} + \frac{1}{90}$$

$$\frac{2}{A} + \frac{2}{120} = \frac{1}{72} + \frac{1}{120} + \frac{1}{90}$$

$$\frac{2}{A} = \frac{1}{72} + \frac{1}{90} - \frac{1}{120}$$

$$\Rightarrow \frac{2}{A} = \frac{5+4-3}{360}$$

$$\Rightarrow \frac{2}{A} = \frac{6}{360}$$

$$\Rightarrow \frac{1}{A} = \frac{1}{120}$$

$\therefore$ A अकेला उस काम को 120 दिन में करेगा.

अतः विकल्प (A) सही है।

22. $\frac{1}{2}$ काम करने में रवि को x दिन लगेंगे

$$\therefore \frac{12}{\frac{3}{4}} = \frac{x}{\frac{1}{2}}$$

$$\Rightarrow \frac{48}{3} = 2x$$

$$\Rightarrow x = 8 \text{ दिन}$$

अतः विकल्प (A) सही है।

23. दिया गया है:

टैंक को भरने के लिए A द्वारा लिया गया समय $= 12$ घंटे

टैंक को भरने के लिए B द्वारा लिया गया समय $= 18$ घंटे

जैसा कि हम जानते हैं,

कुल समय = मात्रा/1 घंटे में भरी मात्रा

A द्वारा 1 घंटे में भरी मात्रा $= \frac{1}{12}$

B द्वारा 1 घंटे में भरी मात्रा $= \frac{1}{18}$

A और B द्वारा 1 घंटे में भरी मात्रा $= \frac{1}{12} + \frac{1}{18}$

$A + B$ द्वारा 1 घंटे में भरी मात्रा $= \frac{(3+2)}{36}$

$A + B$ द्वारा 1 घंटे में भरी मात्रा $= \frac{5}{36}$

टैंक को भरने में लगा कुल समय $=$ (टैंक की कुल मात्रा) $/(A + B$ द्वारा 1 घंटे में भरी मात्रा)

टैंक को भरने मे लगा कुल समय $= \frac{1}{\left(\frac{5}{36}\right)}$

टैंक को भरने मे लगा कुल समय $= \frac{36}{5}$ घंटे

टैंक को भरने मे लगा कुल समय $= 7$ घंटे 12 मिनट

$\therefore$ खाली टैंक को पूरा भरने में लगने वाला कुल समय 7 घंटे 12 मिनट है।

अतः विकल्प (D) सही है।

24. जैसा कि हम जानते हैं,

यदि M_1 व्यक्ति E_1 की दक्षता के साथ एक दिन में H_1 घंटे के लिए काम करने के बाद एक काम W_1 को D_1 दिनों में पूरा कर सकते हैं और M_2 व्यक्ति

E_2 की दक्षता के साथ प्रति दिन H_2 घंटा काम करने के बाद एक काम W_2 को D_2 दिनों में पूरा कर सकता है। तो इस स्थिति में हमारे पास सामान्य सूत्र निम्न है,

$$\frac{M_1 D_1 H_1 E_1}{W_1} = \frac{M_2 D_2 H_2 E_2}{W_2}$$

दिया हुआ,

$$M_1 = 5, D_1 = 3, H_1 = 8$$

$$M_2 = 1, D_2 = ?, H_2 = 4$$

$$\therefore (M_1 \times D_1 \times H_1) = (M_2 \times D_2 \times H_2)$$

$$\Rightarrow 5 \times 3 \times 8 = 1 \times 4 \times D_2$$

$$\Rightarrow D_2 = \frac{120}{4} = 30$$

इसलिए, व्यक्ति को काम पूरा करने के लिए 30 दिनों की आवश्यकता होगी।

अतः विकल्प (A) सही है।

25. साक्षी और तान्या द्वारा लिए गए समय का अनुपात $= 125:100 = 5:4$.

मान लीजिए तान्या को कार्य करने में x दिन लगते हैं।

$$5:4::20:x \Rightarrow x = \left(\frac{4 \times 20}{5}\right)$$

$$\Rightarrow x = 16 \text{ दिन}.$$

अतः तान्या को कार्य पूरा करने में 16 दिन लगते हैं।

Hence, the correct option is (B).

26. $(A + B + C)$ द्वारा 1 मिनट में किया गया कार्य $= \frac{1}{30}$

$(A + B)$ द्वारा 1 मिनट में किया गया कार्य $= \frac{1}{50}$

C अकेले C द्वारा 1 मिनट में किया गया कार्य $= \frac{1}{30} - \frac{1}{50}$

$$= \frac{5-3}{150} = \frac{2}{150} = \frac{1}{75}$$

C अकेले कार्य को 75 मिनट में पूरा करेगा।

अतः विकल्प (D) सही है।

27. प्रश्न के अनुसार,

10 पुरुषों का एक दिन का कार्य $= \frac{1}{12}$

1 आदमी एक दिन का काम $= \frac{1}{12 \times 10} = \frac{1}{120}$

इसी तरह, 1 महिला एक दिन का काम $= \frac{1}{6 \times 10} = \frac{1}{60}$

(1 आदमी $+1$ महिलाएं) एक दिन का कार्य $= \frac{1}{120} + \frac{1}{60}$

$= \frac{1+2}{120} = \frac{3}{120} = \frac{1}{40}$

(10 पुरुष $+10$ महिलाएं) का एक दिन का कार्य $= \frac{10}{40} = \frac{1}{4}$

अत: दोनों दल पूरे कार्य को 4 दिनों में समाप्त कर सकते हैं।

Hence, the correct option is (C).

28. A, B और C द्वारा 1 दिन में किया गया कार्य

$= \frac{1}{10} + \frac{1}{12} + \frac{1}{15} = \frac{6+5+4}{60}$

$= \frac{15}{60} = \frac{1}{4}$

आवश्यक समय $= 4$ दिन

Hence, the correct option is (B).

29. दिया है,

पाइप P टंकी भर सकता है $= \frac{1}{120}$ घंटे

पाइप Q टंकी भर सकता है $= \frac{1}{80}$ घंटे

यदि दोनों पाइप साथ में खोले जाते हैं, तब टंकी भर जाएगी,

$= \left(\frac{1}{120}\right) + \left(\frac{1}{80}\right)$

$= \frac{20}{960}$

$= \frac{1}{48}$

∴यदि दोनों पाइपों को साथ में खोला जाता है, तब टंकी 48 days घंटे में भर जाएगी।

अतः विकल्प (B) सही है।

30. दिया हुआ है,

A और B द्वारा लिए गए समय का अनुपात $= 160 : 100$

तो,

$\Rightarrow \frac{12}{B} = \frac{160}{100}$

$\Rightarrow B = \frac{12 \times 5}{8}$

$\Rightarrow B = \frac{15}{2}$

∴ B उस काम को $7\frac{1}{2}$ दिनों में पूरा करेगा।

अतः विकल्प (A) सही है।

Q.1 एक व्यक्ति 1200 मीटर लंबी सड़क को 10 मिनट में पार करता है। व्यक्ति की गति क्या है?

A. 3 किमी/घंटा
B. 5 किमी/घंटा
C. 8.5 किमी/घंटा
D. 7.2 किमी/घंटा

Q.2 एक ट्रेन एक स्टेशन से निकलती है और 40 किमी/घंटा चलती है। 2 घंटे के बाद, दूसरी ट्रेन उसी स्टेशन से निकलती है और एक निश्चित चाल से एक ही दिशा में चलती है। यदि दूसरी ट्रेन 4 घंटे में पहली ट्रेन के समीप आती है, तो दूसरी ट्रेन की चाल क्या है?

A. 55 किमी/घंटा
B. 50 किमी/घंटा
C. 60 किमी/घंटा
D. 65 किमी/घंटा

Q.3 ट्रेन एक खंभे को 16 सेकंड में पार करती है। यदि ट्रेन की लंबाई 400 मीटर है, तो ट्रेन की गति ज्ञात कीजिये।

A. 30 किमी/घंटा
B. 75 किमी/घंटा
C. 90 किमी/घंटा
D. 25 किमी/घंटा

Q.4 एक ट्रेन 70 किमी/घंटा की गति से P से Q की दूरी तय करती है और Q से P तक 30 किमी/घंटा की गति से लौटती है। ट्रेन की औसत गति ज्ञात कीजिए।

A. 50 किमी/घंटा
B. 42 किमी/घंटा
C. 100 किमी/घंटा
D. 40 किमी/घंटा

Q.5 दो रेलगाड़ियाँ एक ही दिशा मे 30 किमी तथा 58 किमी/घंटा कि चल से चल रही है। धीमी गति से चलने वाली गाड़ी मे बेठा एक व्यक्ति तीव्र गति वाली रेलगाड़ी को 18 सेकंड मे पार करता है। तीव्र गति वाली रेलगाड़ी कि लम्बाई (मीटर मे) है:

A. 70
B. 100
C. 128
D. 140

Q.6 2 कारो की गति का अनुपात 5: 4 है। तदानुसार समान दूरी तक जाने में लगने वाले उनके समय का अनुपात कितना होगा ?

A. 5:4
B. 6:4
C. 6:4
D. 4:5

Q.7 एक हेलीकाप्टर 6 घंटे में 180 किमी/घंटे की गति से एक निश्चित दूरी तय करता है। वही दूरी $\frac{10}{3}$ घंटे में तय करने के लिए, उसे किस गति से यात्रा करनी होगी?

[UP Police Sub Inspector, 2017]

A. 360 किमी/घंटे
B. 344 किमी/घंटे
C. 315 किमी/घंटे
D. 324 किमी/घंटे

Q.8 एक रेल 72 किमी/घंटे की गति से बढ़ रही है। यदि रेल की लंबाई 220 मीटर है, तो 330 मीटर लम्बे प्लेटफार्म को पार करने में यह कितना समय लेगी?

[UP Police Sub Inspector, 2017]

A. 48.5 सेकंड
B. 11 सेकंड
C. 16.5 सेकंड
D. 27.5 सेकंड

Q.9 72 किमी प्रति घंटे की रफ्तार से आगे बढ़ने वाली ट्राम 20 सेकंड में एक खंभे को पार करती है। विपरीत दिशा में 18 किमी प्रति घंटा की गति से चलती कार को ट्राम कितने समय में पार करेगा?

A. 20 सेकंड
B. 16 सेकंड
C. 10 सेकंड
D. 12 सेकंड

Q.10 एक नदी 4 किमी/घंटे की गति से बहती है। धारा के अनुकूल नाव की गति धारा के प्रतिकूल उस नाव की गति की तिगुनी है। स्थिर पानी में नाव की गति ज्ञात कीजिए?

A. 8 किमी/घंटे
B. 4 किमी/घंटे
C. 6 किमी/घंटे
D. 12 किमी/घंटे

Q.11 A, B से दोगुना तेज है और B, C से तीन गुना तेज है। यदि C कुछ दूरी 54 मिनट में तय करता है, तो B कितने समय में तय करेगा?

A. 9 मिनट
B. 18 मिनट
C. 12 मिनट
D. 15 मिनट

Q.12 एक व्यक्ति को 15 घंटे में 150 किमी की दूरी तय करनी है। यदि वह 10 घंटे के लिए 11 8 किमी/घंटे की गति से यात्रा करता है। शेष समय में शेष दूरी को तय करने के लिए उसे किस गति से यात्रा करनी होगी?

[SSC CGL, 2020]

A. 6 किमी/घंटे
B. 8 किमी/घंटे
C. 6.5 किमी/घंटे
D. 6.4 किमी/घंटे

Q.13 एक व्यक्ति 35 मिनट में 455 मीटर लंबी दूरी पार करता है। किमी प्रति घंटे में उसकी गति क्या है?

[UP Police ASI, 2018]

A. 0.52
B. 0.95
C. 0.62
D. 0.78

Q.14 श्री प्रसाद 2 किमी/घंटा, 4 किमी/घंटा और 6 किमी/घंटा की गति से समान दूरी तय करते है, और इसे पूर्ण करने में कुल 55 मिनट समय लेते है। कुल दूरी किमी में ज्ञात कीजिए।

[RRB (NTPC), 2017]

A. 2
B. 1
C. 4
D. 3

Q.15 220 मीटर लंबी ट्रेन 36 किमी/घंटा की गति से चल रही है। 110 मीटर लंबी सुरंग को पार करने में कितना समय लगेगा?

A. 21 सेकंड
B. 27 सेकंड
C. 30 सेकंड
D. 33 सेकंड

Q.16 एक व्यक्ति धारा के विपरीत दिशा में 10 किमी/घण्टा की चाल से नाव चला सकता है। तथा धारा की दिशा में उसकी चाल 16 किमी/घण्टा होती है। शांत जल में नाव की चाल बताइये।

A. 17 किमी/घण्टा
B. 13 किमी/घण्टा
C. 30 किमी/घण्टा
D. 29 किमी/घण्टा

Q.17 यदि कोई व्यक्ति 10 किमी/घंटा के बजाय 14 किमी/घंटा की गति से चलता है, तो वह 20 किमी अधिक चल पाता। उसके द्वारा तय की गई वास्तविक दूरी है:

A. 50 किमी
B. 56 किमी
C. 70 किमी
D. 80 किमी

Q.18 एक कार की गति 45 किमी/घंटा है। यह 50 सेकंड में कितनी दूरी तय कर सकती है?

A. 575 मीटर
B. 625 मीटर
C. 650 मीटर
D. 550 मीटर

Q.19 स्टॉपेज को छोड़कर, एक बस की गति 54 किमी प्रति घंटे है और स्टॉपेज सहित, यह 45 किमी प्रति घंटे है। बस प्रति घंटे कितने मिनट के लिए रुकती है?

A. 9
B. 10
C. 12
D. 20

Q.20 60 किमी प्रति घंटे की रफ्तार से चलते हुए, एक रेलगाड़ी दो मिनट में 1.5 किमी लंबी सुरंग से गुजरी, रेलगाड़ी की लंबाई क्या है?

A. 250 मीटर
B. 500 मीटर
C. 1000 मीटर
D. 1500 मीटर

Q.21 एक 1200 मीटर लंबी ट्रेन किसी पेड़ को 120 सेकंड में पार करती है तो, किसी 700 मीटर लंबे प्लेटफार्म को पार करने में कितना समय लगेगा?

A. 10 सेकंड   **B.** 50 सेकंड

C. 80 सेकंड   **D.** 190 सेकंड

Q.22 यदि एक ट्रेन दूरी के पहले आधे हिस्से को 3 किमी प्रति घंटे की गति से और दूसरे आधे हिस्से को 6 किमी प्रति घंटे की गति से तय करती है, तो ट्रेन की औसत गति ज्ञात कीजिये।

A. 4.5 किमी प्रति घंटा   **B.** 5 किमी प्रति घंटा

C. 4 किमी प्रति घंटा   **D.** 6 किमी प्रति घंटा

Q.23 500 मीटर लम्बी एक ट्रेन 1 मिनट में 1000 मीटर लंबे सुरंग से गुजरती है। तो किमी/घंटा में ट्रेन की गति क्या है?

A. 75 किमी/घंटा   **B.** 90 किमी/घंटा

C. 87 किमी/घंटा   **D.** 96 किमी/घंटा

Q.24 एक कार कुछ दूरी 8 किमी/घंटा की गति से चलती है और 12 किमी/घंटे की गति से वापस आती है। यदि कार के द्वारा लिया गया कुल समय 15 घंटे है, तो दूरी (किमी में) क्या है?

A. 48   **B.** 60   **C.** 56   **D.** 72

Q.25 एक ट्रेन 110 मी लंबे एक प्लेटफार्म को 13.5 सेकंड में और 205 मी लंबे प्लेटफार्म को 18.25 सेकंड में पार करती है। ट्रेन की गति क्या है?

[RRB/RRC Group D, 2018]

A. 72 किमी/घंटा   **B.** 66 किमी/घंटा

C. 69 किमी/घंटा   **D.** 75 किमी/घंटा

Q.26 दो ट्रेनें X और Y, क्रमशः 80 किमी/घंटा और 90 किमी/घंटा की औसत गति से A से B तक यात्रा करती हैं। यदि X यात्रा में Y से एक घंटा अधिक लेती है, तो A और B के बीच की दूरी _____ है।

A. 360 किमी   **B.** 720 किमी   **C.** 540 किमी   **D.** 630 किमी

Q.27 कार द्वारा 2 घंटे में 333 किमी की दूरी तय करने के लिए, कार की औसत गति मीटर/ सेकंड में क्या होनी चाहिए?

A. 166.5   **B.** 46.25   **C.** 83.25   **D.** 92.5

Q.28 एक लड़का अपनी यात्रा की दूरी का $\frac{2}{3}$ भाग बस से, $\frac{1}{7}$ भाग रिक्शा से और 8 किमी भाग पैदल तय करता है। आदमी द्वारा यात्रा की गई कुल दूरी कितनी है?

A. 30 किमी   **B.** 36 किमी   **C.** 42 किमी   **D.** 34 किमी

Q.29 एक कार 1.5 घंटे तक 60 किमी/घंटा की गति से दूरी तय करती है। फिर यह 3 घंटे तक 45 किमी/घंटा की गति से दूरी तय करती है, इसके बाद यह 30 मिनट में 55 किमी की दूरी तय करती है, पूरी यात्रा के लिए कार की औसत गति क्या है?

A. 28 किमी/घंटा   **B.** 86 किमी/घंटा

C. 56 किमी/घंटा   **D.** 70 किमी/घंटा

Q.30 24 पुरुष किसी काम को 16 दिन में कर सकते हैं, जबकि इसी काम को 32 महिलायें 24 दिन में कर सकती हैं। यदि 16 पुरुषों और 16 महिलाओं ने काम को शुरू किया, तो शेष काम को 2 दिन में ख़त्म करने के लिए 12 दिन के बाद और कितने पुरुषों ने उनका सहयोग किया?

A. 36   **B.** 12   **C.** 30   **D.** 24

// स्मार्ट उत्तर पुस्तिका //

सही उत्तर — उन छात्रों का प्रतिशत जिन्होंने प्रश्नों का सही उत्तर दिया था।　　**छोड़ दिया** — उन छात्रों का प्रतिशत जिन्होंने प्रश्नों को छोड़ दिया था।

प्रश्न संख्या	उत्तर	सही उत्तर / छोड़ दिया	प्रश्न संख्या	उत्तर	सही उत्तर / छोड़ दिया	प्रश्न संख्या	उत्तर	सही उत्तर / छोड़ दिया	प्रश्न संख्या	उत्तर	सही उत्तर / छोड़ दिया	प्रश्न संख्या	उत्तर	सही उत्तर / छोड़ दिया	प्रश्न संख्या	उत्तर	सही उत्तर / छोड़ दिया
1	D	88.15 % / 10.67 %	6	D	88.42 % / 10.82 %	11	B	83.3 % / 15.89 %	16	B	87.99 % / 10.01 %	21	D	77.76 % / 16.32 %	26	B	87.4 % / 11.97 %
2	C	79.15 % / 12.67 %	7	D	84.04 % / 14.69 %	12	D	78.0 % / 20.37 %	17	A	77.41 % / 15.34 %	22	C	83.19 % / 11.53 %	27	B	86.67 % / 12.02 %
3	C	83.81 % / 10.02 %	8	D	88.72 % / 10.8 %	13	D	82.08 % / 17.55 %	18	B	84.34 % / 11.12 %	23	B	88.12 % / 10.33 %	28	C	77.29 % / 14.84 %
4	B	86.89 % / 12.93 %	9	B	88.97 % / 10.84 %	14	D	87.12 % / 11.56 %	19	B	79.34 % / 16.54 %	24	D	78.36 % / 15.83 %	29	C	85.01 % / 12.63 %
5	D	89.65 % / 10.07 %	10	A	77.65 % / 21.44 %	15	D	78.57 % / 13.31 %	20	B	79.23 % / 10.11 %	25	A	79.34 % / 11.97 %	30	D	79.73 % / 18.62 %

//संकेत और समाधान//

1. दिया है:

सड़क की लंबाई = 1200 मीटर

सड़क पार करने में लगने वाला समय = 10 मिनट

प्रयुक्त सूत्र:

गति = दूरी/समय

$$गति = \frac{1200 \times 60}{10 \times 1000} = 7.2 \text{ किमी/घंटा}$$

∴ व्यक्ति की गति 7.2 किमी/घंटा है।

अतः विकल्प (D) सही है।

2. 2 घंटे में पहली ट्रेन द्वारा तय की गई दूरी = 40 × 2 = 80 किमी

मान लीजिए कि दूसरी ट्रेन की चाल x किमी/घंटा है

प्रश्नानुसार

चाल = दूरी / समय

$$\Rightarrow (x - 40) = \frac{80}{4}$$

$$\Rightarrow x - 40 = 20$$

$$\Rightarrow x = 20 + 40$$

∴ x = 60 किमी/घंटा

अतः विकल्प (C) सही है।

3. दिया है:

ट्रेन की लंबाई = 400 मीटर

एक खंभे को पार करने में लगने वाला समय = 16 सेकंड

प्रयुक्त सूत्र:

गति = दूरी/समय

$$गति = \frac{400}{16} \times \frac{18}{5} = 90 \text{ किमी/घंटा}$$

∴ ट्रेन की गति 90 किमी/घंटा है।

अतः विकल्प (C) सही है।

4. दिया है:

P से Q तक ट्रेन की गति = 70 किमी/घंटा

Q से P तक ट्रेन की गति = 30 किमी/घंटा

जंहा,

$S_{औसत}$ = ट्रैन औसत गति

S_1 = P से Q तक ट्रेन की गति

S_2 = Q से P तक ट्रेन की गति

$$(S)_{औसत} = \frac{(2 S_1 S_2)}{(S_1 + S_2)}$$

$$\Rightarrow (S)_{औसत} = \frac{(2 \times 70 \times 30)}{(70 + 30)}$$

$$\Rightarrow (S)_{औसत} = \frac{4200}{100}$$

$$\Rightarrow (S)_{औसत} = 42 \text{ किमी/घंटा}$$

∴ ट्रेन की औसत गति 42 किमी/घंटा है।

अतः विकल्प (B) सही है।

5. इस प्रश्न में यह दिया गया है कि धीमी ट्रेन में बैठने वाला व्यक्ति तेज ट्रेन को पार करता है इसका मतलब है कि तेज ट्रेन 18 सेकंड में उस व्यक्ति को पार कर लेगी

एक ही दिशा में तेज ट्रेन और आदमी की गति $= 58 - 30 = 28$ किमी प्रति घंटे

इसलिए 18 सेकंड में तेज ट्रेन द्वारा तय की गई दूरी $= 28$ किमी प्रति घंटे $\times$ 18 सेकंड.

$$= \frac{28 \times 5}{18} \times 18 = 140 \text{ मीटर}$$

अतः विकल्प (D) सही है।

6. समय और चाल व्युक्रमानुपाती है।

∴ अभीष्ट अनुपात = 4 : 5

अतः विकल्प (D) सही है।

7. दिया हुआ:

हेलीकॉप्टर 6 घंटे में 180 किमी / घंटा की गति से एक निश्चित दूरी तय करता है।

हम जानते है कि, तय की गई दूरी = गति × समय

कुल दूरी = 180 × 6 = 1080 किमी

अब, हेलीकॉप्टर को $\frac{10}{3}$ घंटे में समान दूरी तय करनी होगी।

तब गति होगी $= \left(1080 \div \frac{10}{3}\right)$

$$\Rightarrow \left(1080 \times \frac{3}{10}\right) = 324$$

∴ इसे 324 किमी / घंटे की गति से यात्रा करनी होगी।

अतः विकल्प (D) सही है।

8. दिया है:

रेल की गति = 72 किमी/घंटे

रेल की लम्बाई = 220 मीटर

प्लेटफार्म की लम्बाई = 330 मीटर

प्रयुक्त सूत्र: गति = दूरी/समय

गति (मीटर/सेकंड में) = गति (किमी/घंटे में) × $\left(\frac{5}{18}\right)$

$$= 72 \times \left(\frac{5}{18}\right) = 20 \text{ मीटर/सेकंड}$$

तय कुल दूरी = 220 + 330 = 550 मीटर

दूरी को तय करने में लगा समय = दूरी/गति

$$= \frac{550}{20} = 27.5 \text{ सेकंड}$$

∴ रेल 330 मीटर लम्बे प्लेटफार्म को पार करने में 27.5 सेकंड का समय लेगी।

अतः विकल्प (D) सही है।

9. दिया है:

ट्रेन की गति = 72 किमी प्रति घंटा

समय = 20 सेकंड

कार की गति = 18 किमी प्रति घंटा

प्रयुक्त सूत्र :

गति = दूरी / समय

1 किमी प्रति घंटा = $\dfrac{5}{18}$ मी/से

ट्रेन की लंबाई की गणना

⇒ 72 किमी प्रति घंटा = $\dfrac{72 \times 5}{18}$ मी/से

⇒ ट्रेन की गति = 20 मी/से

⇒ ट्रेन की लंबाई = गति × समय

⇒ लंबाई = 20 × 20

⇒ ट्रेन की लंबाई = 400 मीटर

अब, सापेक्ष गति की गणना करें

⇒ गाड़ी विपरीत दिशा में चल रही है इसलिए ट्रेन की सापेक्ष गति = 72 + 18

⇒ सापेक्ष गति = 90 किमी प्रति घंटा

⇒ सापेक्ष गति = 25 मी/से

⇒ कार पार करने में लगने वाला समय = $\dfrac{400}{25}$

⇒ लिया गया समय = 16 से

∴ कार को पार करने में ट्रेन को 16 सेकंड का समय लगता है

अतः विकल्प (B) सही है।

10. माना कि स्थिर पानी में नाव की गति 'x' किमी/घंटे है

माना कि धारा के अनुकूल और प्रतिकूल नाव की गति क्रमशः 'd' किमी/घंटा और 'u' किमी/घंटा है

फिर, प्रश्नानुसार

d = 3 × u

⇒ x + 4 = 3×(x - 4)

⇒ x + 4 = 3x - 12

⇒ x = 8

∴ स्थिर पानी में नाव की गति 8 किमी/घंटा है

अतः विकल्प (A) सही है।

11. दिया है -

A, B से दोगुना तेज है और B, C से तीन गुना तेज है।

C ने कुछ दूरी 54 मिनट में तय की।

उपयोग किया गया सूत्र -

गति = दूरी/समय

माना B द्वारा लिया गया समय t मिनट है।

⇒ A : B = 2 : 1, B : C = 3 : 1

⇒ A : B : C = (2 × 3) : (1 × 3) : (1 × 1)

⇒ A : B : C = 6 : 3 : 1

⇒ A, B और C के बीच गति का अनुपात = 6 : 3 : 1

⇒ समय का अनुपत = $\left(\dfrac{1}{6}\right) : \left(\dfrac{1}{3}\right) : 1$

⇒ A, B और C के बीच समय का अनुपात = 1 : 2 : 6

⇒ 6 इकाई = 54 मिनट

⇒ 1 इकाई = 9 मिनट

⇒ 2 इकाई = 18 मिनट

⇒ अतः, B द्वारा लिया गया समय = t = 18

∴ B द्वारा लिया गया समय = 18 मिनट

अतः विकल्प (B) सही है।

12. दिया है:

कुल दूरी = 150 किमी

कुल लिया गया समय = 15 घंटे

प्रयुक्त सूत्र :

गति = दूरी/समय

11.8 किमी/घंटे की गति से 10 घंटे यात्रा करने के लिए

दूरी = गति × समय

⇒ 11.8 × 10

⇒ 118 किमी

शेष दूरी

⇒ 150 – 118 = 32 किमी

शेष समय

⇒ 15 – 10 = 5 घंटे

5 घंटे में 32 किमी की दूरी को तय करने के लिए गति

⇒ $\dfrac{32}{5}$

⇒ 6.4 किमी/घंटे

∴ शेष समय में शेष दूरी को तय करने के लिए गति 6.4 किमी/घंटे है।

अतः विकल्प (D) सही है।

13. दिया है:

35 मिनट में 455 मीटर की दूरी तय करता है

गति = दूरी/समय

गति = 455 मीटर/35 मिनट

लेकिन हमें किमी प्रति घंटे में गति की आवश्यकता है

हम जानते हैं कि,

1 किमी = 1000 मीटर

1 घंटा = 60 मिनट

$$\Rightarrow \text{गति} = \frac{\left(\frac{455}{1000}\right)}{\left(\frac{35}{60}\right)}$$

$$\Rightarrow \text{गति} = \frac{(455 \times 60)}{(1000 \times 35)}$$

$$\Rightarrow \text{गति} = 0.78 \text{ किमी/घंटा}$$

∴ व्यक्ति की गति 0.78 किमी/घंटा है।

अतः विकल्प (D) सही है।

14. दिया गया है,

श्री प्रसाद 2 किमी/घंटा, 4 किमी/घंटा और 6 किमी/घंटा की गति से समान दूरी तय करते है।

माना दूरी d किमी है।

जैसा कि हम जानते हैं,

समय = दूरी/गति

कुल समय = 55 मिनट

$$\therefore \frac{d}{2} + \frac{d}{4} + \frac{d}{6} = \frac{55}{60}$$

$$\Rightarrow \frac{6d+3d+2d}{12} = \frac{55}{60}$$

$$\Rightarrow \frac{11d}{12} = \frac{55}{60}$$

$$\Rightarrow d = \frac{55 \times 12}{60 \times 11}$$

$$\Rightarrow d = 1 \text{ किमी}$$

कुल दूरी $= 3\,d = 3 \times 1 = 3$ किमी

अतः विकल्प (D) सही है।

15. दिया है:

ट्रेन की लंबाई $= 220$ मीटर

सुरंग की लंबाई $= 110$ मीटर

प्रश्नानुसार,

ट्रेन की लंबाई + सुरंग की लंबाई $= (220 + 110)m = 330$ मीटर

ट्रेन की गति $= 36$ किमी/घंटा

ट्रेन की गति $= 36 \times \left(\frac{5}{18}\right)$ मीटर/सेकंड $= 10$ मीटर/सेकंड

ट्रेन को सुरंग पार करने में लगने वाला समय $= \frac{330}{10} = 33$ सेकंड

∴ लिया गया समय 33 सेकंड है

अतः विकल्प (D) सही है।

16. व्यक्ति को धारा के विपरीत दिशा में नाव की चाल 10 किमी /घण्टा है। और धारा की दिशा में उसकी चाल 16 किमी/घण्टा होती है।

दिए गए सूत्र के अनुसार,

शांत जल में नाव की चाल = (धारा की दिशा में चाल + धारा के विपरीत दिशा में चाल)/ 2

शांत जल में नाव की चाल $= \frac{10+16}{2} = 13$ किमी/घण्टा

अतः विकल्प (B) सही है।

17. माना कि तय की गई वास्तविक दूरी x किमी है।

फिर, $\frac{x}{10} = \frac{x+20}{14}$

$$\Rightarrow 14x = 10x + 200$$

$$\Rightarrow 4x = 200$$

$$\Rightarrow x = 50 \text{ किमी}$$

अतः विकल्प (A) सही है।

18. कार की गति $= 45$ किमी/घंटा

लिया गया समय $= 50$ सेकंड

हम जानते हैं कि, गति = दूरी/समय

$$\Rightarrow \left(45 \times \frac{5}{18}\right) = \text{दूरी}/50$$

$$\Rightarrow \text{दूरी} = 625 \text{ मीटर}$$

अतः विकल्प (B) सही है।

19. ठहराव के कारण, यह 9 किमी कम दूरी तय करती है।

कवर करने में लगा समय 9 किलोमीटर $= \left(\frac{9}{54} \times 60\right)$ मिनट $= 10$ मिनट.

अतः विकल्प (C) सही है।

20. दिया गया है:

रेलगाड़ी की रफ्तार 60 किमी प्रति घंटे.

रेलगाड़ी दो मिनट में 1.5 किमी लंबी सुरंग से गुजरी

प्रयुक्त सूत्र:

दूरी = गति $\times$ समय

गणना:

मान लीजिये कि रेलगाड़ी की लंबाई L है

प्रश्न के अनुसार,

कुल दूरी $= 1500m + L$

गति $= 60(5/18)$

$$\Rightarrow 50/3 \text{ मीटर/सेकंड}$$

समय $= 2 \times 60 = 120$ सेकंड

$$\Rightarrow 1500 + L = (50/3) \times 120$$

$$\Rightarrow L = 2000 - 1500$$

$$\Rightarrow L = 500 \text{ मीटर}$$

∴ रेलगाड़ी की लंबाई 500 मीटर है।

अतः विकल्प (B) सही है।

21. दिया गया है:

एक ट्रेन की लंबाई 1200 मीटर है

एक पेड़ को पार करने में ट्रेन को 120 सेकंड लगे

एक प्लेटफॉर्म की लंबाई 700 मीटर है

प्रयुक्त सूत्र:

गति = दुरी/समय

गणना:

गति $= 1200/120 = 10$ मीटर/सेकंड

कुल दूरी $= 1200 + 700 = 1900$ मीटर

समय $=$ दूरी/गति $= 1900/10 = 190$ सेकंड

∴ एक प्लेटफॉर्म को पार करने के लिए आवश्यक समय 190 सेकंड है।

अतः विकल्प (D) सही है।

22. दिया है:

यदि ट्रेन दूरी के पहले आधे हिस्से को 3 किमी प्रति घंटे की गति से और दूसरे आधे हिस्से को 6 किमी प्रति घंटे की गति से तय करती है

प्रयोग किया गया सूत्र:

जब दूरी बराबर हो, औसत गति $= [2 \times S1 \times S2]/[S1 + S2]$

गणना:

औसत गति $= (2 \times 3 \times 6)/(3 + 6)$

$\Rightarrow 36/9$

$\Rightarrow 4$ किमी प्रति घंटा

∴ औसत गति $= 4$ किमी प्रति घंटा

अतः विकल्प (C) सही है।

23. माना कि ट्रेन की गति x मीटर/सेकेंड है।

दिया गया है कि ट्रेन की लम्बाई $= 500$ मीटर

सुरंग की लम्बाई $= 1000$ मीटर

सुरंग से गुजरने में लिया गया समय $= 1$ मिनट $= 60$ सेकेंड

∴ $x = (500 + 1000) \div 60$

$x = 25$ मीटर/सेकेंड

किमी/घंटा में ट्रेन की गति $= 25 \times \dfrac{18}{5}$ किमी/घंटा

ट्रेन की गति $= 90$ किमी/घंटा

अतः विकल्प (B) सही है।

24. माना दूरी d किमी है।

हम जानते हैं कि,

दूरी $=$ गति $\times$ समय

$\Rightarrow \dfrac{d}{8} + \dfrac{d}{12} = 15$

$\Rightarrow \dfrac{3d+2d}{24} = 15$

$\Rightarrow d = 72$ किमी

अतः विकल्प (D) सही है।

25. माना ट्रेन की लंबाई x मी है।

$\Rightarrow$ ट्रेन की गति = (प्लेटफार्म की लंबाई + ट्रेन की लंबाई)/समय

प्रश्नानुसार,

$\Rightarrow (110 + x)/13.5 = (205 + x)/18.25$

$\Rightarrow (110 + x)/2.7 = (205 + x)/3.65$

$\Rightarrow 401.5 + 3.65x = 553.5 + 2.7x$

$\Rightarrow 0.95x = 152$

$\Rightarrow x = 160$

$\Rightarrow$ ट्रेन की गति $= (110 + 160)/13.5 = 20$ मी/सेकंड $= 20 \times (18/5) = 72$ किमी/घंटा

अतः विकल्प (A) सही है।

26. दो ट्रेनें X और Y, क्रमशः 80 किमी/घंटा और 90 किमी/घंटा की औसत गति से A से B तक यात्रा करती हैं।

सूत्र:

गति = दूरी/समय

गणना:

माना कि दूरी x किमी है

प्रश्न के अनुसार

$x/80 - x/90 = 1$

$\Rightarrow (9x - 8x)/720 = 1$

$\Rightarrow x = 720$ किमी

अतः विकल्प (B) सही है।

27. हम जानते हैं कि,

1 किमी = 1000 मीटर

1 घंटा $= 60 \times 60$ सेकंड

प्रश्नानुसार,

दूरी $= 333$ किमी $= 333 \times 1000$ मीटर

समय = 2 घंटे $= 2 \times 60 \times 60$ सेकंड

हम जानते हैं कि,

चाल =दूरी/समय

तो,

$$= \frac{(333 \times 1000)}{(2 \times 60 \times 60)}$$

$$= 46.25 \text{ मीटर/सेकंड}$$

अतः विकल्प (B) सही है।

28. माना कि कुल दूरी ' x ' किमी है।

प्रश्न के मुताबिक़:

$$\frac{2x}{3} + \frac{x}{7} + 8 = x$$

$$\Rightarrow \frac{17x}{21} + 8 = x$$

$$\Rightarrow x - \frac{17x}{21} = 8$$

$$\Rightarrow \frac{4x}{21} = 8$$

$$\Rightarrow x = 2 \times 21 = 42 \text{ किमी}$$

अतः विकल्प (C) सही है।

29. दिया है:

कार द्वारा 1.5 घंटे तक तय की गई दूरी की गति $= 60$ किमी/घंटा

कार द्वारा 3 घंटे तक तय की गई दूरी की गति $= 45$ किमी/घंटा

कार द्वारा 30 मिनट में तय की गई दूरी $= 55$ किमी

औसत गति = कुल दूरी/कुल समय

60 किमी/घंटा की गति से 1.5 घंटे में कार द्वारा तय की गई कुल दूरी $= (60 + 30) = 90$ किमी

45 किमी/घंटा की गति से 3 घंटे में कार द्वारा तय की गई कुल दूरी $= (45 \times 3) = 135$ किमी

30 मिनट में कार द्वारा तय की गई कुल दूरी $= 55$ किमी

तय की गई कुल दूरी $= (90 + 135 + 55)$ किमी $= 280$ किमी

लिया गया कुल समय $= (1.5 + 3 + 0.5)$ घंटे $= 5$ घंटे

औसत गति $= \frac{280}{5} = 56$ किमी/घंटा

∴ पूरी यात्रा के लिए औसत गति 56 किमी/घंटा है।

अतः विकल्प (C) सही है।

30. $M_1 D_1 = M_2 D_2$

$\Rightarrow 24$ पुरुष $\times 16 = 32$ महिलायें $\times 24$

$\Rightarrow 1$ पुरुष $= 2$ महिलायें

$\Rightarrow 16$ पुरुष $+16$ महिलायें $\Rightarrow 16$ महिलायें $+8$ पुरुष $\Rightarrow 24$ पुरुष

24 पुरुष पूरे काम को 16 दिन में कर सकते हैं, 12 दिन के बाद शेष काम 24×4 है

$\Rightarrow 24 \times 4 = (24 + x)2$

$\Rightarrow 96 = 48 + 2x$

$\Rightarrow x = 24$

अतः विकल्प (D) सही है।

Q.1 एक बॉक्स में 4 टेनिस गेंदें, 6 सीजन गेंदें और 8 ड्यूस गेंदें हैं। बॉक्स से यादृच्छिक रूप से 3 गेंदें निकाली जाती हैं। क्या प्रायिकता है कि गेंदें भिन्न हैं?

A. $\frac{4}{17}$ B. $\frac{3}{11}$ C. $\frac{2}{13}$ D. $\frac{5}{17}$

Q.2 एक प्रश्न तीन व्यक्तियों को दिया गया है और उनके हल करने की सम्भावना क्रमशः $\frac{1}{3}, \frac{1}{4}, \frac{1}{5}$ है, उनमे से कोई भी व्यक्ति इसे हल नही कर पायेगा, इसकी क्या प्रायिकता है?

A. $\frac{1}{5}$ B. $\frac{2}{5}$ C. $\frac{3}{5}$ D. $\frac{4}{5}$

Q.3 एक पासा तीन बार लुढ़काया जाता है और ऊपर तरफ प्रदर्शित होने वाली तीन संख्याओं का योग 15 है। इसका कितना संयोग हो सकता है की पहला लुढ़काव (रोल) चार था?

A. $\frac{1}{216}$ B. $\frac{2}{69}$ C. $\frac{1}{5}$ D. $\frac{3}{71}$

Q.4 एक कार्ड 52 कार्डों के एक पैकेट से निकाला जाता है। क्लब की रानी या दिल का राजा मिलने की प्रायिकता है।

A. $\frac{1}{5}$ B. $\frac{1}{26}$ C. $\frac{1}{6}$ D. $\frac{3}{8}$

Q.5 एक कमरे में 3 लाल, 5 हरी और 4 नीली कुर्सियों रखी हुई हैं। 2 कुर्सियाँ उठाकर लॉन में डाल दी जाती हैं। इसकी कितनी संभावना है की उठाई गई एक भी कुर्सी नीली नही थी?

A. $\frac{14}{33}$ B. $\frac{9}{22}$ C. $\frac{1}{6}$ D. $\frac{1}{3}$

Q.6 52 ताश के पत्तों के एक पैकेट से एक पत्ता निकाला जाता है, 52 पत्तों में से प्रत्येक के समान रूप से निकाले जाने की प्रायिकता है, निकाले गए पत्ते के काले होने की प्रायिकता ज्ञात कीजिए।

A. $\frac{1}{2}$ B. $\frac{2}{3}$ C. $\frac{3}{4}$ D. $\frac{2}{5}$

Q.7 एक निष्पक्ष सिक्का 10 बार टॉस किया जाता है। इसकी संभाव्यता क्या है कि केवल प्रथम दो टॉस ही टेल देंगे?

A. $\frac{1}{2}$ B. $\left(\frac{1}{2}\right)^2$

C. $\left(\frac{1}{2}\right)^{10}$ D. $^{10}C_2\left(\frac{1}{2}\right)^2$

Q.8 प्रथम 10 प्राकृत संख्याओं में से दो पूर्णांक चुने गये। यदि इनका योग सम है तो दोनों संख्याओं के विषम होने की प्रायिकता ज्ञात कीजिये।

A. $\frac{1}{2}$ B. $\frac{3}{5}$ C. $\frac{2}{5}$ D. $\frac{1}{5}$

Q.9 ट्रिस्मी 9 बार में से 2 बार सच बोलती है। कार्ड के पैक से यादृच्छिकता से एक कार्ड का चयन करने पर, वह कहती है कि यह राजा या इक्का है। वास्तविक में राजा या इक्का के होने की प्रायिकता ज्ञात कीजिये।

A. $\frac{45}{91}$ B. $\frac{4}{117}$ C. $\frac{25}{91}$ D. $\frac{32}{117}$

Q.10 यदि तीन सिक्कों को एक साथ उछाला जाता है, तो कम से कम दो शीर्ष आने की प्रायिकता __________ है।

A. $\frac{1}{3}$ B. $\frac{1}{2}$ C. $\frac{3}{8}$ D. $\frac{1}{5}$

Q.11 एक पासे को दो बार फेंकने पर योग 9 प्राप्त होने की प्रायिकता क्या है?

A. $\frac{1}{6}$ B. $\frac{1}{9}$ C. $\frac{1}{8}$ D. $\frac{1}{12}$

Q.12 अच्छी तरह से फेंटे गए ताश के पत्तों की एक गड्डी में से, एक साथ दो पत्ते बेतरतीब ढंग से निकाले जाते हैं। दोनों पत्तों के इक्के होने की प्रायिकता क्या है?

A. $\frac{1}{221}$ B. $\frac{2}{221}$ C. $\frac{2}{121}$ D. $\frac{1}{121}$

Q.13 एक पासे को एक बार फेंकने पर, 3 का गुणज प्राप्त करने की प्रायिकता __________ है।

A. $\frac{1}{2}$ B. $\frac{1}{6}$ C. $\frac{2}{3}$ D. $\frac{1}{3}$

Q.14 दो पासे फेंके जाते हैं। कुल स्कोर एक अभाज्य संख्या होने की संभाव्यता क्या है?

A. $\frac{1}{6}$ B. $\frac{5}{12}$ C. $\frac{1}{2}$ D. $\frac{7}{9}$

Q.15 तीन पासे फेंके जाते हैं। तो एक त्रिक प्राप्त करने की प्रायिकता क्या है?

A. $\frac{1}{6}$ B. $\frac{1}{18}$ C. $\frac{1}{36}$ D. $\frac{1}{72}$

Q.16 एक टी- 20 क्रिकेट मैच में, राजू ने 50 गेंदों में से 10 बार "छः" मारा। यदि एक गेंद को यादृच्छिक रूप से चुना गया था, तो संभावना है कि वह "छः" नहीं मारा होगा।

A. $\frac{1}{5}$ B. $\frac{4}{5}$ C. $\frac{6}{5}$ D. $\frac{3}{5}$

Q.17 एक बैग में 3 नीली, 2 हरी और 5 लाल गेंदें हैं। यदि यादृच्छिक रूप से चार गेंदें चुनी जाती हैं, तो दो हरी और दो नीली होने की क्या प्रायिकता है?

A. $\frac{1}{18}$ B. $\frac{1}{70}$ C. $\frac{3}{5}$ D. $\frac{1}{2}$

Q.18 तीन निष्पक्ष सिक्के उछाले जाते हैं। कम से कम 2 चित आने की प्रायिकता क्या है?

A. $\frac{1}{4}$ B. $\frac{1}{2}$ C. $\frac{1}{3}$ D. $\frac{1}{8}$

Q.19 दो पासों को एक साथ फेंकने पर, कुल 10 या 11 प्राप्त करने की प्रायिकता क्या है?

A. $\frac{1}{4}$ B. $\frac{1}{6}$ C. $\frac{7}{12}$ D. $\frac{5}{36}$

Q.20 एक थैले में 9 सफ़ेद गेंद और 12 लाल गेंद हैं। यदि एक गेंद को थैले से यादृच्छया से निकाला जाता है, तो निकाले गए गेंद के सफ़ेद रंग के होने की प्रायिकता क्या है?

A. $\frac{5}{7}$ B. $\frac{2}{7}$ C. $\frac{1}{7}$ D. $\frac{3}{7}$

Q.21 मोहन कम से कम एक लड़के के साथ 3 बच्चों का पिता है। उसके 2 लड़के और 1 लड़की होने की प्रायिकता ज्ञात कीजिए।

A. $\frac{1}{2}$ B. $\frac{1}{3}$ C. $\frac{1}{4}$ D. $\frac{2}{3}$

Q.22 एक थैले में 7 लाल और 4 नीली गेंदें हैं। दो गेंदों को प्रतिस्थापन के साथ यादृच्छिक रूप से निकाला जाता है, तो अलग-अलग रंगों वाली गेंदों को प्राप्त करने की प्रायिकता क्या होगी?

A. $\frac{28}{121}$ B. $\frac{56}{121}$

C. $\frac{1}{2}$ D. None of these

Q.23 A और B दो घटनाएं इस प्रकार हैं जिससे $P(B) = 0.4$ और $P(A \cup B) = 0.6$ हैं। यदि A और B स्वतंत्र हैं तो $P(A)$ का मान क्या है?

A. $\frac{1}{2}$　　**B.** $\frac{1}{3}$　　**C.** $\frac{2}{3}$　　**D.** $\frac{2}{5}$

Q.24 एक निष्पक्ष सिक्के को 3 बार उछाला जाता है, यदि तीसरे उछाल में चित प्राप्त होता है, तो कम से कम एक और बार चित प्राप्त करने की प्रायिकता क्या है?

A. $\frac{3}{4}$　　**B.** $\frac{1}{4}$　　**C.** $\frac{1}{2}$　　**D.** $\frac{1}{3}$

Q.25 मान लीजिए P(A) = 0.4, P(B) = P और P(A ∪ B) = 0.7। यदि A और B स्वतंत्र घटनाएँ हैं तो P का मान क्या है?

A. 0.5　　**B.** 0.3　　**C.** 0.7　　**D.** 0.6

Q.26 तीन आम और तीन सेब एक बक्शे में हैं। यदि दो फलों का चयन यादृच्छिकता से किया जाता है, तो एक फल के आम और दूसरे फल के सेब होने की प्रायिकता क्या है?

A. $\frac{2}{3}$　　**B.** $\frac{3}{5}$　　**C.** $\frac{1}{3}$　　**D.** $\frac{4}{5}$

Q.27 एक निष्पक्ष सिक्के को 3 बार उछाला जाता है, यदि तीसरे उछाल में चित प्राप्त होता है, तो कम से कम एक और बार चित प्राप्त करने की प्रायिकता क्या है?

A. $\frac{3}{4}$　　**B.** $\frac{1}{4}$　　**C.** $\frac{1}{2}$　　**D.** $\frac{1}{3}$

Q.28 यदि चार पासों को एकसाथ उछाला जाता है, तो वह प्रायिकता क्या है कि उनपर दिखाई देने वाली संख्याओं का योग 25 है?

A. 0　　**B.** $\frac{1}{2}$　　**C.** 1　　**D.** $\frac{1}{1296}$

Q.29 जब एक सिक्का 6 बार उछाला जाता है तो संभावित परिणामों की संख्या क्या है?

[Haryana Constable, 2018]

A. 36　　　　　　**B.** 64
C. 12　　　　　　**D.** इनमें से कोई नहीं

Q.30 यदि एक सिक्का तीन बार उछाला जाता है तो कम से कम दो पट पाने की प्रायिकता क्या है?

A. $\frac{2}{3}$　　**B.** $\frac{1}{2}$　　**C.** $\frac{3}{4}$　　**D.** $\frac{1}{8}$

// स्मार्ट उत्तर पुस्तिका //

| सही उत्तर | उन छात्रों का प्रतिशत जिन्होंने प्रश्नों का सही उत्तर दिया था। | छोड़ दिया | उन छात्रों का प्रतिशत जिन्होंने प्रश्नों को छोड़ दिया था। |

प्रश्न संख्या	उत्तर	सही उत्तर / छोड़ दिया	प्रश्न संख्या	उत्तर	सही उत्तर / छोड़ दिया	प्रश्न संख्या	उत्तर	सही उत्तर / छोड़ दिया	प्रश्न संख्या	उत्तर	सही उत्तर / छोड़ दिया	प्रश्न संख्या	उत्तर	सही उत्तर / छोड़ दिया	प्रश्न संख्या	उत्तर	सही उत्तर / छोड़ दिया	प्रश्न संख्या	उत्तर	सही उत्तर / छोड़ दिया
1	A	77.74 % / 21.69 %	6	A	78.26 % / 12.39 %	11	B	86.15 % / 13.72 %	16	B	84.9 % / 10.51 %	21	B	78.35 % / 13.5 %	26	B	89.95 % / 10.03 %
2	B	78.33 % / 21.32 %	7	C	86.5 % / 11.21 %	12	A	78.52 % / 21.07 %	17	B	86.7 % / 12.23 %	22	B	87.59 % / 11.19 %	27	A	80.46 % / 13.27 %
3	C	82.67 % / 15.64 %	8	A	89.38 % / 10.24 %	13	D	87.4 % / 12.31 %	18	B	75.03 % / 17.59 %	23	B	81.93 % / 17.45 %	28	A	84.86 % / 12.8 %
4	B	87.69 % / 10.67 %	9	B	76.57 % / 15.72 %	14	B	82.39 % / 12.2 %	19	D	85.53 % / 13.52 %	24	A	84.36 % / 12.9 %	29	B	84.81 % / 14.79 %
5	A	78.31 % / 11.36 %	10	B	77.23 % / 20.56 %	15	C	78.4 % / 15.93 %	20	D	83.22 % / 11.11 %	25	A	76.57 % / 13.45 %	30	B	80.67 % / 13.0 %

//संकेत और समाधान//

1. दिया है,

एक बॉक्स में 4 टेनिस गेंदें, 6 सीजन गेंदें और 8 ड्यूस गेंदें हैं

हम जानते है कि,

प्रायिकता = अनुकूल परिणाम / कुल परिणाम

माना कि सभी गेंदें अद्वितीय हैं।

कुल 18 गेंदें हैं।

एक बार में लिए गए r चीजों के सभी n संयोजनों की संख्या ${}^nC_r = \dfrac{n!}{(r)!(n-r)!}$ द्वारा दी जाती है।

कुल तरीके = 3 गेंदों को ${}^{18}C_3$ तरीकों से चुना जा सकता है

$= \dfrac{18!}{3! \times 15!}$

$= \dfrac{18 \times 17 \times 16}{3 \times 2 \times 1}$

$= 816$

4 टेनिस गेंदें, 6 सीजन गेंदें, 8 ड्यूज़ गेंदें, 1 टेनिस गेंद, 1 सीजन गेंद और 1 ड्यूज़ गेंद निकाली जाती हैं।

इसलिए, अनुकूल तरीके $= 4 \times 6 \times 8$

$= 192$

प्रायिकता $= \dfrac{192}{816}$

$= \dfrac{4}{17}$

अतः विकल्प (A) सही है।

2. दिया है,

पहले व्यक्ति द्वारा प्रश्न को हल करने की प्रायिकता $= \dfrac{1}{3}$

दूसरे व्यक्ति द्वारा प्रश्न को हल करने की प्रायिकता $= \dfrac{1}{4}$

तीसरे व्यक्ति द्वारा प्रश्न को हल करने की प्रायिकता $= \dfrac{1}{5}$

हम जानते हैं कि,

किसी घटना के घटित होने की प्रायिकता = 1 − उसी घटना के घटित न होने की प्रायिकता

तब,

पहले व्यक्ति द्वारा प्रश्न को हल नहीं करने की प्रायिकता $= 1 - \left(\dfrac{1}{3}\right)$

$= \dfrac{2}{3}$

दूसरे व्यक्ति द्वारा प्रश्न को हल नहीं करने की प्रायिकता $= 1 - \left(\dfrac{1}{4}\right)$

$= \dfrac{3}{4}$

तीसरे व्यक्ति द्वारा प्रश्न को हल नहीं करने की प्रायिकता $= 1 - \left(\dfrac{1}{5}\right)$

$= \dfrac{4}{5}$

इसलिए,

कोई भी प्रश्न को हल नही कर पायेगा इसकी प्रायिकता $= \dfrac{2}{3} \times \dfrac{3}{4} \times \dfrac{4}{5}$

$= \dfrac{2}{5}$

अतः विकल्प (B) सही है।

3. दिया है,

सबसे ऊपर की तरफ में दिखाई देने वाली तीन संख्याओं का योग 15 है

प्रश्न के अनुसार,

ऊपर की तरफ प्रदर्शित होने वाली तीन संख्याओं का योग 15 प्राप्त करने के लिए परिणामों के सभी संयोजन हैं:

$(4,5,6), (5,4,6), (6,5,4), (5,6,4), (4,6,5), (6,4,5),$
$(5,5,5), (6,6,3), (6,3,6), (3,6,6)$ $\Rightarrow$

$n(S) = 10$

अब, वह परिणाम जिस पर पहला लुढ़काव(रोल) चार है $n(E) = (4,5,6), (4,6,5)$

$\Rightarrow n(E) = 2$

आवश्यक संभावना $P(E)$:

$P(E) = \dfrac{n(E)}{n(S)}$

$= \dfrac{2}{10}$

$= \dfrac{1}{5}$

अतः विकल्प (C) सही है।

4. $n(S) = 52$

मान लीजिए $E = $ क्लब की रानी या दिल का राजा मिलने की घटना

तब, $n(E) = 2$

$\therefore P(E) = \dfrac{n(E)}{n(S)}$

$= \dfrac{2}{52}$

$= \dfrac{1}{26}$

अतः विकल्प (B) सही है।

5. दिया है,

एक कमरे में 3 लाल, 5 हरी और 4 नीली कुर्सियाँ हैं

कुल कुर्सियों की संख्या $= 3 + 5 + 4$

$= 12$

एक बार में लिए गए r चीजों के सभी n संयोजनों की संख्या $^nC_r = \dfrac{n!}{(r)!(n-r)!}$ द्वारा दी जाती है।

माना कि S प्रतिदर्श समष्टि है।

तो, $n(s) = 12$ कुर्सियों से 2 कुर्सी उठाने के कुल तरीके

$= {}^{12}C_2$

$= \dfrac{12!}{2!10!}$

$= \dfrac{12 \times 11}{2 \times 1}$

$= 66$

माना $n(E) =$ उन घटनाओं की संख्या जिससे 2 कुर्सियों में से एक भी नीली ना हो

$= {}^{8}C_2$

$= \dfrac{8!}{2!6!}$

$= \dfrac{8 \times 7}{2 \times 1}$

$= 28$

आवश्यक संभावना $P(E) = \dfrac{n(E)}{n(S)}$

$= \dfrac{28}{66}$

$= \dfrac{14}{33}$

अतः विकल्प (A) सही है।

6. दिया है,

जब एक ताश 52 ताशों की एक गड्डी से निकाला जाता है,

संभावित परिणामों की संख्या $n(s) = 52$

हम जानते हैं कि 52 ताशों में 26 ताश काले होते हैं

अनुकूल परिणामों की संख्या $n(E) = 26$

किसी परिणाम के घटित होने की संभाव्यता:

$P(E) =$ अनुकूल परिणामों की संख्या/संभावित परिणामों की संख्या $= \dfrac{n(E)}{n(S)}$

$\therefore$ आवश्यक संभावना $= \dfrac{26}{52}$

$= \dfrac{1}{2}$

अतः विकल्प (A) सही है।

7. दिया है,

सिक्के को 10 बार टॉस किया जाता है

किसी घटना के घटित होने की प्रायिकता,

$P(E) =$ अनुकूल परिणामों की संख्या/संभावित परिणामों की संख्या $= \dfrac{n(E)}{n(S)}$

एक सिक्के में टेल आने की संभाव्यता $= \dfrac{1}{2}$,

एक सिक्के में टेल नहीं आने की संभाव्यता $= 1 - \dfrac{1}{2} = \dfrac{1}{2}$,

इसलिए,

सभी दस टॉस एक दूसरे से स्वतंत्र हैं,

$\therefore$ अभीष्ट संभाव्यता $= \left(\dfrac{1}{2}\right)^2 \times \left(\dfrac{1}{2}\right)^8$

$= \left(\dfrac{1}{2}\right)^{10}$

अतः विकल्प (C) सही है।

8. माना कि A दोनों संख्याओं के विषम होने की स्थिति है।

माना कि B योग के सम होने की स्थिति है।

तब,

विषम $+$ विषम $=$ सम

विषम $+$ सम $=$ विषम

सम $+$ सम $=$ सम

$P\left(\dfrac{A}{B}\right) = \dfrac{P(A \cap B)}{P(B)}$ का उपयोग करने पर

$P(A \cap B) = \dfrac{{}^5C_2}{{}^{10}C_2}$

$= \dfrac{\frac{5!}{2!3!}}{\frac{10!}{2!8!}}$

$= \dfrac{\frac{5 \times 4 \times 3 \times 2 \times 1}{2 \times 1 \times 3 \times 2 \times 1}}{\frac{10 \times 9 \times 8 \times 7 \times 6 \times 5 \times 4 \times 3 \times 2 \times 1}{2 \times 1 \times 8 \times 7 \times 6 \times 5 \times 4 \times 3 \times 2 \times 1}}$

$= \dfrac{2}{9}$

$P(B) = \dfrac{({}^5C_2 + {}^5C_2)}{{}^{10}C_2}$

$= \dfrac{{}^5C_2}{{}^{10}C_2} + \dfrac{{}^5C_2}{{}^{10}C_2}$

$= \dfrac{2}{9} + \dfrac{2}{9}$

$= \dfrac{4}{9}$

$\therefore P\left(\dfrac{A}{B}\right) = \dfrac{\frac{2}{9}}{\frac{4}{9}}$

$= \dfrac{1}{2}$

अतः विकल्प (A) सही है।

9. दिया है,

ट्रिम्सी 9 में से 2 बार सच बोलती है।

सच की प्रायिकता $= \dfrac{2}{9}$

झूठ की प्रायिकता $= \dfrac{7}{9}$

चूँकि प्रत्येक 52 कार्ड के पैक में 4 इक्के और 4 राजा होते हैं।

इसलिए,

राजा या इक्का प्राप्त करने की प्रायिकता $= \dfrac{8}{52}$

जब ट्रिम्सी यह कहती है कि यह राजा या इक्का है तो राजा या इक्का प्राप्त करने की प्रायिकता $\left(\dfrac{2}{9}\right) \times \left(\dfrac{8}{52}\right)$

P (जब ट्रिम्सी यह कहती है कि यह राजा या इक्का है तो राजा या इक्का प्राप्त करने की प्रायिकता)

$= \dfrac{4}{117}$

अतः विकल्प (B) सही है।

10. तीन सिक्कों को एक साथ उछाला जाता है, तो संभावित घटनाएँ होंगी $n(S) = 2 \times 2 \times 2 = 8$

कुल संभावित परिणाम
$(HHT), (HTH), (THH), (THT), (TTH), (HTT),$
$(HHH), (TTT)$ होंगे।

कम से कम दो शीर्ष आने के परिणाम
$(HHT), (HTH), (THH), (HHH)$ होंगे।

$\Rightarrow n(E) = 4$

$\therefore P(E) = \dfrac{n(E)}{n(S)}$

$= \dfrac{4}{8}$

$= \dfrac{1}{2}$

$\therefore$ कम से कम दो शीर्ष आने की प्रायिकता $\dfrac{1}{2}$ है।

अतः विकल्प (B) सही है।

11. दिया है:

एक पासे को दो बार फेंकने पर, कुल अवसर $n(S) = (6 \times 6) = 36$

मान लीजिए E योगफल 9 प्राप्त होने की घटना है

$\therefore E = \{(3+6), (4+5), (5+4), (6+3)\}$

$\Rightarrow n(E) = 4$

$\therefore P(E) = \dfrac{n(E)}{n(S)}$

$= \dfrac{4}{36}$

$= \dfrac{1}{9}$

अतः विकल्प (B) सही है।

12. हम जानते हैं कि,

प्रायिकता = अनुकूल परिणामों की संख्या / कुल परिणाम

एक बार में लिए गए r चीजों के सभी n संयोजनों की संख्या ${}^{n}C_r = \dfrac{n!}{(r)!(n-r)!}$ द्वारा दी जाती है।

प्रश्नानुसार,

कुल परिणाम $= {}^{52}C_2$

$= \dfrac{52!}{(2)!(50)!}$

$= \dfrac{52 \times 51}{2} = 1326$

अनुकूल परिणामों की संख्या $= {}^{4}C_2 = \dfrac{4!}{(2)!(2)!}$

$= \dfrac{4 \times 3 \times 2 \times 1}{2 \times 1 \times 2 \times 1} = 6$

$\therefore$ प्रायिकता $= \dfrac{6}{1326} = \dfrac{1}{221}$

अतः विकल्प (A) सही है।

13. एक पासे को फेंका जाता है, घटनाओं की संभावित संख्या $n(S) = 6$

अब 3 के गुणज 3, 6 हैं जो 2 हैं

$\therefore n(E) = 2$

$\therefore$ प्रायिकता $P(E) = \dfrac{n(E)}{n(S)}$

$= \dfrac{2}{6}$

$= \dfrac{1}{3}$

इसलिए एक पासे की एक बार फेंकने पर, 3 का गुणज प्राप्त करने की प्रायेकता $\dfrac{1}{3}$ है।

अतः सही विकल्प (D) है।

14. जब दो पासे फेंके जाते हैं, तो परिणाम के तरीकों की संख्या $= n(S) = 36$ और जब दो पासे फेंके जाते हैं तो इस घटना के संभावित मामले हैं

$(1,1), (1,2), (1,4), (1,6), (2,1), (2,3), (2,5),$

$(3,2), (3,4), (4,1), (4,3), (5,2), (5,6), (6,1), (6,5)$

घटनाओं की संख्या $= 15$

संभाव्यता $= \dfrac{15}{36} = \dfrac{5}{12}$

अतः विकल्प (B) सही है।

15. जब तीन पासे फेंके जाते हैं, तो प्रतिदर्श समष्टि में $63 = 216$ त्रिगुण होते हैं।

तो, $n(S) = 216$

इनमें से $(1,1,1), (2,2,2), (3,3,3), (4,4,4), (5,5,5)$ और $(6,6,6)$ हैं त्रिगुण जो संख्या में 6 हैं।

इसलिए, त्रिक प्राप्त करने की प्रायिकता $= \frac{6}{216} = \frac{1}{36}$

अतः विकल्प (C) सही है।

16. दिया गया:

राजू ने अपनी 50 गेंदों में से 10 बार "छक्का" मारा।

हम जानते हैं कि:

प्रायिकता =(अनुकूल परिणामों की संख्या)/(संभावित परिणामों की कुल संख्या)

राजू द्वारा "छह" मारने वाली गेंदों की संख्या $= 10$ गेंदें

तो, गेंदों की संख्या जिसमें राजू द्वारा "छः" नहीं मारा गया था$= 55 - 10$

$= 40$ गेंदों

इसलिए,

$P($ छक्का न मारने की प्रायिकता $) = \frac{40}{50} = \frac{4}{5}$

∴संभावना है कि राजू ने "छः" नहीं मारा होगा $\frac{4}{5}$.

अतः विकल्प (B) सही है।

17. नीली गेंदों की संख्या $= 3$

हरी गेंदों की संख्या $= 2$

हरी गेंदों की संख्या

लाल गेंदों की संख्या $= 5$

बैग में कुल गेंदें $= 3 + 2 + 5 = 10$

कुल संभावित परिणाम $= 10$ गेंदों में से 4 गेंदों का चयन

$= {}^{10}C_4 = \frac{10!}{4! \times (10-4)!}$

$= \frac{10 \times 9 \times 8 \times 7}{1 \times 2 \times 3 \times 4}$

$= 210$

अनुकूल परिणाम $=$ (2 गेंदों में से 2 हरी गेंदों का चयन) $\times$ (3 नीली गेंदों में से 2 गेंदों का चयन)

$= {}^2C_2 \times {}^3C_2$

$= 1 \times 3$

$= 3$

∴ आवश्यक प्रायिकता =अनुकूल परिणाम / कुल संभावित

$= \frac{3}{210}$

$= \frac{1}{70}$

अतः विकल्प (B) सही है।

18. यहाँ,

$S = \{TTT, TTH, THT, HTT, THH, HTH, HHT, HHH\}$

माना $E =$ कम से कम दो चित प्राप्त करने की घटना

$= \{THH, HTH, HHT, HHH\}$

$\therefore P(E) = \frac{n(E)}{n(S)} = \frac{4}{8} = \frac{1}{2}$

अतः विकल्प (B) सही है।

19. दो पासों को एक साथ फेंकने पर, हमारे पास है

$n(S) = (6 \times 6) = 36$

माना $n(E)$ 10 या 11 का योग प्राप्त होने की घटना है।

$E = [(4,6), (5,5), (6,4), (5,6), (6,5)]$

$\therefore P(E) = \frac{n(E)}{n(S)} = \frac{5}{36}$

अतः विकल्प (D) सही है।

20. दिया गया:

दिया गया है: एक थैले में 9 सफ़ेद गेंद और 12 लाल गेंद हैं।

थैले से सफ़ेद गेंद निकालने के तरीकों की संख्या $= C(9,1) = 9$

थैले से एक गेंद निकालने के तरीकों की संख्या $= C(21,1) = 21$

इसलिए, थैले से निकाले गए गेंद के सफ़ेद रंग के होने की प्रायिकता $= \frac{9}{21} = \frac{3}{7}$

अतः विकल्प (D) सही है।

21. पिता के कम से कम एक लड़के से तीन बच्चे हैं।

3 में से कम से कम एक का मतलब है कि लड़कों की संख्या कम से कम एक होनी चाहिए और यह 3 तक हो सकती है।

लड़के को B के साथ और लड़की को G के साथ निरूपित करते है।

फिर संभावित परिणाम BBB, BBG, BGG हैं।

और, अनुकूल परिणाम यानी 2 लड़के और 1 लड़की BBG हैं।

$P(E) =$ अनुकूल परिणामों की संख्या / कुल संभावित परिणामों की संख्या

$\Rightarrow P(E) = \frac{1}{3}$

∴उसके 2 लड़के और 1 लड़की होने की प्रायिकता $\frac{1}{3}$ है।

अतः विकल्प (B) सही है।

22. कुल 7 लाल $+ 4$ नीली $= 11$ गेंदें हैं।

1 लाल गेंद निकालने की प्रायिकता $= \frac{{}^7C_1}{{}^{11}C_1} = \frac{7}{11}$

1 नीली गेंद निकालने की प्रायिकता $= \frac{{}^4C_1}{{}^{11}C_1} = \frac{4}{11}$

(1 लाल) और (1 नीला) गेंद निकालने की प्रायिकता $= \frac{7}{11} \times \frac{4}{11} = \frac{28}{121}$

उसी प्रकार, (1 नीला) और (1 लाल) गेंद निकालने की प्रायिकता $= \frac{4}{11} \times \frac{7}{11} = \frac{28}{121}$

अलग-अलग रंगों वाली गेंदों को निकालने की प्रायिकता $= \frac{28}{121} + \frac{28}{121} = \frac{56}{121}$

अतः विकल्प (B) सही है।

23. दिया है,

$P(B) = 0.4$ और $P(A \cup B) = 0.6$

$P(A \cup B) = 0.6$

$\Rightarrow P(A) + P(B) - P(A \cap B) = 0.6$

$\Rightarrow P(A) + P(B) - P(A) \times P(B) = 0.6$ ($\because A$ और B स्वतंत्र घटनाएं हैं।)

$\Rightarrow P(B) + P(A)[1 - P(B)] = 0.6$

$\Rightarrow 0.4 + P(A)[1 - 0.4] = 0.6$

$\Rightarrow P(A) \times 0.6 = 0.2$

$\therefore P(A) = \frac{0.2}{0.6} = \frac{1}{3}$

अतः विकल्प (B) सही है।

24. यदि यह ज्ञात है कि तीसरे उछाल में चित प्राप्त होता है, तो संभव स्थितियां:

$(H, H, H), (H, T, H), (T, H, H), (T, T, H)$

$\therefore$ कुल संभव स्थितियां $= 4$

कुल अनुकूल स्थितियां $= 3[(H, H, H), (H, T, H), (T, H, H)]$

इसलिए, आवश्यक प्रायिकता $P =$ (कुल अनुकूल मामले)/(कुल संभावित मामले)

$P = \frac{3}{4}$

अतः विकल्प (B) सही है।

25. उपरोक्त अवधारणा का उपयोग करना क्योंकि A और B स्वतंत्र घटनाएँ हैं, हम लिख सकते हैं:

$P(A \cup B) = P(A) + P(B) - P(A) \times P(B)$

$\Rightarrow 0.7 = 0.4 + P - 0.4 \times P$

$\Rightarrow 0.6P = 0.3$

$\Rightarrow P = 0.5$

अतः विकल्प (A) सही है।

26. कुल फल $= 3 + 3 = 6$

कुल संभव तरीके $= {}^6C_2 = 15 = n(S)$

अनुकूल तरीके $= {}^3C_1 \times {}^3C_1 = 9 = n(E)$

$\therefore$ आवश्यक प्रायिकता $= \frac{9}{15} = \frac{3}{5}$

अतः विकल्प (B) सही है।

27. यदि यह ज्ञात है कि तीसरे उछाल में चित प्राप्त होता है, तो संभव स्थितियां:

$(H, H, H), (H, T, H), (T, H, H), (T, T, H)$

$\therefore$ कुल संभव स्थितियां $= 4$

कुल अनुकूल स्थितियां $= 3[(H, H, H), (H, T, H), (T, H, H)]$

इसलिए, आवश्यक प्रायिकता $P =$ (कुल अनुकूल मामले)/(कुल संभावित मामले)

$P = \frac{3}{4}$

अतः विकल्प (A) सही है।

28. यहाँ, चार पासे को उछाला जाता है,

$n(S) = 6^4$

अब, उनपर दिखाई देने वाली संख्या का योग $25 = \{\}$

$\Rightarrow n = 0$

($\because$ अधिकतम योग $= 6 + 6 + 6 + 6 = 24$)

$\therefore$ प्रायिकता $= \frac{0}{(6^4)} = 0$

अतः विकल्प (A) सही है।

29. जब सिक्का उछाला जाता है तो परिणामों की संख्या $= 2$ (हेड या टेल)

$\therefore$ जब एक सिक्का 6 बार उछाला जाता है तो संभावित परिणाम $= 2 \times 2 \times 2 \times 2 \times 2 \times 2 = 64$

अतः विकल्प (B) सही है।

30. तीन सिक्का उछाले गए

$\therefore$ प्रतिचयन स्थान
$= S = \{(HHH), (HHT), (HTH), (THH), (TTH), (THT), (HTT), (TTT)\}$

कुल परिणाम $n(S) = 8$

माना कि कम से कम दो पट पाने की घटना E है

$\Rightarrow n(E) = 4$

अब, प्रायिकता $= \frac{n(E)}{n(S)} = \frac{4}{8} = \frac{1}{2}$

अतः विकल्प (B) सही है।

Q.1 8000 रु पर 1.5 साल के लिए 10% प्रति वर्ष की दर से चक्रवृद्धि ब्याज ज्ञात कीजिए यदि ब्याज की गणना अर्ध-वार्षिक की जाती है।

[UPSESSB TGT Mathematics, 2019]

A. 9,261 रु   B. 860 रु   C. 961 रु   D. 1,261 रु

Q.2 कितने प्रतिशत प्रतिवर्ष पर 3 वर्ष में 3000 रुपये की राशि 3993 रुपये हो जाएगी यदि ब्याज वार्षिक रूप से संयोजित होता है?

A. 12%   B. 5%   C. 10%   D. 20%

Q.3 यदि चक्रवृद्धि ब्याज पर 5 वर्षों में धन की एक निश्चित राशि स्वयं की 3 गुना हो जाती है, तो कितने समय में यह स्वयं की 81 गुना हो जाएगी?

A. 20 वर्ष   B. 21 वर्ष   C. 27 वर्ष   D. 23 वर्ष

Q.4 किसी राशि पर 15% प्रति वर्ष की दर से 2 वर्षों के लिए चक्रवृद्धि ब्याज (वार्षिक रूप से समायोजित) और साधारण ब्याज के बीच अंतर 180 रू. है। वह राशि ज्ञात कीजिए।

A. 7000 रु.   B. 8000 रु.   C. 9000 रु.   D. 6000 रु.

Q.5 चक्रवृद्धि ब्याज में, 8000 रुपये कितने प्रतिशत वार्षिक दर से 2 वर्षों में 8820 रुपये हो जाएगा?

A. 8%   B. 9%   C. 7%   D. 5%

Q.6 1% मासिक ब्याज की दर पर 500 रुपए पर एक वर्ष का साधारण ब्याज (रुपए में) क्या होगा?

A. 55   B. 50   C. 5   D. 60

Q.7 6000 रुपये पर 4% वार्षिक दर से 2 साल के चक्रवृद्धि ब्याज और साधारण ब्याज में कितना अंतर होगा?

A. 9.5 रु   B. 9.6 रु   C. 11.2 रु   D. 10.25 रु

Q.8 एक धनराशि साधारण ब्याज की दर पर 2 वर्षों में 4,480 रुपए और 5 वर्षों में 5,200 रुपए हो जाती है। तो वास्तविक राशि क्या है?

A. 4,000 रुपए   B. 3,500 रुपए
C. 3,000 रुपए   D. 2, 500 रुपए

Q.9 साधारण ब्याज की वह दर क्या है जिसपर एक राशि 15 वर्षों में स्वयं की दोगुनी हो जाती है?

A. $2\frac{1}{2}$%   B. 5%   C. $6\frac{2}{3}$%   D. 7.5%

Q.10 मूल राशि पर 9% प्रति वर्ष की दर से 4016.25 रुपये का साधारण ब्याज था। 5 वर्षों में मूलधन ज्ञात कीजिए।

A. 8925 रुपये   B. 8295 रुपये
C. 9285 रुपये   D. 6335 रुपये

Q.11 7000 रुपये पर 9 महीने के लिए $\frac{50}{3}$% पर साधारण ब्याज ज्ञात कीजिए।

A. 1075 रुपये   B. 975 रुपये
C. 875 रुपये   D. 775 रुपये

Q.12 यदि चुकाई गई राशि 450 रु है और मूलधन 415 रु है, तो ब्याज बराबर है:

A. 25 रु   B. 35 रु   C. 45 रु   D. 50 रु

Q.13 एक निश्चित राशि में 2 वर्ष के लिए 15% प्रति वर्ष साधारण ब्याज पर 1800 रु. का ब्याज मिलता है। राशि ज्ञात कीजिए।

A. 5000 रु   B. 4000 रु   C. 8000 रु   D. 6000 रु

Q.14 एक व्यक्ति ने 2 साल के लिए 10% प्रति वर्ष साधारण ब्याज पर एक निश्चित राशि का निवेश किया। अगर उसने समान अवधि के लिए चक्रवृद्धि ब्याज दर पर समान राशि का निवेश किया होता, तो उसे 12 रु. अधिक प्राप्त होते। राशि ज्ञात कीजिए।

A. 600   B. 1500   C. 1200   D. 2000

Q.15 2 साल की अवधि के बाद 10% की दर से 7790 रुपये की मूल राशि पर एकत्रित चक्रवृद्धि ब्याज क्या होगा?

A. 3,332.78 रुपये   B. 3,335.35 रुपये
C. 3,333.27 रुपये   D. इनमे से कोई नहीं

Q.16 मूलधन 16,500 रुपये को 4 वर्ष के लिए 16% प्रति वार्षिक के दर से साधारण ब्याज पर उधार दिया जाता है | साधारण ब्याज की राशि कितनी होगी?

A. 11,560 रुपये   B. 10,250 रुपये
C. 12,500 रुपये   D. इनमें से कोई नहीं

Q.17 एक मूलधन से 6 वर्ष में 9% प्रति वर्ष की दर से 4819.50 रुपये का कुल साधारण ब्याज अर्जित होता है। तो वह मूलधन ज्ञात कीजिये।

A. 4462.5 रुपये   B. 8032.50 रुपये
C. 8900 रुपये   D. 8925 रुपये

Q.18 कुछ निश्चित धनराशि और 2 वर्ष में 2420 रुपये और 3 वर्ष में 2662 रुपये प्रति वर्ष, चक्रवृद्धि ब्याज की समान दर पर है। प्रति वर्ष ब्याज की दर है:

A. 6%   B. 8%   C. 9%   D. 10%

Q.19 श्रीमती रेवती 6% वार्षिक साधारण ब्याज की दर से 600 रुपए उधार लेती है। 4 वर्षों के बाद वह कर्ज को चुकाने के लिए कितनी धनराशि (रुपए में) का भुगतान करेगी?

[RRB (NTPC), 2017]

A. 700   B. 150   C. 744   D. 144

Q.20 दीक्षा ने 500 रुपये 5% साधारण ब्याज दर पर उधार लिए। 4 वर्षों के बाद ऋण चुकाने के लिए वह कितनी राशि (रुपये में) का भुगतान करेगी?

[RRB (NTPC), 2017]

A. 150   B. 650   C. 600   D. 100

Q.21 4 फरवरी, 2005 से 18 अप्रैल, 2005 तक की अवधि के लिए 3000 रुपये पर $\frac{25}{4}$% प्रति वर्ष की दर से साधारण ब्याज ज्ञात कीजिए।

A. *Rs.* 37.50   B. *Rs.* 47. 50
C. Rs. 44.50   D. Rs. 50.50

Q.22 वह समयावधि ज्ञात कीजिये जब प्रति वर्ष 6% पर 4000 रुपये की राशि पर साधारण ब्याज 400 रुपये हो जाता है:

[RRB (NTPC), 2017]

A. 20 महीने   B. 22 महीने   C. 14 महीने   D. 18 महीने

Q.23 यदि साधारण ब्याज पर एक निश्चित राशि 3 वर्षों में 690 रुपए और 5 वर्षों में 750 रुपए हो जाती है, तो मूलधन क्या है?

A. 500 रुपए   B. 550 रुपए   C. 600 रुपए   D. 650 रुपए

Q.24 कितने वर्षों बाद, एक राशि 8% वार्षिक साधारण ब्याज की दर से तीन गुना हो जाएगी?

A. 25   **B.** 20   **C.** 18   **D.** 27

Q.25 यदि 4 वर्षों में 1725 रुपये पर साधारण ब्याज 897 रुपये है, तो ब्याज की दर ज्ञात कीजिए।

A. 10%   **B.** 13%   **C.** 25%   **D.** 20%

Q.26 प्रति वर्ष किस प्रतिशत पर, धनराशि पर साधारण ब्याज 5 वर्षों में अपनी मूल राशि का $\frac{3}{4}$ होगा?

A. 5%   **B.** 7.5%   **C.** 10%   **D.** 15%

Q.27 यदि 2 साल में एक राशि 5,248.80 रूपये प्रति वर्ष 8% चक्रवृद्धि ब्याज की दर से हो जाती है, तो उस राशि का निवेश किस प्रकार किया गया था?

A. ₹ 4,860   **B.** ₹ 4,260   **C.** ₹ 4,650   **D.** ₹ 4,500

Q.28 साधारण ब्याज पर एक राशि 3 साल में 815 रुपए और 4 साल में 854 रुपए हो जाती है। राशि है:

A. 650 रुपए   **B.** 690 रुपए   **C.** 698 रुपए   **D.** 700 रुपए

Q.29 रीना ने 1200 रुपये का ऋण उतने वर्षों के लिए लिया जितनी ब्याज की दर है। यदि उसने ऋण अवधि के अंत में ब्याज के रूप में 432 रुपए चुकाए तो ब्याज की दर क्या थी?

A. 3.6   **B.** 6

C. 18   **D.** None of these

Q.30 5 वर्षों के लिए एक निश्चित ब्याज दर पर एक राशि पर प्राप्त साधारण ब्याज का 20 वर्षों के लिए समान ब्याज दर पर समान राशि पर प्राप्त साधारण ब्याज से अनुपात क्या है?

A. 2:1   **B.** 1:2   **C.** 4:1   **D.** 1:4

// स्मार्ट उत्तर पुस्तिका //

सही उत्तर — उन छात्रों का प्रतिशत जिन्होंने प्रश्नों का सही उत्तर दिया था।   **छोड़ दिया** — उन छात्रों का प्रतिशत जिन्होंने प्रश्नों को छोड़ दिया था।

प्रश्न संख्या	उत्तर	सही उत्तर / छोड़ दिया	प्रश्न संख्या	उत्तर	सही उत्तर / छोड़ दिया	प्रश्न संख्या	उत्तर	सही उत्तर / छोड़ दिया	प्रश्न संख्या	उत्तर	सही उत्तर / छोड़ दिया	प्रश्न संख्या	उत्तर	सही उत्तर / छोड़ दिया	प्रश्न संख्या	उत्तर	सही उत्तर / छोड़ दिया
1	D	80.38 % / 13.57 %	6	D	85.56 % / 13.51 %	11	C	78.98 % / 14.84 %	16	D	86.07 % / 13.7 %	21	A	89.63 % / 10.31 %	26	D	84.06 % / 15.53 %
2	C	77.72 % / 21.04 %	7	B	89.13 % / 10.06 %	12	B	87.92 % / 10.36 %	17	D	84.4 % / 15.24 %	22	A	88.15 % / 10.92 %	27	D	76.78 % / 21.98 %
3	A	76.81 % / 18.14 %	8	A	81.16 % / 17.95 %	13	D	87.2 % / 10.95 %	18	D	83.68 % / 13.28 %	23	C	81.75 % / 16.28 %	28	C	81.13 % / 16.07 %
4	B	83.86 % / 14.23 %	9	C	78.02 % / 16.8 %	14	C	83.7 % / 11.05 %	19	C	89.02 % / 10.33 %	24	A	87.62 % / 12.17 %	29	B	78.05 % / 19.85 %
5	D	82.01 % / 10.1 %	10	A	76.66 % / 11.32 %	15	D	85.09 % / 11.68 %	20	C	79.13 % / 10.35 %	25	B	88.08 % / 10.52 %	30	D	77.06 % / 14.1 %

//संकेत और समाधान//

1. दिया हुआ,

मूलधन $(P) = 8000$ रु

दर $(R) = 10\%$

ब्याज की गणना अर्धवार्षिक की जाती है। इसलिए, $R = \dfrac{10}{2} = 5\%$

समय $= 1.5$ वर्ष $= 3$ आधा वर्ष। तो, $n = 3$

जैसा कि हम जानते हैं,

$$\text{राशि } (A) = P \times \left(1 + \frac{R}{100}\right)^n$$

$$= 8000 \times \left(1 + \frac{5}{100}\right)^3$$

$$= 8000 \times \frac{21}{20} \times \frac{21}{20} \times \frac{21}{20}$$

$\therefore$ राशि $= 9261$ रु

चक्रवृद्धि ब्याज $=$ राशि - मूलधन

$\therefore$ चक्रवृद्धि ब्याज $= 9261 - 8000 = 1261$ रु

अत: विकल्प (D) सही है।

2. दिया है:

मूलधन $= 3000$ रुपये

मिश्रधन $= 3993$ रुपये

समय $= 3$ वर्ष

$$\text{मिश्रधन} = P\left(1 + \frac{R}{100}\right)^t$$

$$\text{चक्रवृद्धि ब्याज} = P\left(\left(1 + \frac{R}{100}\right)^t - 1\right)$$

$$\Rightarrow 3993 = 3000\left(1 + \frac{R}{100}\right)^3$$

$$\Rightarrow \left(1 + \frac{R}{100}\right)^3 = \frac{3993}{3000}$$

$$\Rightarrow \left(1 + \frac{R}{100}\right)^3 = \frac{1331}{1000}$$

$$\Rightarrow \left(1 + \frac{R}{100}\right) = \frac{11}{10}$$

$$\Rightarrow \frac{R}{100} = \frac{1}{10}$$

$$\Rightarrow R = 10\%$$

$\therefore$ ब्याज की वार्षिक दर 10% है।

अत: विकल्प (C) सही है।

3. माना की शुरुआत में मूलधन x है

5 वर्ष बाद यह $x \times 3 = 3x$ हो जाएगा

10 वर्ष बाद यह $3x \times 3 = 9x$ हो जाएगा

15 वर्ष बाद यह $9x \times 3 = 27x$ हो जाएगा

20 वर्ष बाद यह $27x \times 3 = 81x$ हो जाएगा

$\therefore$ जो कि x की शुरुआती राशि का 81 गुना है।

अत: विकल्प (A) सही है।

4. दिया है: ब्याज की दर $= 15\%$

समय अवधि $= 2$ वर्ष

2 वर्षों के लिए चक्रवृद्धि ब्याज और साधारण ब्याज के बीच अंतर $= 180$ रु.

चक्रवृद्धि ब्याज में प्रभावी प्रतिशत वृद्धि ज्ञात करने के लिए हम क्रमागत प्रतिशत विधि का उपयोग कर सकते हैं

साधारण ब्याज वर्षों की संख्या के अनुसार दर प्रतिशत का जोड़ है

साधारण ब्याज की गणना करने पर,

$$\text{ब्याज} = \frac{p \times r \times t}{100}$$

जहाँ p, r और t क्रमशः मूलधन, ब्याज की दर और समय है।

चक्रवृद्धि ब्याज की गणना करने पर,

$$\text{मिश्रधन } A = p\left(1 + \frac{r}{100}\right)^n$$

जहाँ p, r और n क्रमशः मूलधन, ब्याज की दर और समय है।

माना मूलधन $100x$ है।

साधारण ब्याज की गणना करने पर,

$$\text{ब्याज} = \frac{100x \times 15 \times 2}{100}$$

$$\Rightarrow \text{ब्याज} = 30x$$

चक्रवृद्धि ब्याज की गणना करने पर,

$$\text{चक्रवृद्धि ब्याज} = 100x\left(1 + \frac{15}{100}\right)^2 - 100x$$

$$\Rightarrow 132.25x - 100x$$

$$\Rightarrow \text{चक्रवृद्धि ब्याज} = 32.25x$$

प्रश्न के अनुसार,

$$32.25x - 30x = 180 \text{ रु.}$$

$$\Rightarrow 2.25x = 180 \text{ रु.}$$

$$\Rightarrow x = 80$$

$$\Rightarrow 100x = 80 \times 100 = 8000 \text{ रु.}$$

अभीष्ट मूलधन 8000 रु.

अत: विकल्प (B) सही है।

5. दिया है:

मूलधन $= 8000$ रुपये

2 वर्षों बाद मिश्रधन $= 8820$ रुपये

जैसा कि, ब्याज 2 वर्षों के लिए वार्षिक रूप से संयोजित होता है, ब्याज दर ज्ञात करने के लिए हमें मूलधन और मिश्रधन दोनों का वर्गमूल कर उनकी तुलना करनी होगी।

मिश्रधन = मूलधन (1 + दर /100)^{समय}

माना कि, ब्याज दर r% है।

तदनुसार,

$$8000 \times \left(1 + \frac{r}{100}\right)^2 = 8820$$

$$\Rightarrow \frac{8820}{8000} = \left(1 + \frac{r}{100}\right)^2$$

$$\Rightarrow \frac{441}{400} = \left(1 + \frac{r}{100}\right)^2$$

$$\Rightarrow \frac{21}{20} = 1 + \frac{r}{100}$$

$$\Rightarrow \frac{r}{100} = \frac{1}{20}$$

$$\Rightarrow r = 5$$

∴ ब्याज की दर 5% वार्षिक है।

अत: विकल्प (D) सही है।

6. यह दिया गया है कि, मूलधन (P) = 500 रुपए

समय (t) = 1 वर्ष

मासिक ब्याज की दर (R) = 1%, इसलिए वार्षिक दर 12 × 1 = 12% होगी

∵ साधारण ब्याज = (मूलधन × दर × समय) ÷ 100

∴ साधारण ब्याज = (500 × 12 × 1) ÷ 100

साधारण ब्याज = 60 रुपए

इसलिए, 1% मासिक ब्याज की दर पर 500 रुपए पर एक वर्ष का साधारण ब्याज 60 रुपए होगा।

अत: विकल्प (D) सही है।

7. चक्रवृद्धि ब्याज का सूत्र:

$$\Rightarrow CI = \left[P\left\{\left(1 + \frac{R}{100}\right)^T - 1\right\}\right]$$

यहां, CI = चक्रवृद्धि ब्याज, P = मूलधन, R = ब्याज दर, T = समय

$$CI = \left[6000\left\{\left(1 + \frac{4}{100}\right)^2 - 1\right\}\right]$$

$$\Rightarrow CI = [6000\{(1.04)^2 - 1\}]$$

$$\Rightarrow CI = 6000 \times (1.0816 - 1)$$

$$\Rightarrow CI = 6000 \times 0.0816$$

$$\Rightarrow CI = 489.6 \text{ रु}$$

साधारण ब्याज का सूत्र:

$$SI = \frac{P \times R \times T}{100}$$

$$\Rightarrow SI = \frac{6000 \times 4 \times 2}{100} = \frac{48000}{100}$$

$$\Rightarrow SI = 480 \text{ रु}$$

अंतर = 489.6 रु - 480 रु

= 9.6 रु

अतः विकल्प (B) सही है।

8. 5 वर्ष और 2 वर्ष के बाद हमें प्राप्त होने वाली राशियों के बीच का अंतर = 5200 – 4480 = 720 रुपए

यह अंतर 3 वर्ष में हमें प्राप्त साधारण ब्याज के बराबर है।

∴ 1 वर्ष में साधारण ब्याज = $\frac{720}{3}$ = 240 रुपए

⇒ 2 वर्ष में साधारण ब्याज = 480 रुपए

⇒ वास्तविक राशि = 4480 – 480 = 4000 रुपए

अतः विकल्प (A) सही है।

9. माना कि साधारण ब्याज की दर R, मूलधन P और समय T है।

दिया है:

$$T = 15 \text{ वर्ष}$$

चूँकि राशि दोगुनी हो जाती है।

∴ मूलधन पर अर्जित साधारण ब्याज मूलधन के बराबर है।

हम जानते हैं कि,

साधारण ब्याज = $\frac{PRT}{100}$

$$\Rightarrow P = \frac{(P \times R \times 15)}{100}$$

$$\Rightarrow R = 6\frac{2}{3}\%$$

अतः विकल्प (C) सही है।

10. दिया गया है,

5 वर्षों में साधारण ब्याज $(S.I.) = 4016.25$ रुपये

मूलधन $= P$, दर $(R) = 9$ समय $(T) = 5$

जैसा कि हम जानते हैं,

$$P = \frac{S.I. \times 100}{R \times T}$$

इसलिए, मान रखने पर, हम प्राप्त करते हैं

$$P = \frac{4016.25 \times 100}{9 \times 5}$$

$$= 8925 \text{ रुपये}$$

अत: विकल्प (A) सही है।

11. दिया गया है,

मूलधन $(P) = 7000$, दर $(R) = \frac{50}{3}$, समय $(T) = 9$ महीने $= \frac{9}{12}$ वर्ष

जैसा कि हम जानते हैं,

साधारण ब्याज $= \frac{P \times R \times T}{100}$

$$= \frac{7000 \times 50 \times 9}{3 \times 12 \times 100}$$

$$= 875 \text{ रुपये}$$

अत: विकल्प (C) सही है।

12. दिया गया है,

राशि $(A) = 450$ रु

मूलधन $(P) = 415$ रु

जैसा कि हम जानते हैं,

$A = I + P$ जहां $I = $ ब्याज

$I = A - P = 450 - 415 = 35$ रु

अत: विकल्प (B) सही है।

13. माना कि राशि $100x$ रु है।

15% की वार्षिक दर पर 2 वर्ष में साधारण ब्याज $= 2 \times (100x$ का $15\%) = 30x$ रु.

तो, प्रश्नानुसार,

$30x = 1800$

$\Rightarrow x = 60$

इसलिए, राशि $= 100x$ रु $= (100 \times 60)$ रु $= 6000$ रु

अतः विकल्प (D) सही है।

14. माना कि कुल राशि $100x$ रु है।

2 वर्षों के लिए 10% प्रति वर्ष पर साधारण ब्याज $= 2 \times (100x$ का $10\%) = 20x$ रु

2 वर्षों के लिए प्रति वर्ष 10% पर चक्रवृद्धि ब्याज की राशि $= 100x \times \left(\frac{110}{100}\right) \times \left(\frac{110}{100}\right) = 121x$ रु

चक्रवृद्धि ब्याज $= (121x - 100x)$ रु $= 21x$ रु

चक्रवृद्धि ब्याज और साधारण ब्याज के बीच अंतर $= (21x - 20x)$ रु $= 1x$ रु

यह दिया गया है कि, $x=12$ रु

इसलिए, आवश्यक राशि $= 100x$ रु $= (100 \times 12)$ रु $= 1200$ रु

अतः विकल्प (C) सही है।

15. दिया है,

मूलधन, P $= 7790$ रुपये

दर, R $= 10\%$

समय, T $= 2$ साल

चक्रवृद्धि ब्याज $= P\left[\left(1 + \frac{R}{100}\right)^{T} - 1\right]$

$= 7790\left[\left(1 + \frac{10}{100}\right)^{2} - 1\right]$

$= 7790\left(\frac{121}{100} - 1\right)$

$= \frac{7790 \times 21}{100}$

$= 1635.9$ रुपये

अत: विकल्प (D) सही है।

16. दिया है,

मूलधन, P $= 16,500$ रुपये

समय, T $= 4$ वर्ष

दर, R $= 16\%$

साधारण ब्याज $= ($मूलधन $\times$ समय $\times$ दर$) \: / \: 100$

$= \frac{16500 \times 4 \times 16}{100}$

$= 10,560$ रुपये

अत: विकल्प (D) सही है।

17. दिया है,

साधारण ब्याज, $= 4819.50$ रुपये

समय, $t = 6$ वर्ष

दर, $r = 9$ प्रति वर्ष

माना, मूलधन $= P$

हम जानते हैं कि,

साधारण ब्याज $= $ मूलधन $\times$ समय $\times$ दर $\: / \: 100$

$\therefore 4819.50 = $ मूलधन $\times$ समय $\times$ दर $\: / \: 100$

$\Rightarrow 481950 = $ मूलधन $\times 9 \times 6$

$\Rightarrow$ मूलधन $= 8925$ रुपये

अत: विकल्प (D) सही है।

18. तीन वर्ष के बाद राशि $= 2662$ रुपये

दो वर्ष बाद राशि $= 2420$ रुपये

तीसरे वर्ष में शुद्ध ब्याज अर्जित किया गया $= 2662 - 2420$

$= 242$ रुपये

ब्याज दर (r) $= \frac{242}{2420} \times 100 = 10\%$ $\quad (\because$ दूसरे वर्ष की राशि तीसरे वर्ष के लिए मूलधन है$)$

अतः विकल्प (D) सही है।

19. दिया गया है,

मूलधन $(P) = $ रुपए 600

दर $(R) = 6\%$

समय $(T) = 4$ वर्ष

जैसा कि हम जानते हैं,

मिश्रधन $= $ मूलधन $+$ साधारण ब्याज

साधारण ब्याज $= \frac{P \times R \times T}{100}$

$\therefore$ साधारण ब्याज $= \frac{600 \times 6 \times 4}{100} = 144$

मिश्रधन $= 600 + 144 =$ रुपए 744

इसलिए, श्रीमती रेवती कर्ज को चुकाने के लिए 744 रुपए की धनराशि का भुगतान करेंगी।

अतः विकल्प (C) सही है।

20. दिया गया है,

मूलधन $(P) =$ रुपये 500

दर $(R) = 5\%$ प्रतिवर्ष

समय $(T) = 4$ वर्ष

जैसा कि हम जानते हैं,

राशि $=$ मूलधन $+$ साधारण ब्याज

साधारण ब्याज $= \frac{(P \times R \times T)}{100}$

$\therefore$ साधारण ब्याज $= \frac{(500 \times 5 \times 4)}{100} =$ रुपये 100

राशि $=$ मूलधन $+$ साधारण ब्याज

राशि $=$ रुपये $(500 + 100) =$ रुपये 600

अतः विकल्प (C) सही है।

21. दिया है-

मूलधन $(P = 3000$ रुपये$)$

दर $R = \frac{25}{4}\%$ प्रति वर्ष

समय $T = 4th$ फरवरी, 2005 to 18 th अप्रैल , 2005

दिनों की संख्या $= (24 + 31 + 18) = 73$

$T = \frac{73}{365} = \frac{1}{5}$ वर्ष

सूत्र के अनुसार-

$SI = \frac{P \times R \times T}{100}$ जहा SI साधारण ब्याज है

$\Rightarrow SI = \frac{3000 \times \frac{25}{4} \times \frac{1}{5}}{100}$

$\Rightarrow SI = 37.50$ रुपये

अतः विकल्प (A) सही है।

22. दिया है:

साधारण ब्याज (S.I) $= 400$

मूलधन, $P = 4000$

ब्याज की दर, $R = 6\%$

हम जानते हैं कि:

$S.I = \frac{(P \times R \times T)}{100}$

समयावधि, $T = \frac{(100 \times S.I)}{(P \times R)}$

$\Rightarrow T = \frac{(100 \times 400)}{(4000 \times 6)}$

$\Rightarrow \frac{10}{6}$ वर्ष

$\Rightarrow T = \left(\frac{10}{6}\right) \times 12$ महीने

$\therefore$ समयावधि $= 20$ महीने.

अतः विकल्प (A) सही है।

23. दिया हुआ,

राशि 3 वर्षों में 690 रुपए है।

राशि 5 वर्षों में 750 रुपए है।

यदि 3 वर्ष की राशि को 5 वर्ष की राशि से घटाया जाता है, तो 2 वर्ष का साधारण ब्याज प्राप्त होगा।

2 वर्षों का साधारण ब्याज $= 750 - 690 = 60$ रुपए

1 वर्ष का साधारग ब्याज $= \frac{60}{2} = 30$ रुपए

3 वर्षों का साधारण ब्याज $= 30 \times 3 = 90$ रुपए

मूलधन $=$ 3 वर्षों की राशि - 3 वर्षों के लिए साधारण ब्याज

मूलधन $= 690 - 90 = 600$

अत: विकल्प (C) सही है।

24. माना धन का योग P है।

$\therefore$ राशि $A = 3P$

साधारण ब्याज $= A - P = 3P - P = 2P$

ब्याज की दर $= 8\%$

माना समय T वर्ष है।

जैसा कि हम जानते हैं,

साधारण ब्याज $= \frac{P \times R \times T}{100}$

$\therefore 2P = \frac{P \times 8 \times T}{100}$

$\Rightarrow 2P = \frac{8PT}{100}$

$\Rightarrow \frac{2P \times 100}{8P} = T$

$\therefore T = 25$

$\therefore$ 25 वर्ष बाद ुल राशि 8% वार्षिक साधारण ब्याज दर से तीन गुना हो जाएगी।

अत: विकल्प (A) सही है।

25. दिया हुआ,

मूलधन $(P) = 1725$ रुपये

समय $(T) = 4$ वर्ष

साधारण ब्याज $= 897$ रुपये

माना R ब्याज की दर है।

जैसा कि हम जानते हैं,

साधारण ब्याज $= \dfrac{P \times R \times T}{100}$

$\Rightarrow 897 = \dfrac{1725 \times R \times 4}{100}$

$\Rightarrow \dfrac{897 \times 100}{1725 \times 4} = R$

$\Rightarrow \dfrac{89700}{6900} = R$

$\therefore R = 13\%$

तो, ब्याज दर 13% है।

अत: विकल्प (B) सही है।

26. माना ब्याज की अभीष्ट दर R है।

माना मूलधन P है।

तब ब्याज की दर $= \dfrac{3P}{4}$

समय $= 5$ वर्ष

साधारणब्याज $= \dfrac{P \times R \times T}{100}$

$\Rightarrow \dfrac{3P}{4} = \dfrac{P \times R \times 5}{100}$

$\Rightarrow R = \dfrac{300}{4 \times 5} = 15\%$

अत: विकल्प (D) सही है।

27. माना P रूपये निवेश की राशि हो

$\Rightarrow 5{,}248.80 = P\left(1 + \dfrac{8}{100}\right)^{2}$

$\Rightarrow 5{,}248.80 = P \times 1.08 \times 1.08$

$\Rightarrow P = \dfrac{5248.80}{1.08 \times 1.08} = 4{,}500$

निवेश की गयी राशि $= 4{,}500$ रुपये

अत: विकल्प (D) सही है।

28. 1 वर्ष के लिए साधारण ब्याज = (854 - 815) रुपए = 39 रुपए

3 साल के लिए साधारण ब्याज = (39 x 3) रुपए = 117 रुपए

मूलधन = (815 - 117) = 698 रुपए

अत: विकल्प (C) सही है।

29. मान लीजिए दर $= R\%$ और समय $= R$ वर्ष

फिर, $\left(\dfrac{1200 \times R \times R}{100}\right) = 432$

$\Rightarrow 12R^{2} = 432$

$\Rightarrow R^{2} = 36$

$\Rightarrow R = 6$

अत: विकल्प (B) सही है।

30. माना कि राशि $P = Rs \cdot A$ रुपये है।

माना कि ब्याज दर $R = r\%$ है।

स्थिति 1:

समय $T_1 = 5$ वर्ष

साधारण ब्याज $SI_1 = \dfrac{A \times r \times 5}{100}$

$\Rightarrow SI_1 = r$ रुपये $\cdot \dfrac{Ar}{20}$

स्थिति 2:

समय $T_2 = 20$ वर्ष

साधारण ब्याज $SI_2 = \dfrac{A \times r \times 20}{100}$

$\Rightarrow SI_2 = r$ रुपये $\cdot \dfrac{Ar}{5}$

आवश्यक अनुपात $= SI_1 : SI_2$

$= \dfrac{Ar}{20} : \dfrac{Ar}{5}$

$= 1 : 4$

अत: विकल्प (D) सही है।

Q.1 ENGINEERING शब्द के अक्षरों को कितने अलग-अलग तरीकों से व्यवस्थित किया जा सकता है?

A. 277200 **B.** 92400 **C.** 69300 **D.** 23100

Q.2 5 लड़कियों और 3 लड़कों को एक पंक्ति में कितने प्रकार से बैठा सकते हैं, जब कि कोई भी दो लड़के एक साथ नहीं बैठते हैं?

A. 14400 **B.** 12400 **C.** 14200 **D.** 15400

Q.3 एक लंबी मेज की दोनों भुजाओं पर प्रत्येक ओर आठ कुर्सियों के साथ 16 लोगों के लिए एक चाय पार्टी का आयोजन किया जाता है। चार विशेष पुरुष एक तरफ बैठना चाहते हैं और दो विशेष पुरुष दूसरी तरफ बैठते हैं। उनके बैठने के तरीकों की कितनी संख्या हो सकती है?

A. $\dfrac{6!8!10!}{4!6!}$ **B.** $\dfrac{8!8!10!}{4!6!}$
C. $\dfrac{8!8!6!}{6!4!}$ **D.** इनमें से कोई नहीं

Q.4 यदि $^9P_5 + 5 \cdot {}^9P_4 = {}^{10}P_r$ तो r का मान क्या है?

A. 2 **B.** 3 **C.** 5 **D.** 7

Q.5 यदि $\dfrac{56}{54}P_{r+3} = 30800 : 1$, है तो r का मान ज्ञात कीजिए।

A. 40 **B.** 41 **C.** 42 **D.** 43

Q.6 15 छात्रों के एक समूह में 6 लड़कियां और 9 लड़कें हैं। प्रत्येक दिन एक छात्र समूह छोड़ता है। चार दिन बाद समूह में 8 लड़कों के होने की प्रायिकता क्या है?

A. $\dfrac{12}{91}$ **B.** $\dfrac{13}{91}$ **C.** $\dfrac{15}{91}$ **D.** $\dfrac{18}{91}$

Q.7 नरेश के 10 दोस्त हैं, और वह उनमें से 6 को एक पार्टी में आमंत्रित करना चाहता है। 3 विशेष मित्र पार्टी में कितनी बार शामिल नहीं होंगे?

A. 8 **B.** 7 **C.** 720 **D.** 35

Q.8 यदि आपके पास 6 नए वर्ष के ग्रीटिंग कार्ड हैं और आप उन्हें अपने 4 दोस्तों को भेजना चाहते हैं, तो इसे कितने तरीकों से भेजा जा सकता है?

A. 360 **B.** 420
C. 630 **D.** इनमें से कोई नहीं

Q.9 4 लड़कियों और 5 लड़कों को कितने तरीकों से एक पंक्ति में व्यवस्थित किया जा सकता है ताकि सभी चार लड़कियां एक साथ हों?

A. 18000 **B.** 17280 **C.** 17829 **D.** 18270

Q.10 यदि KUBER शब्द के अक्षर सभी संभावित आदेशों में लिखे गए हैं और एक शब्दकोश के रूप में व्यवस्थित हैं, तो KUBER शब्द की रैंक क्या होगी:

A. 67 **B.** 68 **C.** 65 **D.** 69

Q.11 यदि $(n + 2)! = 60 \times (n - 1)!$ है, तो n का मान ज्ञात कीजिए।

A. 3 **B.** 5 **C.** 4 **D.** 6

Q.12 शब्द BOOKLET के अक्षरों को ऐसे कितने विभिन्न तरीकों से व्यवस्थित किया जा सकता है कि B और T हमेशा साथ-साथ आए?

A. 360 **B.** 720 **C.** 480 **D.** 5040

Q.13 एक समूह में 40 लोग हैं। यदि सभी एक-दूसरे से हाथ मिलाते हैं, तो कितने बार हाथ मिलाना संभव हैं?

A. 880 **B.** 390 **C.** 800 **D.** 780

Q.14 शब्द 'TABLE' के अक्षरों को कितने तरीकों से व्यवस्थित किया जा सकता है कि स्वर कभी एक साथ न हों?

A. 84 **B.** 72 **C.** 120 **D.** 48

Q.15 "BANANA" शब्द के अक्षरों की व्यवस्था की संख्या जिसमें दो N आसन्न रूप से प्रकट नहीं होते हैं:

A. 40 **B.** 60 **C.** 80 **D.** 100

Q.16 100 और 1000 के बीच, अंको 5,6,7,8,9, से कितनी संख्याएं बन सकती हैं, यदि अंकों की पुनरावृत्ति नहीं की जाये?

A. 3^5 **B.** 5^3 **C.** 120 **D.** 60

Q.17 हम 10 में से 6 लोगों को कितने तरीकों से चुन सकते हैं, जिनमें से एक विशेष व्यक्ति शामिल नहीं है?

A. $^{10}C_3$ **B.** $^9C_5$ **C.** $^9C_6$ **D.** $^9C_4$

Q.18 ALLAHABAD शब्द के अक्षरों को कितने अलग-अलग तरीकों से व्यवस्थित किया जा सकता है?

A. 3780 **B.** 1890 **C.** 7560 **D.** 2520

Q.19 एक बिजनेस कांफ्रेंस के अंत में उपस्थित 10 लोगों में सभी ने आपस में एक बार हाथ मिलाया। कुल मिलाकर कितनी बार हाथ गए?

[Haryana Police Constable Commando Wing, 2021], [Intelligence Bureau Security Assistant, 2017]

A. 22 **B.** 45 **C.** 31 **D.** 81

Q.20 कितने भिन्न तरीकों से 'RUMOUR' शब्द के अक्षरों को व्यवस्थित किया जा सकता है?

[Haryana Police Constable Commando Wing, 2021]

A. 260 **B.** 121 **C.** 160 **D.** 180

Q.21 एक समूह में 30 लोग हैं। यदि सभी एक-दूसरे से हाथ मिलाते हैं, तो कितने हैंडशेक संभव हैं?

A. 400 **B.** 435 **C.** 135 **D.** 121

Q.22 शतरंज के बोर्ड पर आपको जितने आयत मिल सकते हैं, वे हैं:

A. 1376 **B.** 1236 **C.** 1296 **D.** 372

Q.23 INDIA शब्द के अक्षरों के विभिन्न क्रमसंचय की संख्या ज्ञात कीजिए।

A. 144 **B.** 36 **C.** 50 **D.** 60

Q.24 8 खिलाड़ियों से 5 खिलाड़ियों वाले एक टीम का चयन कितने तरीकों में किया जा सकता है जिससे कोई एक विशिष्ट खिलाड़ी को टीम में शामिल नहीं किया जाये?

[UPSC NDA, 2021]

A. 31 **B.** 42 **C.** 21 **D.** 20

Q.25 यदि $^nC_{15} = {}^nC_8$ तो n का मान ज्ञात करें।

A. 24 **B.** 23 **C.** 21 **D.** 20

Q.26 उन शब्दों की संख्या ज्ञात कीजिए जिन्हें शब्द COLOR के अक्षरों से बनाया जा सकता है?

A. 120 **B.** 150 **C.** 160 **D.** 360

Q.27 शब्द 'MUNCH' के अक्षरों से 4 अक्षरों के कितने अलग-अलग शब्द बनाए जा सकते हैं, जब U और N को हमेशा शामिल किया जाता है?

A. 72   **B.** 62   **C.** 15   **D.** 41

Q.28 APPLE शब्द के अक्षरों के कितने क्रमचय हैं?

A. 80   **B.** 120   **C.** 121   **D.** 60

Q.29 'DELHI' शब्द के सभी अक्षरों का उपयोग करके अर्थ के साथ या बिना अर्थ के साथ, प्रत्येक अक्षर का एक बार उपयोग करते हुए कितने शब्दों का निर्माण किया जा सकता है?

A. 50   **B.** 60   **C.** 256   **D.** 120

Q.30 निम्नलिखित को हल करें।

$$^{30}P_2$$

A. 220   **B.** 256   **C.** 870   **D.** 450

// स्मार्ट उत्तर पुस्तिका //

सही उत्तर — उन छात्रों का प्रतिशत जिन्होंने प्रश्नों का सही उत्तर दिया था।　　छोड़ दिया — उन छात्रों का प्रतिशत जिन्होंने प्रश्नों को छोड़ दिया था।

प्रश्न संख्या	उत्तर	सही उत्तर / छोड़ दिया	प्रश्न संख्या	उत्तर	सही उत्तर / छोड़ दिया	प्रश्न संख्या	उत्तर	सही उत्तर / छोड़ दिया	प्रश्न संख्या	उत्तर	सही उत्तर / छोड़ दिया	प्रश्न संख्या	उत्तर	सही उत्तर / छोड़ दिया	प्रश्न संख्या	उत्तर	सही उत्तर / छोड़ दिया
1	A	79.83 % / 16.1 %	6	A	78.35 % / 10.6 %	11	A	78.65 % / 14.37 %	16	D	79.28 % / 11.04 %	21	B	87.09 % / 12.18 %	26	D	80.98 % / 13.71 %
2	A	89.35 % / 10.56 %	7	B	83.64 % / 14.29 %	12	B	79.22 % / 16.69 %	17	C	89.37 % / 10.26 %	22	B	80.26 % / 18.94 %	27	A	82.59 % / 15.67 %
3	B	82.99 % / 12.38 %	8	A	84.95 % / 14.38 %	13	D	84.87 % / 13.28 %	18	C	83.41 % / 14.81 %	23	D	83.18 % / 11.45 %	28	D	80.86 % / 12.35 %
4	C	81.79 % / 18.16 %	9	B	84.71 % / 14.02 %	14	B	79.75 % / 16.42 %	19	B	79.35 % / 11.16 %	24	C	82.86 % / 15.35 %	29	D	88.75 % / 10.78 %
5	B	79.08 % / 13.47 %	10	A	67.2 % / 30.15 %	15	A	85.61 % / 10.07 %	20	D	89.18 % / 10.81 %	25	B	86.93 % / 12.13 %	30	C	76.79 % / 18.51 %

//संकेत और समाधान//

1. दिए गए शब्द में 11 अक्षर हैं, अर्थात् 3 E, 3 N, 2 G, 2 I और 1 R.

तो, आवश्यक तरीके $= \dfrac{11!}{3!3!2!2!1!}$

$= \dfrac{11 \times 10 \times 9 \times 8 \times 7 \times 6 \times 5 \times 4 \times 3 \times 2 \times 1}{6 \times 6 \times 2 \times 2 \times 1}$

$= (11 \times 10 \times 9 \times 8 \times 7 \times 5)$

$= 277200$

अत: विकल्प (A) सही है।

2. हल हम पहले 5 लड़कियों को बैठा देते हैं। इसे $5!$ प्रकार से कर सकते हैं। इस प्रकार के प्रत्येक विन्यास में, तीन लड़कों को केवल गुणा से चिहित स्थानों पर बैठाया जा सकता है।

$\times\, G \times G \times G \times G \times G \times$

गुणा से चिहित 6 स्थानों पर 3 लड़को को $^6P_3$ तरीकों से बैठाया जा सकता है।

इस प्रकार, गुणन सिद्धांत से, इन तरीकों की कुल संख्या,

$= 5! \times {}^6P_3 = 5! \times \dfrac{6!}{3!}$ $\left[\because\ {}^nC_r = \dfrac{n!}{r(n-r)!}\ \text{का उपयोग करने पर}\ \right]$

$= 4 \times 5 \times 2 \times 3 \times 4 \times 5 \times 6 = 14400$

अतः विकल्प (A) सही है।

3. मेज के प्रत्येक तरफ 8 कुर्सी हैं।

मान लीजिये की पक्षों को A और B द्वारा दर्शाया गया हैं।

चार व्यक्तियों को A की तरफ बैठने दें, फिर 4 व्यक्तियों को 8 कुर्सियों पर व्यवस्थित करने के तरीकों की संख्या $A = {}^8P_4$ हैं।

और दो व्यक्ति B की तरफ बैठते हैं।

$B = {}^8P_2$ पर 8 कुर्सियों पर 2 व्यक्तियों की व्यवस्था के तरीकों की संख्या हैं।

शेष 10 व्यक्तियों को शेष 10 कुर्सियों में 10! तरीकों से व्यवस्थित किया जा सकता है।

इसलिए, व्यक्तियों को व्यवस्थित करने के तरीकों की कुल संख्या
${}^8P_4 \times {}^8P_2 \times 10! = \dfrac{8!8!10!}{4!6!}$ है।

अत: विकल्प (B) सही है।

4. दिया गया,

$^9P_5 + 5 \cdot {}^9P_4 = {}^{10}P_r$

$^nP_r = \dfrac{n!}{(n-r)!}$

$^9P_5 + 5 \cdot {}^9P_4 = {}^{10}P_r$

$\dfrac{9!}{4!} + 5 \cdot \dfrac{9!}{5!} = \dfrac{10 \times 9!}{(10-r)!}$

$\Rightarrow \dfrac{2}{4!} = \dfrac{10}{(10-r)!}$

$(10-r)! = 5!$

$\Rightarrow r = 5$

अत: विकल्प (C) सही है।

5. दिया हुआ,

$\dfrac{{}^{56}_{54}P_{r+6}}{{}^{56}_{54}P_{r+3}} = 30800$

$\Rightarrow \dfrac{\frac{56!}{(56-r-6)!}}{\frac{54!}{(54-r-3)!}} = 30800$

$\Rightarrow \dfrac{56 \times 55 \times 54!}{(56-r-6)!} \times \dfrac{(54-r-3)!}{54!} = 30800$

$\Rightarrow \dfrac{(51-r)!}{(50-r)!} = \dfrac{30800}{56 \times 55}$

$\Rightarrow 51 - r = 10$

$\therefore r = 41$

अत: विकल्प (B) सही है।

6. 4 दिनों में 4 छात्र समूह छोड़ते हैं लेकिन अभी भी समूह में 8 लडकें हैं।

इसका मतलब 1 लड़के और 3 लड़कियों ने समूह छोड़ा है।

लड़का या लड़कियां चारों दिनों में किसी भी दिन समूह छोड़ सकते हैं।

अभीष्ट प्रायिकता $P(E) = \dfrac{{}^9C_1 \times {}^6C_3}{{}^{15}C_4} = \dfrac{12}{91}$

अत: विकल्प (A) सही है।

7. दिया है कि, नरेश के 10 दोस्त हैं, और वह उनमें से 6 को एक पार्टी में आमंत्रित करना चाहता है।

3 विशेष मित्रों को निकालें और शेष $= 10 - 3 = 7$ मित्रों से 6 मित्रों को आमंत्रित करें।

इसे $^7C_6$ तरीकों से किया जा सकता है।

इसलिए, आवश्यक तरीकों की संख्या $= {}^7C_6$

$\Rightarrow$ आवश्यक तरीकों की संख्या,

$= {}^nC_r = \dfrac{n!}{r!(n-r)!}$

$= \dfrac{7!}{(7-6)!6!}$

$\Rightarrow$ तरीकों की आवश्यक संख्या $= 7$

अत: विकल्प (B) सही है।

8. प्रश्नानुसार, हमारे पास नए वर्ष के 6 ग्रीटिंग कार्ड हैं जिसे 4 दोस्तों को भेजा जाना है।

$\Rightarrow n = 6$ और $r = 4$

$\therefore$ 4 दोस्तों को नए वर्ष के 6 कार्डो को भेजने के तरीकों की संख्या निम्न दी गयी है: ${}^nP_r = \dfrac{n!}{(n-r)!}$

$\Rightarrow {}^6P_4 = \dfrac{6!}{2!}$

$= 360$

अतः विकल्प (A) सही है।

9. दिया है,

4 लड़कियां और 5 लड़के

मान लीजिए कि 4 लड़कियां एक यूनिट हैं तो अब कुल 6 यूनिट होंगी

वे सभी 6! तरीके से व्यवस्थित किये जा सकते हैं।

इनमें से प्रत्येक व्यवस्था में, 4 लड़कियों को 4! तरीके से व्यवस्थित किया जा सकता है कुल व्यवस्थाएं जिसमें लड़कियां हमेशा साथ होती हैं।

$= 6! \times 4! = 720 \times 24 = 17280$

$[\because 6! = 6 \times 5 \times 4 \times 3 \times 2 \times 1$

और $4! = 4 \times 3 \times 2 \times 1]$

अतः विकल्प (B) सही है।

10. B $= 4! = 24$ से शुरू होने वाले कुल शब्द

E $= 4! = 24$ से शुरू होने वाले कुल शब्द

KB $= 3! = 6$ से शुरू होने वाले कुल शब्द

KE $= 3! = 6$ से शुरू होने वाले कुल शब्द

KR $= 3! = 6$ से शुरू होने वाले कुल शब्द

यदि प्रारंभिक शब्द कुबेर होगा, तो कुबेर का पद, $= 24 + 24 + 18 + 1$

$= 67$

अतः विकल्प (A) सही है।

11. यहाँ, हमें n का मान इस प्रकार ज्ञात करना है जिससे $(n + 2)! = 60 \times (n - 1)!$ हो।

चूँकि हम जानते हैं कि, $n! = n \times (n - 1) \times \ldots \ldots \times 1$

$\Rightarrow (n + 2) \times (n + 1) \times n \times (n - 1)! = 60 \times (n - 1)!$

$\Rightarrow (n + 2) \times (n + 1) \times n = 60$

$\Rightarrow (n + 2) \times (n + 1) \times n = 5 \times 4 \times 3$

$\Rightarrow (n + 2) \times (n + 1) \times n = (3 + 2) \times (3 + 1) \times n$

$\Rightarrow n = 3$

अतः विकल्प (A) सही है।

12. B और T को एक ही अक्षर मानते हैं। फिर शेष अक्षर $(5 + 1 = 6)$, 6! तरीकों से व्यवस्थित किया जा सकता है।

चूंकि, O दो बार दोहराया जाता है, हमें 2 से विभाजित करना होगा और B और T अक्षरों को विभाजित करके 2! तरीकों से व्यवस्थित किया जा सकता है।

कुल तरीकों की संख्या

$= \dfrac{6! \times 2!}{2} = 720$

अतः विकल्प (B) सही है।

13. दिया है:

लोगों की संख्या = 40

हम जानते हैं कि,

${}^nC_r = \dfrac{n!}{(r!(n-r)!)}$

$n = 40$

$r = 2$

${}^{40}C_2 = \dfrac{40!}{(2!(40-2)!)}$

$= \dfrac{(40 \times 39)}{2}$

$\Rightarrow 780$

अतः विकल्प (D) सही है।

14. दिया हुआ शब्द TABLE है

इसमें 2 स्वर A और E हैं।

यह दिया गया है कि स्वर एक साथ नहीं होने चाहिए।

इसलिए, हमें उन शब्दों की संख्या को घटाना होगा जिनमें स्वर संभावित शब्दों की कुल संख्या से एक साथ हैं।

संभव शब्दों की कुल संख्या = 5! = 120

शब्दों की संख्या जिसमें स्वर एक साथ हैं (2 स्वर एक अक्षर के रूप में माने जाएंगे)

$\Rightarrow 4! \times 2! = 48$

$\therefore$ आवश्यक तरीकों की संख्या = 120 – 48 = 72

अतः विकल्प (B) सही है।

15. क्रमपरिवर्तन की कुल संख्या $\dfrac{6!}{3!2!}$ A और N के दोहराव के कारण होगी।

अब दो N को एक साथ लेते हुए,

NNBAAA $\ldots \ldots$ NN एक ब्लॉक लेकर

$3A$ की पुनरावृत्ति के कारण हमें $\dfrac{5!}{3!}$ मिलता है।

तो, आवश्यक क्रमचय होगा-

$= \dfrac{6!}{3!2!} - \dfrac{5!}{3!}$

$= 60 - 20$

$= 40$

अतः विकल्प (A) सही है।

16. 100 और 1000 के बीच की 3 अंकों की संख्या है।

और हर अंक के 5 विकल्प (1,2,3,4,5) में से होंगे जिससे एक संख्या बनेगी।

लेकिन पुनरावृत्ति की अनुमति नहीं है।

इतनी संख्या $= {}^5P_3$

$$= \frac{5!}{(5-3)!}$$

$$= \frac{5!}{2!}$$

$${}^5P_3 = 60$$

अतः विकल्प (D) सही है।

17. एक विशेष व्यक्ति को शामिल नहीं किया गया है,

हमें 9 में से 6 व्यक्तियों का चयन करना है जो ${}^9C_6$ तरीकों से किया जा सकता है।

अतः विकल्प (C) सही है।

18. दिए गए शब्द में 9 अक्षर हैं, क्रमशः $4A, 2L, 1H, 1B$ और $1D$.

$\therefore$ अभीष्ट तरीकों की संख्या $= \dfrac{9!}{4!2!1!1!1!}$

$$= \frac{9 \times 8 \times 7 \times 6 \times 5 \times 4 \times 3 \times 2 \times 1}{4 \times 3 \times 2 \times 1 \times 2}$$

$$= 7560$$

अतः विकल्प (C) सही है।

19. दिया गया है:

कॉन्फ्रेंस में लोगों की संख्या $= 10$

प्रत्येक व्यक्ति दूसरों से हाथ मिलाता है।

जब n लोग एक-दूसरे से हाथ मिलाते हैं, तो हाथ मिलाने की कुल संख्या $= {}^nC_2$

हैंडशेक की कुल संख्या $= {}^{10}C_2 = \dfrac{(10 \times 9)}{2} = 45$ हैंडशेक

अतः विकल्प (B) सही है।

20. शब्द "RUMOUR" में दोहराव वाले R और U हैं।

इसलिए, व्यवस्थाओं की संख्या $= \dfrac{6!}{2! \times 2!}$

$$= \frac{6 \times 5 \times 4 \times 3 \times 2 \times 1}{2 \times 1 \times 2 \times 1}$$

$$= 180$$

अतः विकल्प (D) सही है।

21. वहाँ 30 लोग हैं।

एक हैंडशेक को लोगों 2 की जरूरत है

इसका सीधा सा मतलब है कि 30 में से कितने लोगों को चुना जा सकता है तो,

$${}^{30}C_2\,{}^nC_r = \frac{n!}{r!(n-r)!}$$

$$\therefore {}^{30}C_2 = \frac{30!}{2!(30-2)!} = \frac{30 \times 29}{2} = 435 = \text{हैंडशेक की संख्या}$$

अतः विकल्प (B) सही है।

22. शतरंज बोर्ड में क्षैतिज रेखाओं की संख्या $= 9$

शतरंज की बोर्ड में लंबवत रेखाओं की संख्या $= 9$

1 आयताकार डिब्बे के लिए 2 क्षैतिज रेखाएँ और 2 लंबवत रेखाएँ होंगी।

आयत की संख्या $= {}^9C_2 \times {}^9C_2$

$$\Rightarrow 36 \times 36 = 1296$$

अतः विकल्प (B) सही है।

23. माना कि n वस्तु होते हैं, जिनमें से m वस्तु एक तरह के होते हैं, और बाकी $(n-m)$ वस्तु अलग होते हैं। फिर, इन वस्तुओं से बनने वाले क्रमसंचय की कुल संख्या $\dfrac{n!}{m!}$

दिए गए शब्द 'INDIA' में 5 अक्षर हैं, जिनमें से दो एक तरह $(2\,I)$ के हैं, और अन्य तीन अक्षर अलग हैं।

$\therefore$ उनकी क्रमसंचय की संख्या $= \dfrac{5!}{2!}$

$$\Rightarrow \frac{5 \times 4 \times 3 \times 2 \times 1}{2 \times 1}$$

$$\Rightarrow 60$$

अतः विकल्प (D) सही है।

24. किसी खास खिलाड़ी को शामिल नहीं किया जाना चाहिए

हमें $(8-1) = 7$ खिलाड़ियों में से 5 खिलाड़ियों का चयन करना है

तो, आवश्यक तरीकों की संख्या

$$\Rightarrow {}^nC_r = {}^7C_5$$

$$\therefore {}^nC_r = \frac{n!}{r!(n-r)!}$$

$$= \frac{7!}{5!(7-5)!} = 21$$

अतः विकल्प (C) सही है।

25. दिया हुआ है: ${}^nC_{15} = {}^nC_8$

जैसा कि हम जानते हैं, ${}^nC_x = {}^nC_y$, तब $x + y = n$.

इसलिए, $n = 15 + 8 = 23$

अतः विकल्प (B) सही है।

26. दिया हुआ:

6 अक्षरों का शब्द COLOR दिया गया है

दिए गए शब्द में 6 अक्षर हैं, 6 अक्षरों में से दो समान हैं

इसलिए शब्दों की अभीष्ट संख्या

$$\Rightarrow \frac{6!}{2}$$

$$\Rightarrow \frac{(6 \times 5 \times 4 \times 3 \times 2)}{2}$$

$$\Rightarrow 30 \times 12$$

$$\Rightarrow 360$$

अतः विकल्प (D) सही है।

27. दिया हुआ:

5 अक्षर का शब्द MUNCH दिया गया है।

चूंकि U और N को हमेशा शामिल किया जाता है, इसलिए हम शेष 3 अक्षरों (M, C और H) में से 2 अक्षरों का चयन करते हैं, जो किया जा सकता है $= {}^3C_2 = 3$ तरीके में।

अब इन 4 अक्षरों को 4 ! तरीकों में व्यवस्थित किया जा सकता है $= 24$ तरीके इसलिए, अभीष्ट संख्या 72 तरीके (3×24) है।

अतः विकल्प (A) सही है।

28. APPLE = 5 अक्षर

लेकिन दो अक्षर PP एक ही तरह के हैं।

इस प्रकार आवश्यक क्रमचय,

$$\Rightarrow \frac{5!}{2!}$$

$$\Rightarrow \frac{120}{2}$$

$$\Rightarrow 60$$

अतः विकल्प (D) सही है।

29. 'DELHI' शब्द में 5 अलग-अलग अक्षर हैं।

आवश्यक शब्दों की संख्या $= 5$ अक्षरों की व्यवस्था की संख्या, सभी समय पर ली गई

$${}^5P_5 = 5\,!$$

$$= 5 \times 4 \times 3 \times 2 \times 1$$

$$= 120$$

अतः विकल्प (D) सही है।

30. ${}^{30}P_2 = \frac{30!}{(30-2)!}$

$$= \frac{30 \times 29 \times 28!}{28!}$$

$$= 30 \times 29$$

$$= 870$$

अतः विकल्प (C) सही है।

Q.1 यदि $x + \frac{1}{x} = 4$, है, तो $x^4 + \frac{1}{x^4}$ का मान ज्ञात कीजिए।

A. 194　　B. 128　　C. 136　　D. 162

Q.2 यदि $3^{x+3} + 7 = 250$, तो x के बराबर है:

A. 5　　B. 3　　C. 2　　D. 1

Q.3 यदि $\frac{1}{4} \times \frac{2}{6} \times \frac{3}{8} \times \frac{4}{10} \times \frac{5}{12} \times ... \times \frac{31}{64} = \frac{1}{2^x}$ तो x का मान क्या होगा?

A. 31　　B. 32　　C. 36　　D. 37

Q.4 यदि $p = 999$, तो $\sqrt[3]{p(p^2 + 3p + 3) + 1}$ का मान है:

A. 1000　　B. 999　　C. 998　　D. 1002

Q.5 $\frac{(243)^{\frac{n}{5}} \cdot 3^{2n+1}}{9^n \cdot 3^{n-1}}$ का मान है:

A. 1　　B. 9　　C. 3　　D. 3^n

Q.6 यदि $x = 0.5$ और $y = 0.2$, तो $\sqrt{0.6} \times (3y)^x$ का मान _____ के बराबर है:

A. 1.0　　B. 0.5　　C. 0.6　　D. 1.1

Q.7 यदि $x^{x\sqrt{x}} = \left(x\sqrt{x}\right)^x$, तो x के बराबर है:

A. $\frac{4}{9}$　　B. $\frac{2}{3}$　　C. $\frac{9}{4}$　　D. $\frac{3}{2}$

Q.8 $\left(1 + \frac{1}{x}\right)\left(1 + \frac{1}{x+1}\right)\left(1 + \frac{1}{x+2}\right)\left(1 + \frac{1}{x+3}\right)$ का मान है:

A. $1 + \frac{1}{x+4}$　　B. $x + 4$　　C. $\frac{1}{x}$　　D. $\frac{x+4}{x}$

Q.9 यदि $0.13 \times p^2 = 13$, तो p बराबर है:

A. 10　　B. 0.01　　C. 0.1　　D. 100

Q.10 यदि $\frac{3a+5b}{3a-5b} = 5$, तो $a:b$ बराबर है:

A. $2:1$　　B. $2:3$　　C. $1:3$　　D. $5:2$

Q.11 यदि $x + y = 7$, तो $x^3 + y^3 + 21xy$ का मान है:

A. 243　　B. 143　　C. 343　　D. 443

Q.12 यदि $a + b + c = 45$ और $ab + bc + ca = 254$ है। तो $a^2 + b^2 + c^2$ का मान ज्ञात कीजिये।

A. 1517　　B. 1516　　C. 1515　　D. 1518

Q.13 यदि $a + b = 3$ और $ab = -4$ है तो $a^3 + b^3$ का मान क्या है?

A. 36　　B. 63　　C. 12　　D. -15

Q.14 यदि $4x^2 + Ax + 9 = 0$ के मूल बराबर हैं, तो A का मान ज्ञात कीजिए।

A. 12　　B. 10　　C. -15　　D. -18

Q.15 यदि $\left(x - \frac{1}{x}\right) = 7$ है, तो $x^4 + \frac{1}{x^4}$ का मान क्या होगा?

A. 2217　　B. 2551　　C. 2227　　D. 2599

Q.16 यदि $x + y + z = 10, x^3 + y^3 + z^3 = 75$ और $xyz = 15$ है, तो $x^2 + y^2 + z^2 - xy - yz - zx$ का मान ज्ञात कीजिए।

A. 3　　B. 5　　C. 6　　D. 4

Q.17 यदि $(a + b) = -1$, और $a^2 + b^2 = 25$ है, तो $(a - b)^2$ का मान ज्ञात कीजिए?

A. 16　　B. 64　　C. 36　　D. 49

Q.18 यदि $x + \frac{1}{x} = -2$, है, तो $x^{531} + \frac{1}{x^{532}}$ का मान ज्ञात कीजिए।

A. -2　　B. -1　　C. 0　　D. 2

Q.19 यदि $(a - b) = 3$ और $ab = 70$ है तो $(a^3 - b^3)$ का मान ज्ञात कीजिए।

A. 657　　B. 783　　C. 840　　D. 580

Q.20 यदि $16x^2 + y^2 = 48$ और $xy = 11$ है, तो $64x^3 + y^3$ का मान ज्ञात कीजिये।

A. $4\sqrt{34}$　　B. $8\sqrt{36}$　　C. $4\sqrt{36}$　　D. $8\sqrt{34}$

Q.21 यदि $a^4 + b^4 + a^2b^2 = 16$, और $a^2 + b^2 + ab = 8$, तो $a^2 + b^2 - ab$ का मान ज्ञात कीजिए।

A. 1　　B. 2　　C. 3　　D. 8

Q.22 यदि $a = 2, b = 3$ और $c = 5$, तो $a^2 + b^2 + c^2 + 2(ab + bc + ca)$ का मान ज्ञात कीजिए।

A. 150　　B. 200　　C. 108　　D. 100

Q.23 यदि $(a + c + 1) = 0$, तो $(a^3 + c^3 + 1 - 3ac)$ का मान ज्ञात कीजिए।

A. -1　　B. 1　　C. 2　　D. 0

Q.24 यदि $a^{x+y} = a^6$ है और x, y से 2 बड़ा है, तो x ज्ञात कीजिए।

A. 1　　B. 2　　C. 3　　D. 4

Q.25 यदि $(a + b + c) = 6$ तथा $a^2 + b^2 + c^2 = 14$ है, तो $(ab + bc + ca) = ?$

A. 22　　B. 11　　C. 33　　D. 44

Q.26 यदि $x + 2y = 27$ और $x - 2y = -1$ है, y का मान ज्ञात कीजिये?

A. 13　　B. 14　　C. 7　　D. 26

Q.27 यदि $4x + 5y = 14$ और $x - 5y = 16$ है तो x और y का मान है:

A. 10 और $\frac{-6}{5}$　　B. 6 और 2

C. 10 और $\frac{6}{5}$　　D. 6 और -2

Q.28 यदि $(a^2 - b^2) \div (a + b) = 25, (a - b)$ ज्ञात कीजिये:

A. 15   **B.** 18   **C.** 25   **D.** 30

Q.29 यदि $(a + b) = 11$ और $(ab) = 10,$ तो $(a - b)$ का मान ज्ञात कीजिए।

A. 1   **B.** 4   **C.** 9   **D.** 10

Q.30 जब $x^2 + y^2 = 30$ तथा $x + y = 20$ है, तो xy का मान ज्ञात कीजिये।

A. 180   **B.** 182   **C.** 185   **D.** 187

// स्मार्ट उत्तर पुस्तिका //

| सही उत्तर | उन छात्रों का प्रतिशत जिन्होंने प्रश्नों का सही उत्तर दिया था। | | छोड़ दिया | उन छात्रों का प्रतिशत जिन्होंने प्रश्नों को छोड़ दिया था। |

प्रश्न संख्या	उत्तर	सही उत्तर / छोड़ दिया	प्रश्न संख्या	उत्तर	सही उत्तर / छोड़ दिया	प्रश्न संख्या	उत्तर	सही उत्तर / छोड़ दिया	प्रश्न संख्या	उत्तर	सही उत्तर / छोड़ दिया	प्रश्न संख्या	उत्तर	सही उत्तर / छोड़ दिया	प्रश्न संख्या	उत्तर	सही उत्तर / छोड़ दिया
1	A	87.76 % / 10.01 %	6	C	85.54 % / 12.36 %	11	C	82.94 % / 16.97 %	16	A	79.65 % / 12.72 %	21	B	79.15 % / 19.88 %	26	C	78.26 % / 12.47 %
2	C	84.08 % / 10.72 %	7	C	78.7 % / 16.42 %	12	A	81.71 % / 10.12 %	17	D	89.18 % / 10.59 %	22	D	77.28 % / 18.85 %	27	D	82.62 % / 13.88 %
3	C	78.58 % / 11.98 %	8	D	79.26 % / 15.34 %	13	B	85.33 % / 10.78 %	18	C	78.69 % / 16.52 %	23	D	87.06 % / 12.23 %	28	C	87.66 % / 10.04 %
4	A	84.77 % / 14.74 %	9	A	79.12 % / 12.12 %	14	A	86.74 % / 11.41 %	19	A	81.16 % / 10.5 %	24	D	84.41 % / 12.86 %	29	C	89.47 % / 10.48 %
5	B	89.74 % / 10.01 %	10	D	89.31 % / 10.11 %	15	D	79.87 % / 11.27 %	20	D	89.03 % / 10.11 %	25	B	79.92 % / 13.35 %	30	C	76.55 % / 18.2 %

//संकेत और समाधान//

1. दिया गया है,

$$x + \frac{1}{x} = 4$$

वर्ग करने पर,

$$x^2 + \frac{1}{x^2} + 2 = 16$$

$$\Rightarrow x^2 + \frac{1}{x^2} = 14$$

पुनः वर्ग करने पर,

$$x^4 + \frac{1}{x^4} + 2 = 196$$

$$\Rightarrow x^4 + \frac{1}{x^4} = 196 - 2 = 194$$

अतः विकल्प (A) सही है।

2. दिया गया है,

$$3^{x+3} + 7 = 250$$

$$\Rightarrow 3^{x+3} = 250 - 7$$

$$\Rightarrow 3^{x+3} = 243$$

$$\Rightarrow 3^{x+3} = 3^5$$

$$\Rightarrow x + 3 = 5$$

$$\Rightarrow x = 2$$

अतः विकल्प (C) सही है।

3. दिया गया है,

$$\frac{1}{4} \times \frac{2}{6} \times \frac{3}{8} \times \frac{4}{10} \times \frac{5}{12} \times \dots \times \frac{31}{64} = \frac{1}{2^x}$$

पहले पद के हर को अगले पदों के अंश से, दूसरे पद के अगले पद से और इसी तरह से काटा जाता है।

$$\Rightarrow \left(\frac{1}{2}\right)^{30} \times \left(\frac{1}{2}\right)^6 = \frac{1}{2^x}$$

$$\Rightarrow \left(\frac{1}{2}\right)^{30+6} = \frac{1}{2^x}$$

$$\Rightarrow \frac{1}{2^{36}} = \frac{1}{2^x}$$

$$\Rightarrow 2^{36} = 2^x$$

$$\Rightarrow x = 36$$

अतः विकल्प (C) सही है।

4. दिया गया है,

$$p = 999$$

$$\sqrt[3]{p(p^2 + 3p + 3) + 1}$$

$$= \sqrt[3]{p^3 + 3p^2 + 3p + 1}$$

$$= \sqrt[3]{(p + 1)^3}$$

$$= \sqrt[3]{(999 + 1)^3}$$

$$= \sqrt[3]{(1000)^3}$$

$$= 1000$$

अतः विकल्प (A) सही है।

5. दिया गया है,

$$\frac{(243)^{\frac{n}{5}} \cdot 3^{2n+1}}{9^n \cdot 3^{n-1}}$$

$$= \frac{\left(3^5\right)^{\frac{n}{5}} \cdot 3^{2n+1}}{3^{2n} \cdot 3^{n-1}}$$

$$= \frac{3^{n+2n+1}}{3^{2n+n-1}}$$

$$= \frac{3^{3n+1}}{3^{3n-1}}$$

$$= 3^{3n+1-3n+1}$$

$$= 3^2$$

$$= 9$$

अतः विकल्प (B) सही है।

6. दिया गया है,

$$x = 0.5$$

$$y = 0.2$$

$$\sqrt{0.6} \times (3y)^x$$

$$= \sqrt{0.6} \times (3 \times 0.2)^{0.5}$$

$$= \sqrt{0.6} \times \sqrt{0.6}$$

$$= 0.6$$

अतः विकल्प (C) सही है।

7. दिया गया है,

$$x^{x\sqrt{x}} = \left(x\sqrt{x}\right)^x$$

$$x^{x\sqrt{x}} = \left(x^{\frac{3}{2}}\right)^x$$

$$x^{x\sqrt{x}} = x^{\frac{3}{2}x}$$

यदि आधार समान हों तो उनकी घात बराबर होती है।

$$\therefore x\sqrt{x} = \frac{3}{2}x$$

$$\Rightarrow \sqrt{x} = \frac{3}{2}$$

$$\Rightarrow x = \left(\frac{3}{2}\right)^2$$

$\Rightarrow x = \frac{9}{4}$

अत: विकल्प (C) सही है।

8. दिया गया है,

$$\left(1 + \frac{1}{x}\right)\left(1 + \frac{1}{x+1}\right)\left(1 + \frac{1}{x+2}\right)\left(1 + \frac{1}{x+3}\right)$$

प्रत्येक पद का L.C.M. लेने पर,

$$= \left(\frac{x+1}{x}\right)\left(\frac{x+1+1}{x+1}\right)\left(\frac{x+2+1}{x+2}\right)\left(\frac{x+3+1}{x+3}\right)$$

$$= \left(\frac{x+1}{x}\right)\left(\frac{x+2}{x+1}\right)\left(\frac{x+3}{x+2}\right)\left(\frac{x+4}{x+3}\right)$$

$$= \frac{1}{x} \times (x + 4)$$

$$= \frac{x+4}{x}$$

अत: विकल्प (D) सही है।

9. दिया गया है,

$$0.13 \times p^2 = 13$$

$$\Rightarrow p^2 = \frac{13}{0.13}$$

$$\Rightarrow p^2 = \frac{13}{13} \times 100$$

$$\Rightarrow p^2 = 100$$

$$\Rightarrow p = 10$$

अत: विकल्प (A) सही है।

10. दिया गया है,

$$\frac{3a+5b}{3a-5b} = 5$$

$$\Rightarrow 3a + 5b = 15a - 25b$$

$$\Rightarrow 12a = 30b$$

$$\Rightarrow 2a = 5b$$

$$\Rightarrow \frac{a}{b} = \frac{5}{2}$$

$$\Rightarrow a:b = 5:2$$

अत: विकल्प (D) सही है।

11. दिया गया है,

$$x + y = 7$$

दोनों पक्षों को घन करने पर, हम प्राप्त करते हैं

$$\Rightarrow (x + y)^3 = (7)^3$$

$$\Rightarrow x^3 + y^3 + 3(x + y)xy = 343$$

$$\Rightarrow x^3 + y^3 + 21xy = 343$$

अत: विकल्प (C) सही है।

12. दिया गया है:

$$a + b + c = 45 \text{ और } ab + bc + ca = 254$$

प्रयुक्त सूत्र:

$$(a + b + c)^2 = a^2 + b^2 + c^2 + 2(ab + bc + ca)$$

प्रयुक्त सूत्र के अनुसार

$$\Rightarrow (45)^2 = a^2 + b^2 + c^2 + 2 \times (254)$$

$$\Rightarrow 2025 = a^2 + b^2 + c^2 + 508$$

$$\Rightarrow a^2 + b^2 + c^2 = 2025 - 508$$

$$\therefore a^2 + b^2 + c^2 = 1517$$

अत: विकल्प (A) सही है।

13. दिया है:

$$a + b = 3$$

$$ab = -4$$

प्रयुक्त अवधारणा:

$$(a + b)^3 = a^3 + b^3 + 3ab(a + b)$$

$$a^3 + b^3 = (a + b)^3 - 3ab(a + b)$$

$$\Rightarrow a^3 + b^3 = (3)^3 - 3(-4)(3)$$

$$\Rightarrow a^3 + b^3 = 63$$

$$\therefore a^3 + b^3 \text{ का मान } 63 \text{ है।}$$

अत: विकल्प (B) सही है।

14. दिया गया है:

$$4x^2 + Ax + 9 = 0 \text{ के मूल बराबर हैं}$$

$$d = (b)^2 - 4 \times a \times c = 0$$

$$\Rightarrow (A)^2 - 4 \times 4 \times 9 = 0$$

$$\Rightarrow (A)^2 - 144 = 0$$

$$\Rightarrow A = \sqrt{144}$$

$$\Rightarrow A = 12$$

$$\therefore A \text{ का मान } 12 \text{ है।}$$

अत: विकल्प (A) सही है।

15. दिया गया है:

$$\left(x - \frac{1}{x}\right) = 7$$

प्रयुक्त सूत्र:

$$(a - b)^2 = a^2 + b^2 - 2ab$$

$$(a + b)^2 = a^2 + b^2 + 2ab$$

$$x - \frac{1}{x} = 7$$

दोनों पक्षों को वर्ग करने पर हमें प्राप्त होता है:

$$\Rightarrow x^2 + \frac{1}{x^2} - 2 = 49$$

$$\Rightarrow x^2 + \frac{1}{x^2} = 51$$

फिर से वर्ग करने पर हमें प्राप्त होता है:

$$\Rightarrow x^4 + \frac{1}{x^4} + 2 = 2601$$

$$\Rightarrow x^4 + \frac{1}{x^4} = 2599$$

$$\therefore \; x^4 + \frac{1}{x^4} \text{ का उत्तर } 2599 \text{ है।}$$

अत: विकल्प (D) सही है।

16. दिया गया है:

$$x + y + z = 10, (x^3 + y^3 + z^3) = 75 \text{ और } xyz = 15$$

सूत्र:

$$(x^3 + y^3 + z^3 - 3xyz) = (x + y + z)$$
$$(x^2 + y^2 + z^2 - xy - yz - zx)$$

दिए गए सूत्र के अनुसार

$$(x^3 + y^3 + z^3 - 3xyz) = (x + y + z)$$
$$(x^2 + y^2 + z^2 - xy - yz - zx)$$

$$\Rightarrow 75 - 3 \times 15 = 10 \times (x^2 + y^2 + z^2 - xy - yz - zx)$$

$$\Rightarrow 75 - 45 = 10 \times (x^2 + y^2 + z^2 - xy - yz - zx)$$

$$\Rightarrow (x^2 + y^2 + z^2 - xy - yz - zx) = \frac{30}{10}$$

$$\therefore \; x^2 + y^2 + z^2 - xy - yz - zx = 3$$

अत: विकल्प (A) सही है।

17. दिया गया है:

$$(a + b) = -1$$

$$a^2 + b^2 = 25$$

प्रयुक्त सूत्र:

$$(a + b)^2 = a^2 + 2ab + b^2$$

$$(a - b)^2 = a^2 - 2ab + b^2$$

$$(a + b) = -1$$

दोनों पक्षों का वर्ग करने पर

$$(a + b)^2 = (-1)^2$$

$$\Rightarrow a^2 + 2ab + b^2 = 1$$

$$\Rightarrow 2ab + 25 = 1$$

$$\Rightarrow 2ab = 1 - 25$$

$$\Rightarrow 2ab = -24$$

$$\Rightarrow ab = \frac{-24}{2}$$

$$\Rightarrow ab = -12$$

हमें $(a - b)^2$ ज्ञात की आवश्यकता है

$$(a - b)^2 = a^2 - 2ab + b^2$$

$$= a^2 + b^2 - 2ab$$

$$= 25 - 2 \times (-12)$$

$$= 25 + 2 \times 12$$

$$= 25 + 24$$

$$= 49$$

$$\therefore \; (a - b)^2 \text{ का मान } 49 \text{ है।}$$

अत: विकल्प (D) सही है।

18. दिया गया है,

$$x + \frac{1}{x} = -2$$

यदि हम $x = -1$ रखते हैं

$$\text{तो, } x^{531} + \frac{1}{x^{532}} = \left((-1)^{531} + \frac{1}{1^{532}} \right)$$

$$= -1 + 1 = 0$$

अत: विकल्प (C) सही है।

19. दिया गया:

$$(a - b) = 3 \text{ और } ab = 70$$

सूत्र:

$$a^3 - b^3 = (a - b)^3 + 3ab(a - b)$$

$$\Rightarrow a^3 - b^3 = 3^3 + 3 \times 70 \times 3$$

$$\Rightarrow a^3 - b^3 = 27 + 630$$

$$\therefore \; a^3 - b^3 = 657$$

अत: विकल्प (A) सही है।

20. दिया गया है,

$$16x^2 + y^2 = 48$$

$$xy = 11$$

प्रयुक्त सूत्र

1. $(x + y)^2 = x^2 + 2xy + y^2$

2. $x^3 + y^3 = (x + y)(x^2 + y^2 - xy)$

$16x^2 + y^2 = 48$

$\Rightarrow 16x^2 + y^2 + 8xy = 48 + 8xy$

सूत्र (1) का प्रयोग करके

$\Rightarrow (4x + y)^2 = 48 + 8 \times 11 \quad (\because xy = 11)$

$\Rightarrow (4x + y) = \sqrt{136}$

सूत्र (2) का प्रयोग करके

$64x^3 + y^3 = (4x + y)(16x^2 + y^2 - 4xy)$

$\Rightarrow 64x^3 + y^3 = (\sqrt{136}) \times (48 - 4 \times 11) = 8\sqrt{34}$

$\therefore$ अभीष्ट उत्तर $8\sqrt{34}$ है।

अत: विकल्प (D) सही है।

21. दिया गया है:

$a^4 + b^4 + a^2b^2 = 16$ and $a^2 + b^2 + ab = 8$

हम जानते हैं कि,

$a^4 + b^4 + a^2b^2 = (a^2 + b^2 + ab)(a^2 + b^2 - ab)$

$\Rightarrow 16 = 8(a^2 + b^2 - ab)$

$\Rightarrow (a^2 + b^2 - ab) = 2$

$\therefore (a^2 + b^2 - ab)$ का मान 2 है।

अत: विकल्प (B) सही है।

22. दिया गया है:

$a = 2, b = 3$ और $c = 5$

संकल्पना:

$(a + b + c)^2 = a^2 + b^2 + c^2 + 2(ab + bc + ca)$

यह दिया गया है कि $a = 2, b = 3$ और $c = 5$

हम जानते हैं कि,

$(a + b + c)^2 = a^2 + b^2 + c^2 + 2(ab + bc + ca)$

$\Rightarrow a^2 + b^2 + c^2 + 2(ab + bc + ca) = (2 + 3 + 5)^2$

$\Rightarrow a^2 + b^2 + c^2 + 2(ab + bc + ca) = 100$

$\therefore a^2 + b^2 + c^2 + 2(ab + bc + ca)$ का मान $= 100$

अत: विकल्प (D) सही है।

23. हम जानते हैं

कि $\quad a^3 + b^3 + c^3 - 3abc = (a + b + c)$
$(a^2 + b^2 + c^2 - ab - bc - ca)$

दी गयी जानकारी से, $(a + 1 + c) = 0$

हम यह मान सकते हैं कि $b = 1, a = a$ तथा $c = c$

$\Rightarrow a^3 + 1^3 + c^3 - 3ac = (a + 1 + c)$
$(a^2 + 1^2 + c^2 - a - c - ca)$

$= 0 \times (a^2 + 1^2 + c^2 - a - c - ca)$

$= 0$

अत: विकल्प (D) सही है।

24. दिया गया है

x, y से 2 बड़ा है

$\therefore x = y + 2 \quad \cdots (2)$

समीकरण $a^{x+y} = a^6$ से

हम इस प्रकार लिख सकते हैं $x + y = 6$

समीकरण 1 और 2 से

हमें $x = 4$ और $y = 2$ प्राप्त होता है।

अत: विकल्प (D) सही है।

25. दिया गया है,

$(a + b + c) = 6$ तथा $a^2 + b^2 + c^2 = 14$

हम जानते हैं कि,

$(a + b + c)^2 = a^2 + b^2 + c^2 + 2(ab + bc + ca)$

$\Rightarrow 6^2 = 14 + 2(ab + bc + ca)$

$\Rightarrow \frac{(36 - 14)}{2} = (ab + bc + ca)$

$\Rightarrow ab + bc + ca = 11$

अत: विकल्प (B) सही है।

26. दी हुई जानकारी के अनुसार,

$\Rightarrow x + 2y = 27 \quad \cdots$ समीकरण (1)

$\Rightarrow x - 2y = -1 \quad \cdots$ समीकरण (2)

समीकरण (1) और समीकरण (2) का योग करने पर, हमें मिलता है,

$\Rightarrow 2x = 26$

$\Rightarrow x = \frac{26}{2} = 13$

$x = 13$ को समीकरण (1) में प्रतिस्थापन करने पर, हमें मिलता है,

$\Rightarrow 13 + 2y = 27$

$\Rightarrow 2y = 27 - 13$

$\Rightarrow 2y = 14$

$\Rightarrow y = \frac{14}{2} = 7$

$\therefore y = 7$

अत: विकल्प (C) सही है।

27. दिया गया,

$4x + 5y = 14 \quad \cdots (1)$

$x - 5y = 16 \quad \cdots (2)$

(1) + (2) से हमें मिलता है,

$\Rightarrow 5x = 30$

$\Rightarrow x = 6$

x का मान रखते हुए (1) हम प्राप्त करते हैं,

$\Rightarrow 4 \times 6 + 5y = 14$

$\Rightarrow 5y = -10$

$\Rightarrow y = -2$

अत: विकल्प (D) सही है।

28. दिया गया,

$(a^2 - b^2) \div (a + b) = 25$

सूत्र उपयोग

$(a^2 - b^2) = (a - b)(a + b)$

$(a^2 - b^2) \div (a + b) = 25$

$\Rightarrow (a - b)(a + b) \div (a + b) = 25$

$\Rightarrow a - b = 25$

अत: विकल्प (C) सही है।

29. दिया है:

$(a + b) = 11$

$ab = 10$

प्रयुक्त सूत्र:

$(a + b)^2 = a^2 + b^2 + 2ab$

$(a - b)^2 = a^2 + b^2 - 2ab$

दोनों पक्षों का वर्ग करते हैं,

$(a + b)^2 = (11)^2$

$\Rightarrow a^2 + b^2 + (2 \times 10) = 121$

$\Rightarrow a^2 + b^2 = 101$

$(a - b)^2 = a^2 + b^2 - 2ab$

$\Rightarrow (a - b)^2 = 101 - 2(10)$

$\Rightarrow (a - b)^2 = 81$

$\therefore a - b = 9$

अत: विकल्प (C) सही है।

30. दिया है:

$x + y = 20$

$x^2 + y^2 = 30$

प्रयुक्त सूत्र:

$(x + y)^2 = x^2 + y^2 + 2xy$

$\Rightarrow (20)^2 = x^2 + y^2 + 2xy$

$\Rightarrow 400 = 30 + 2xy$

$\Rightarrow 400 - 30 = 2xy$

$\Rightarrow 370 = 2xy$

$\Rightarrow xy = 185$

अत: विकल्प (C) सही है।

Q.1 $\frac{2}{1+\cot^2\theta} + \frac{4}{1+\tan^2\theta} + 2\sin^2\theta$ का मान ज्ञात करें।

A. 5   **B.** 6   **C.** 4   **D.** 2

Q.2 यदि $\sqrt{3} - 3\sqrt{3}\tan^2 A = 3\tan A - \tan^3 A$ तो A का मान ज्ञात कीजिये।

A. 45°   **B.** 15°   **C.** 20°   **D.** 30°

Q.3 cot A + cosec A किसके बराबर है?

A. $\tan\left(\frac{A}{2}\right)$ **B.** $\cot\left(\frac{A}{2}\right)$

C. $2\tan\left(\frac{A}{2}\right)$ **D.** $2\cot\left(\frac{A}{2}\right)$

Q.4 $\sin A\cos A\tan A + \cos A\sin A\cot A$ किसके बराबर है?

A. $\sin A$ **B.** $\cos A$ **C.** $\tan A$ **D.** 1

Q.5 $\left(1 + \cos\left(\frac{\pi}{8}\right)\right)\left(1 + \cos\left(\frac{3\pi}{8}\right)\right)\left(1 + \cos\left(\frac{5\pi}{8}\right)\right)\left(1 + \cos\left(\frac{7\pi}{8}\right)\right)$ का मान प्राप्त कीजिये।

A. $\frac{1}{8}$ **B.** $\frac{1}{4}$ **C.** $\frac{1}{2}$ **D.** 8

Q.6 15sin θ + 20cos θ का अधिकतम मान ज्ञात कीजिए।

A. 25   **B.** 35   **C.** 30   **D.** 5

Q.7 $\sin^2 45° - \cos^2 15°$ का मान क्या है?

A. $-\frac{\sqrt{3}}{4}$ **B.** $\frac{1}{4}$ **C.** $\frac{-1}{2}$ **D.** $\frac{2}{3}$

Q.8 3sin x - 4sin³x की सबसे लंबी अवधि क्या है?

A. 2π **B.** $\frac{\pi}{3}$

C. $\frac{2\pi}{3}$ **D.** उपरोक्त में से कोई नहीं

Q.9 निम्नलिखित व्यंजक का मान ज्ञात कीजिये।

$\tan 36° + \tan 9° + \tan 36° \cdot \tan 9°$

A. -1   **B.** 1   **C.** 2   **D.** -2

Q.10 sin 12° sin 48° sin 54° का मान ज्ञात कीजिए।

A. $\frac{1}{8}$ **B.** $\frac{1}{6}$ **C.** $\frac{1}{2}$ **D.** $\frac{1}{4}$

Q.11 $\left(\tan^{-1}\frac{y}{2}\right)$ का मान क्या है?

A. $\frac{y^2+4}{2}$ **B.** $\frac{y^2+1}{4}$ **C.** $\frac{\sqrt{y^2+2}}{4}$ **D.** $\frac{\sqrt{y^2+4}}{2}$

Q.12 यदि tan 7θ · tan 2θ = 1 है तो tan 3θ का मान क्या है?

A. 1   **B.** -√3   **C.** √3   **D.** $\frac{1}{\sqrt{3}}$

Q.13 यदि $\sec^2\theta + \tan^2\theta = 3$ है, तो $\cot\theta$ का मान ज्ञात कीजिए।

A. 0   **B.** 1   **C.** 2   **D.** $\sqrt{3}$

Q.14 $3\sin\theta - 4$ का अधिकतम मान क्या है?

[Indian Military Academy (IMA), 2020]

A. -4 **B.** -1 **C.** 0   **D.** 1

Q.15 $9\sin^2\theta + 16\cos^2\theta$ का न्यूनतम मान क्या है?

[Indian Military Academy (IMA), 2020]

A. 0   **B.** 9   **C.** 16   **D.** 25

Q.16 यदि $m = (\sin\theta - \sec\theta)$ और $n = (\csc\theta - \cos\theta)$ है, तो $(m^3 n + n^3 m + 3mn)$ का मान ज्ञात कीजिए। $(\theta = 45°$ लें)

A. 1   **B.** 2   **C.** -2 **D.** -1

Q.17 x का मान ज्ञात कीजिए यदि $\tan 3x = \sin 45°\cos 45° + \sin 30°$ है।

A. 15°   **B.** 30°   **C.** 10°   **D.** 20°

Q.18 यदि $2\sin^2 A + 3\cos^2 A = 2$ है, तो $(\tan A - \cot A)^2$ का मान ज्ञात कीजिये, जहाँ $\sin A > 0$ है।

A. ∞ **B.** $\sqrt{3}$ **C.** 0   **D.** 1

Q.19 $25\csc^2 x + 36\sec^2 x$ का न्यूनतम मान क्या है?

A. 1   **B.** 11   **C.** 120   **D.** 121

Q.20 $\tan 54°$ को किस प्रकार अभिव्यक्त किया जा सकता है?

[UPSC NDA, 2019]

A. $\frac{\sin 9° + \cos 9°}{\sin 9° - \cos 9°}$ **B.** $\frac{\sin 9° - \cos 9°}{\sin 9° + \cos 9°}$

C. $\frac{\cos 9° + \sin 9°}{\cos 9° - \sin 9°}$ **D.** $\frac{\sin 36°}{\cos 36°}$

Q.21 यदि $\sin\alpha + \cos\alpha = p$ है, तो $\cos^2(2a)$ किसके बराबर है?

A. p^2 **B.** $p^2 - 1$

C. $p^2(2 - p^2)$ **D.** $p^2 + 1$

Q.22 $\cos 46°\cos 47°\cos 48°\cos 49°\cos 50° \ldots \cos 135°$ का मान क्या है?

A. -1   **B.** 0

C. 1   **D.** Greater than 1

Q.23 यदि $p = \csc\theta - \cot\theta$ और $q = (\csc\theta + \cot\theta)^{-1}$ है, तो निम्नलिखित में से कौन-सा एक सही है?

A. $pq = 1$ **B.** $p = q$

C. $p + q = 1$ **D.** $p + q = 0$

Q.24 यदि $\sin\theta + \cos\theta = \sqrt{2}\cos\theta$ है, तो $(\cos\theta - \sin\theta)$ किसके बराबर है?

[UPSC NDA, 2019]

A. $-\sqrt{2}\cos\theta$ **B.** $-\sqrt{2}\sin\theta$

C. $\sqrt{2}\sin\theta$ **D.** $-2\sin\theta$

Q.25 $\sin^4\theta + \cos^4\theta$ का अधिकतम मान है:

A. 2   **B.** 3   **C.** $\frac{1}{2}$ **D.** 1

Q.26 sin 75° का मान ज्ञात कीजिए।

A. $\frac{\sqrt{3}-1}{2\sqrt{2}}$ **B.** $\frac{\sqrt{3}+1}{2\sqrt{2}}$ **C.** $\frac{\sqrt{3}-1}{\sqrt{2}}$ **D.** $\frac{\sqrt{3}+1}{\sqrt{2}}$

Q.27 $\sec^4 x - \tan^4 x$ किसके बराबर है?

A. $1 + \tan^2 x$ **B.** $2\tan^2 x - 1$
C. $1 + 2\tan^2 x$ **D.** उपरोक्त में से कोई नहीं

Q.28 यदि $4\tan^{-1}x + \cot^{-1}x = \pi$ है, तो x किसके बराबर है?

A. 1   **B.** -1 **C.** $\sqrt{3}$ **D.** $\frac{1}{\sqrt{3}}$

Q.29 यदि $\tan\frac{\alpha}{3} = \frac{1}{2}$, तो $\tan\alpha + \cot\alpha$ का मान है:

A. $\frac{11}{23}$ **B.** $\frac{12}{23}$ **C.** $\frac{121}{46}$ **D.** $\frac{125}{22}$

Q.30 यदि $A = 315°$ तो $3(\tan^2 A + \cot A - 3)^2$ का मान ज्ञात कीजिए:

A. 0   **B.** 5   **C.** 10   **D.** 27

// स्मार्ट उत्तर पुस्तिका //

सही उत्तर उन छात्रों का प्रतिशत जिन्होंने प्रश्नों का सही उत्तर दिया था।   **छोड़ दिया** उन छात्रों का प्रतिशत जिन्होंने प्रश्नों को छोड़ दिया था।

प्रश्न संख्या	उत्तर	सही उत्तर / छोड़ दिया	प्रश्न संख्या	उत्तर	सही उत्तर / छोड़ दिया	प्रश्न संख्या	उत्तर	सही उत्तर / छोड़ दिया	प्रश्न संख्या	उत्तर	सही उत्तर / छोड़ दिया	प्रश्न संख्या	उत्तर	सही उत्तर / छोड़ दिया	प्रश्न संख्या	उत्तर	सही उत्तर / छोड़ दिया
1	C	82.88 % / 11.88 %	6	A	86.38 % / 13.21 %	11	D	78.82 % / 18.11 %	16	C	84.91 % / 14.87 %	21	C	86.81 % / 10.07 %	26	B	83.97 % / 14.42 %
2	C	89.35 % / 10.29 %	7	A	81.18 % / 10.76 %	12	D	87.5 % / 10.67 %	17	A	76.23 % / 23.27 %	22	B	84.98 % / 11.14 %	27	C	81.69 % / 17.27 %
3	B	78.32 % / 11.2 %	8	C	89.63 % / 10.29 %	13	B	84.32 % / 10.65 %	18	A	77.02 % / 18.05 %	23	B	82.28 % / 13.46 %	28	D	80.46 % / 19.18 %
4	D	83.78 % / 12.11 %	9	B	77.91 % / 13.43 %	14	B	76.94 % / 18.78 %	19	D	83.81 % / 15.36 %	24	C	76.17 % / 12.91 %	29	D	79.48 % / 16.25 %
5	A	83.44 % / 12.06 %	10	A	84.86 % / 11.63 %	15	C	80.3 % / 18.43 %	20	C	89.65 % / 10.01 %	25	D	83.61 % / 10.05 %	30	D	82.11 % / 10.14 %

//संकेत और समाधान//

1. दिया है,

$$\frac{2}{1+\cot^2\theta} + \frac{4}{1+\tan^2\theta} + 2\sin^2\theta$$

हम जानते हैं कि,

$$cosec^2\theta = 1 + \cot^2\theta \text{ and } \sec^2\theta = 1 + \tan^2\theta$$

इसलिए,

$$\frac{2}{cosec^2\theta} + \frac{4}{\sec^2\theta} + 2\sin^2\theta$$

$$2\sin^2\theta + 4\cos^2\theta + 2\sin^2\theta$$

$$4\sin^2\theta + 4\cos^2\theta = 4(\sin^2\theta + \cos^2\theta) = 4$$

अतः विकल्प (C) सही है।

2. दिया है:

$$\sqrt{3} - 3\sqrt{3}\tan^2 A = 3\tan A - \tan^3 A$$

$$\Rightarrow \sqrt{3}(1 - 3\tan^2 A) = 3\tan A - \tan^3 A$$

$$\Rightarrow \sqrt{3} = \frac{(3\tan A - \tan^3 A)}{(1 - 3\tan^2 A)}$$

$$\Rightarrow \sqrt{3} = \tan 3A$$

$$\because \tan 60° = \sqrt{3}$$

$$\therefore 3A = 60°$$

$$\Rightarrow A = \frac{60°}{3} = 20°$$

$$\therefore 20°$$

अतः विकल्प (C) सही है।

3. $\Rightarrow \cot A + cosec A = \frac{\cos A}{\sin A} + \frac{1}{\sin A} = \frac{1+\cos A}{\sin A}$

चूँकि हम जानते हैं कि, $\cos 2A = \cos^2 A - \sin^2 A = 2\cos^2 A - 1$

$$\Rightarrow \cot A + cosec A = \frac{1+\cos A}{\sin A} = \frac{2\times\cos^2\left(\frac{A}{2}\right)}{\sin A}$$

चूँकि हम जानते हैं कि $\sin 2A = 2\sin A \times \cos A$

$$\Rightarrow \cot A + cosec A = \frac{1+\cos A}{\sin A} = \frac{2\times\cos^2\left(\frac{A}{2}\right)}{\sin A}$$

$$= \frac{2\times\cos^2\left(\frac{A}{2}\right)}{2\times\cos\left(\frac{A}{2}\right)\times\sin\left(\frac{A}{2}\right)}$$

$$= \cot\left(\frac{A}{2}\right)$$

अतः विकल्प (B) सही है।

4. दिया है: $\sin A\cos A\tan A + \cos A\sin A\cot A$

$$= \sin A\cos A(\tan A + \cot A)$$

$$= \sin A\cos A\left(\frac{\sin A}{\cos A} + \frac{\cos A}{\sin A}\right)$$

$$= \sin A\cos A\left(\frac{\sin^2 A+\cos^2 A}{\sin\cos A}\right)$$

$$= 1$$

इसलिए, $\sin A\cos A\tan A + \cos A\sin A\cot A = 1$

अतः विकल्प (D) सही है।

5. $\left(1 + \cos\left(\frac{\pi}{8}\right)\right)\left(1 + \cos\left(\frac{3\pi}{8}\right)\right)\left(1 + \cos\left(\frac{5\pi}{8}\right)\right)\left(1 + \cos\left(\frac{7\pi}{8}\right)\right)$

$$= \left(1 + \cos\left(\frac{\pi}{8}\right)\right)\left(1 + \sin\left(\frac{\pi}{2} - \frac{3\pi}{8}\right)\right)\left(1 + \sin\left(\frac{\pi}{2} - \frac{5\pi}{8}\right)\right)\left(1 + \cos\left(\pi - \frac{7\pi}{8}\right)\right)$$

$$\left[\cos(\theta) = \sin\left(\frac{\pi}{2} - \theta\right)\right]$$

$$= \left(1 + \cos\left(\frac{\pi}{8}\right)\right)\left(1 + \sin\left(\frac{\pi}{8}\right)\right)\left(1 + \sin\left(\frac{-\pi}{8}\right)\right)\left(1 - \cos\left(\frac{\pi}{8}\right)\right)$$

$$[\cos(\pi - \theta) = -\cos(\theta)]$$

$$= \left(1 + \cos\left(\frac{\pi}{8}\right)\right)\left(1 + \sin\left(\frac{\pi}{8}\right)\right)\left(1 - \sin\left(\frac{\pi}{8}\right)\right)\left(1 - \cos\left(\frac{\pi}{8}\right)\right)$$

$$[\sin(-\theta) = -\sin(\theta)]$$

$$= \left(1 - \cos^2\frac{\pi}{8}\right)\left(1 - \sin^2\frac{\pi}{8}\right) \quad \left(\because (a - b)\times(a + b) = a^2 - b^2\right)$$

$$= \sin^2\frac{\pi x}{8}\cos^2\frac{\pi}{8} \quad (\because 1 - \cos^2\theta = \sin^2\theta \text{ and } 1 - \sin^2\theta = \cos^2\theta)$$

$$= \frac{1}{4}\times\left(2\times\sin\left(\frac{\pi}{8}\right)\times\cos\left(\frac{\pi}{8}\right)\right)^2$$

$$= \frac{1}{4}\times\sin^2\left(2\times\frac{\pi}{8}\right) = \frac{1}{8} \, [\sin(2\theta) = 2\times\cos\theta\times\sin\theta]$$

अतः विकल्प (A) सही है।

6. दिया है: 15sin θ + 20cos θ

यहाँ a = 15 और b = 20

तो अधिकतम मान $= \sqrt{15^2 + 20^2}$

$$= \sqrt{225 + 400}$$

$$= \sqrt{(625)}$$

$$= 25$$

$\therefore$ 15sin θ + 20cos θ का अधिकतम मान 25 है।

अतः विकल्प (A) सही है।

7. हम जानते हैं कि, $\sin 45° = \frac{1}{\sqrt{2}}$

$\therefore \sin^2 45° = \frac{1}{2}$

$\cos^2 \theta = \frac{(1+\cos 2\theta)}{2}$

$\Rightarrow \cos^2 15° = \frac{(1+\cos 2\times 15)}{2} = \frac{(1+\cos 30)}{2} = \frac{2+\sqrt{3}}{4}$

$\Rightarrow \sin^2 15° = \frac{2+\sqrt{3}}{4}$

अब,

$\cos^2 45° - \sin^2 15° = \frac{1}{2} - \left(\frac{2+\sqrt{3}}{4}\right)$

$\Rightarrow \cos^2 45° - \sin^2 15° = -\frac{\sqrt{3}}{4}$

अतः विकल्प (A) सही है।

8. $3\sin x - 4\sin^3 x$ की अवधि

चूँकि हम जानते हैं $3\sin x - 4\sin^3 x = \sin 3x$

$\sin x$ की अवधि 2π है।

इसलिए $\sin 3x$ की अवधि $\frac{2\pi}{3}$ है।

अतः विकल्प (C) सही है।

9. दिया गया व्यंजक है,

$\tan 36° + \tan 9° + \tan 36° \cdot \tan 9°$

मान लीजिए कि $A = 36°$ और $B = 9°$

हम जानते हैं कि,

$\tan(A + B) = \frac{\tan A + \tan B}{1 - \tan A \cdot \tan B}$

$\Rightarrow \tan(36° + 9°) = \frac{\tan 36° + \tan 9°}{1 - \tan 36° \cdot \tan 9°}$

$\Rightarrow \tan(45°) = \frac{\tan 36° + \tan 9°}{1 - \tan 36° \cdot \tan 9°}$

$\Rightarrow 1 = \frac{\tan 36° + \tan 9°}{1 - \tan 36° \cdot \tan 9°}$

$\Rightarrow 1 - \tan 36° \cdot \tan 9° = \tan 36° + \tan 9°$

$\Rightarrow \tan 36° + \tan 9° + \tan 36° \cdot \tan 9° = 1$

अतः विकल्प (B) सही है।

10. $\sin 12° \sin 48° \sin 54°$

$= \frac{2\sin 48° \sin 12°}{2} \sin 54°$

$= \left[\frac{\cos(48° - 12°) - \cos(48° + 12°)}{2}\right] \sin(90° - 36°)$

$= \left(\frac{\cos 36° - \cos 60°}{2}\right) \cos 36°$

$= \left(\frac{1}{2}\right)\left(\frac{\sqrt{5}+1}{4} - \frac{1}{2}\right)\left(\frac{\sqrt{5}+1}{4}\right)$

$= \left(\frac{1}{2}\right)\left(\frac{\sqrt{5}-1}{4}\right)\left(\frac{\sqrt{5}+1}{4}\right)$

$= \left(\frac{1}{2}\right)\left(\frac{5-1}{16}\right)$

$= \frac{1}{8}$

अतः विकल्प (A) सही है।

11. माना कि $\tan^{-1} \frac{y}{2} = \theta$ है, जहाँ $\theta \in \left[-\frac{\pi}{2}, \frac{\pi}{2}\right]$

$\Rightarrow \tan \theta = \frac{y}{2}$

$\Rightarrow \tan^2 \theta = \frac{y^2}{4}$

$\Rightarrow 1 + \tan^2 \theta = 1 + \frac{y^2}{4} = \frac{y^2 + 4}{4}$

$\Rightarrow \sec^2 \theta = \frac{y^2 + 4}{4}$

$\Rightarrow \sec \theta = \frac{\sqrt{y^2 + 4}}{2}$

$\Rightarrow \sec\left(\tan^{-1} \frac{y}{2}\right) = \frac{\sqrt{y^2 + 4}}{2}$

अतः विकल्प (D) सही है।

12. दिया है,

$\tan 7\theta \cdot \tan 2\theta = 1$

$\Rightarrow \tan 7\theta = \frac{1}{\tan 2\theta}$

$\Rightarrow \tan 7\theta = \cot 2\theta$

$\Rightarrow \tan 7\theta = \tan(90° - 2\theta)$

$\Rightarrow 7\theta = (90° - 2\theta)$

$\Rightarrow 9\theta = 90°$

$\Rightarrow \theta = 10°$

अब, $\tan 3\theta = \tan 3(10°)$

$\Rightarrow \tan 3\theta = \tan 30°$

$\Rightarrow \tan 3\theta = \frac{1}{\sqrt{3}}$

अतः विकल्प (D) सही है।

13. दिया है:

$sec^2\theta + \tan^2\theta = 3$

दोनों पक्षों से 1 घटाने पर, हमें निम्न प्राप्त होता है:

$\sec^2\theta + \tan^2\theta - 1 = 3 - 1$

$\tan^2\theta + \tan^2\theta = 2 \quad (\because \sec^2\theta - 1 = \tan^2\theta)$

$2\tan^2\theta = 2$

$\tan^2\theta = 1$

$\therefore \tan\theta = 1$

अब,

$\cot\theta = \dfrac{1}{\tan\theta} = \dfrac{1}{1} = 1$

अतः विकल्प (B) सही है।

14. जैसा की हम जानते हैं,

$\sin\theta$ का अधिकतम मान $= 1$

अब,

$3\sin\theta - 4$ का अधिकतम मान $= 3 \times 1 - 4$ (अधिकतम मान के लिए, हमें $\sin\theta$ का सबसे बड़ा मान लेना चाहिए, जो 1 है)

$\Rightarrow 3 - 4$

$\Rightarrow -1$

अत: विकल्प (B) सही हैं।

15. दिया गया है,

$9\sin^2\theta + 16(1 - \sin^2\theta) \quad [\because \cos^2\theta = 1 - \sin^2\theta]$

$= 9\sin^2\theta + 16 - 16\sin^2\theta$

$= -7\sin^2\theta + 16 \qquad \because \sin^2\theta$ का न्यूनतम मान $= 0 = -7 \times 0 + 16$

$= 0 + 16$

$= 16$

अत: विकल्प (C) सही हैं।

16. दिया गया है,

$m = (\sin\theta - \sec\theta)$ आर $n = (cosec\theta - \cos\theta)$

$\theta = 45°$ रखने पर

$m = \dfrac{1}{\sqrt{2}} - \sqrt{2} = -\dfrac{1}{\sqrt{2}}$

$n = \sqrt{2} - \dfrac{1}{\sqrt{2}} = \dfrac{1}{\sqrt{2}}$

$[m^3n + n^3m + 3mn] = mn[m^2 + n^2 + 3]$

$\Rightarrow -\dfrac{1}{\sqrt{2}} \times \dfrac{1}{\sqrt{2}} \times \left[\dfrac{1}{2} + \dfrac{1}{2} + 3\right]$

$\Rightarrow -\dfrac{1}{2} \times 4$

$\Rightarrow -2$

अत: विकल्प (C) सही है।

17. हमारे पास है $\tan 3x = \sin 45°\cos 45° + \sin 30°$

$\Rightarrow \tan 3x = \dfrac{1}{\sqrt{2}} \times \dfrac{1}{\sqrt{2}} + \dfrac{1}{2}$

$\Rightarrow \tan 3x = \dfrac{1}{2} + \dfrac{1}{2}$

$\Rightarrow \tan 3x = 1$

$\Rightarrow \tan 3x = \tan 45°$

$\Rightarrow 3x = 45°$

$\Rightarrow x = 15°$

अत: विकल्प (A) सही है।

18. दिया गया है:

$2\sin^2 A + 3\cos^2 A = 2$

$2\sin^2 A + 3\cos^2 A = 2$

$\Rightarrow 2\sin^2 A + 3(1 - \sin^2 A) = 2$

$\Rightarrow \sin^2 A = 1$

$\Rightarrow \sin A = 1$

$\Rightarrow A = 90°$

$(\tan A - \cot A)^2 = (\tan 90° - \cot 90°)^2$

$\Rightarrow (\tan A - \cot A)^2 = (\infty - 0)^2$

$\Rightarrow (\tan A - \cot A)^2 = \infty$

$\therefore (\tan A - \cot A)^2$ का मान ∞ है।

अत: विकल्प (A) सही है।

19. दिया है:

$25cosec^2 x + 36\sec^2 x$

जैसा कि हम जानते हैं कि $m\sec^2\theta + ncosec^2\theta = \left(\sqrt{m} + \sqrt{n}\right)^2$ न्यूनतम मान

यहाँ, $m = 36$ और $n = 25$

$\therefore 25cosec2x + 36\sec2x$ का न्यूनतम मान:

$\left(\sqrt{36} + \sqrt{25}\right)^2 = 121$

अत: विकल्प (D) सही है।

20. दिया गया है,

$\tan 54°$

$\tan 54° = \tan(45° + 9°)$

जैसा कि हम जानते हैं कि, $\tan(A + B) = \dfrac{\tan A + \tan B}{1 - \tan A\tan B}$

$\Rightarrow \tan 54° = \tan(45° + 9°) = \dfrac{\tan 45° + \tan 9°}{1 - \tan 45°\tan 9°} = \dfrac{1 + \tan 9°}{1 - \tan 9°}$

$\Rightarrow \tan 54° = \dfrac{1 + \tan 9°}{1 - \tan 9°}$

$\Rightarrow \tan 54° = \dfrac{1 + \frac{\sin 9°}{\cos 9°}}{1 - \frac{\sin 9°}{\cos 8°}}$

$\Rightarrow \tan54° = \frac{\cos9°+\sin9°}{\cos9°-\sin9°}$

अतः विकल्प (C) सही है।

21. दिया है: $\sin a + \cos a = p$

दोनों पक्षों का वर्ग करके हम प्राप्त करते हैं

$\Rightarrow \sin^2\alpha + \cos^2 a + 2\sin a\cos a = p^2$

जैसा कि हम जानते हैं कि, $\sin^2 x + \cos^2 x = 1$ and $\sin2x = 2\sin x\cos x$

$\Rightarrow 1 + \sin2a = p^2$

$\Rightarrow \sin2a = p^2 - 1$

$\Rightarrow \cos^2 2a = 1 - \sin^2 2a = 1 - (p^2 - 1)^2$

$\Rightarrow \cos^2 2a = p^2(2 - p^2)$

अतः विकल्प (C) सही है।

22. दिया है:

$\cos46°\cos47°\cos48°\cos49°\cos50° \ldots. \cos135°$ जैसा कि हम जानते हैं कि, $\cos90° = 0$

$\Rightarrow \cos 46° \cos 47° \cos 48° \cos 49° \cos 50° \ldots. \cos 135° = \cos 46°$

$\cos 47° \cos 48° \cos 49° \cos 50° \ldots \cos 90° \ldots. \cos 135° = 0$

अतः विकल्प (B) सही है।

23. दिया है: $p = cosec\theta - \cot\theta$ and $q = (cosec\theta + \cot\theta)^{-1} \Rightarrow cosec\theta + \cot\theta = \frac{1}{q}$

जैसा कि हम जानते हैं कि, $cosec^2 x - \cot^2 x = 1 \Rightarrow (cosec\theta + \cot\theta) \times (cosec\theta - \cot\theta) = 1$

$\Rightarrow p = q$

अतः विकल्प (B) सही है।

24. दिया गया है,

$\sin\theta + \cos\theta = \sqrt{2}\cos\theta$

$\Rightarrow \sin\theta = \sqrt{2}\cos\theta - \cos\theta$

$\Rightarrow \sin\theta = (\sqrt{2} - 1)\cos\theta$

दोनों पक्षों को $\sqrt{2} + 1$ से गुणा करें;

$\Rightarrow (\sqrt{2} + 1)\sin\theta = (\sqrt{2} + 1)(\sqrt{2} - 1)\cos\theta$

$\Rightarrow \sqrt{2}\sin\theta + \sin\theta = (2 - 1)\cos\theta$

$\Rightarrow \sqrt{2}\sin\theta = \cos\theta - \sin\theta$

$\therefore \cos\theta - \sin\theta = \sqrt{2}\sin\theta$

अतः विकल्प (C) सही है।

25. दिया गया है,

$\sin^4\theta + \cos^4\theta$

$\sin^2\theta + \cos^2\theta = 1$

दोनों पक्षों का वर्ग करने पर,

$\sin^4\theta + \cos^4\theta$

$= 1 - 2\sin^2\theta \cdot \cos^2\theta$

$\theta = 90°$ रखने पर

$= 1 - 2\sin^2 90° \times \cos^2 90°$

$= 1 - 0$

$= 1$

$\therefore \sin^4\theta + \cos^4\theta$ का अधिकतम मान 1 है।

अतः विकल्प (D) सही है।

26. हम जानते हैं कि,

$\sin(x + y) = \sin x\cos y + \cos x\sin y$

$\sin(x - y) = \sin x\cos y - \cos x\sin y$

$\sin75°$

$= \sin(45° + 30°)$

$= \sin45°\cos30° + \cos45°\sin30°$

$= \frac{1}{\sqrt{2}} \times \frac{\sqrt{3}}{2} + \frac{1}{\sqrt{2}} \times \frac{1}{2}$

$= \frac{\sqrt{3}+1}{2\sqrt{2}}$

अतः विकल्प (B) सही है।

27. दिया गया,

$a^2 - b^2 = (a - b)(a + b)$

$\sec^2 x - \tan^2 x = 1$

$\sec^4 x - \tan^4 x$

$= (\sec^2 x - \tan^2 x)(\sec^2 x + \tan^2 x)$
$(\because a^2 - b^2 = (a - b)(a + b))$

$= 1 \times (1 + \tan^2 x + \tan^2 x)$
$(\because \sec^2 x - \tan^2 x = 1)$

$= 1 + 2\tan^2 x$

अतः विकल्प (C) सही है।

28. हम जानते हैं कि,

$\cot\theta = \tan\left(\frac{\pi}{2} - \theta\right)$

$\tan^{-1}x = \frac{\pi}{2} - \cot^{-1}x$

$4\tan^{-1}x + \cot^{-1}x = \pi$

$$4\tan^{-1}x + \left(\frac{\pi}{2} - \tan^{-1}x\right) = \pi$$

$$3\tan^{-1}x = \pi - \frac{\pi}{2} = \frac{\pi}{2}$$

$$\tan^{-1}x = \frac{\pi}{6}$$

$$x = \tan\frac{\pi}{6} = \frac{1}{\sqrt{3}}$$

अतः विकल्प (D) सही है।

29. दिया गया,

$$\tan\frac{\alpha}{3} = \frac{1}{2}$$

हम जानते है,

$$\tan 3A = \frac{3\tan A - \tan^3 A}{1 - 3\tan^2 A}$$

यहां $\alpha = 3A,\ A = \frac{\alpha}{3}$

$$\tan\alpha = \frac{3\tan\frac{\alpha}{3} - \tan^3\frac{\alpha}{3}}{1 - 3\tan^2\frac{\alpha}{3}}$$

$$= \frac{3\times\left(\frac{1}{2}\right) - \left(\frac{1}{2}\right)^3}{1 - 3\left(\frac{1}{2}\right)^2}$$

$$= \frac{\frac{3}{2} - \frac{1}{8}}{\frac{1}{4}}$$

$$= \frac{11}{2}$$

$\cot\alpha$ का मान ज्ञात करने के लिए

$\cot\alpha = \dfrac{1}{\tan\alpha}$ हम उपयोग करते हैं

$$= \frac{1}{\frac{11}{2}}$$

$$= \frac{2}{11}$$

$$\tan\alpha + \cot\alpha$$

$$= \frac{11}{2} + \frac{2}{11}$$

$$= \frac{121 + 4}{4}$$

$$= \frac{125}{22}$$

अतः विकल्प (D) सही है।

30. दिया गया,

$$\angle A = 315°$$

$$\Rightarrow 3\left(\tan^2 A + \cot A - 3\right)^2 = 3\left(\tan^2(315°) + \cot(315°) - 3\right)^2$$

$$\Rightarrow 3\left(\tan^2(315°) + \cot(315°) - 3\right)^2 = 3\left(\tan^2(360° - 45°) + \cot(360° - 45°) - 3\right)^2$$

हम जानते हैं कि,

$$\tan(360° - \theta) = -\tan\theta \text{ and } \cot(360° - \theta) = -\cot\theta$$

इसलिए,

$$3\left(\tan^2(315°) + \cot(315°) - 3\right)^2 = 3\left(\tan^2 45° - \cot 45° - 3\right)^2$$

जैसा कि हम जानते हैं कि,

$$\tan 45° = 1 = \cot 45°,$$

इसलिए,

$$3(\tan^2 A + \cot A - 3)^2 = 3(\tan^2 45° - \cot 45° - 3)^2$$

$$= 3\left((1)^2 - (1)^2 - 3\right)^2$$

$$= 3(9)$$

$$= 27$$

अतः विकल्प (D) सही है।

Q.1 यदि एक दीर्घवृत्त में लघु अक्ष 8 के बराबर है और प्रमुख अक्ष 4 के बराबर है तो इसका क्षेत्रफल है।

A. 32π **B.** 44π **C.** 66π **D.** 25π

Q.2 उस दीर्घवृत्त का समीकरण ज्ञात कीजिए जिसकी उत्केंद्रता $\frac{1}{2}$ है, लैटस रेक्टम की लम्बाई 4 है और केंद्र $(0,0)$ है?

A. $9x^2 + 12y^2 = 64$ **B.** $9x^2 + 12y^2 = 16$
C. $12x^2 + 9y^2 = 64$ **D.** $12x^2 + 9y^2 = 16$

Q.3 उस रेखा का समीकरण ज्ञात कीजिए जो x - अक्ष के धनात्मक दिशा के साथ $30°$ का एक कोण बनाता है और y - अक्ष के ऋणात्मक दिशा के साथ 4 इकाई का एक अंतःखंड विच्छेदित करता है?

A. $x + \sqrt{3}y + 4\sqrt{3} = 0$
B. $x + \sqrt{3}y - 4\sqrt{3} = 0$
C. $x - \sqrt{3}y + 4\sqrt{3} = 0$
D. $x - \sqrt{3}y - 4\sqrt{3} = 0$

Q.4 समतल $2x + y + 2z + 5 = 0$ से बिंदु $(2,1,0)$ की दूरी ज्ञात कीजिए।

A. $\frac{10}{7}$ **B.** 10
C. $\frac{10}{3}$ **D.** इनमें से कोई नहीं

Q.5 अतिपरवलय $\frac{y^2}{9} - \frac{x^2}{27} = 1$ का केंद्र बिंदु ज्ञात कीजिए।

A. $(0,\pm 5)$ **B.** $(\pm 5,0)$ **C.** $(\pm 6,0)$ **D.** $(0,\pm 6)$

Q.6 शीर्ष $(0,0), \left(1, \sqrt{3}\right)$ और $(2,0)$ वाले एक त्रिभुज का अन्तःकेन्द्र क्या है?

A. $\left(\frac{2}{3}, \frac{1}{\sqrt{3}}\right)$ **B.** $\left(1, \frac{1}{\sqrt{3}}\right)$
C. $\left(1, \frac{\sqrt{3}}{2}\right)$ **D.** $\left(\frac{2}{3}, \frac{\sqrt{3}}{2}\right)$

Q.7 वृत्त $S: x^2 + y^2 - 2x - 4y - 31 = 0$ के संबंध में बिंदु $P(5,2)$ की स्थिति क्या है?

A. P वृत्त S के अंदर है   **B.** P वृत्त S पर है
C. P वृत्त S के बाहर है   **D.** इनमें से कोई नहीं

Q.8 यदि $ABCD$ एक चक्रीय चतुर्भुज है, तो $\sin A + \sin B - \sin C - \sin D$ किसके बराबर है?

A. 0   **B.** 1
C. 2   **D.** $2(\sin A + \sin B)$

Q.9 रेखा $x + y = 1$ ओर $x - y = 1$ के बीच का कोण क्या है?

A. $\frac{\pi}{6}$ **B.** $\frac{\pi}{4}$ **C.** $\frac{\pi}{3}$ **D.** $\frac{\pi}{2}$

Q.10 एक रेखा बिंदु $(6,-7,-1)$ और $(2,-3,1)$ से होकर गुजरती है। तो रेखा के दिशा अनुपात क्या हैं?

A. $(4, -4, 2)$ **B.** $(4,4,2)$
C. $(-4,4,2)$ **D.** $(2,2,2)$

Q.11 उस त्रिभुज की प्रकृति ज्ञात कीजिए जिसके शीर्ष $A(12,8), B(-2,6)$ और $C(6,0)$ हैं?

A. समद्विबाहु समकोण त्रिभुज
B. समबाहु त्रिभुज
C. विषमभुज त्रेज
D. इनमें से कोई नहीं

Q.12 समीकरण $ax^2 + 2hxy + by^2 + 2gx + 2fy + c = 0$ एक वृत्त का प्रतिनिधित्व करता है, स्थिति क्या होगी?

A. $a = b$ और $c = 0$ **B.** $f = g$ और $h = 0$
C. $a = b$ और $h = 0$ **D.** $f = g$ और $c = 0$

Q.13 अतिपरवलय $\frac{x^2}{100} - \frac{y^2}{75} = 1$ की उत्केंद्रता है।

A. $\sqrt{\frac{3}{4}}$ **B.** $\sqrt{\frac{5}{4}}$ **C.** $\sqrt{\frac{7}{4}}$ **D.** $\sqrt{\frac{7}{3}}$

Q.14 एक समानांतर चतुर्भुज $ABCD$ के विकर्ण की लम्बाई 18 सेमी है। यदि P और Q क्रमशः $\triangle ADC$ और $\triangle ABC$ के केन्द्रक हैं। तब PQ की लम्बाई है?

A. 9 सेमी   **B.** 5 सेमी   **C.** 8 सेमी   **D.** 6 सेमी

Q.15 $\triangle ABC$ में, $AB = AC$ है और D, भुजा AC पर इस प्रकार एक बिंदु है कि $BD = BC$ है। यदि $AB = 17.5$ सेमी है और $BC = 7$ सेमी है, तो DC का माप कितना है?

A. 2.4 सेमी   **B.** 2.3 सेमी   **C.** 2.8 सेमी   **D.** 2.5 सेमी

Q.16 बिंदु $(0, 6, 7), (-1, 2, 8)$ और $(1, 10, 6)$ क्या बनाता है?

A. समद्विबाहु त्रिभुज   **B.** समबाहु त्रिभुज
C. समकोण त्रिभुज   **D.** उपरोक्त में से कोई नहीं

Q.17 12 भुजाओं के बहुभुज में कितने विकर्ण हैं?

A. 78   **B.** 66   **C.** 54   **D.** 48

Q.18 यदि परवलय $x = y^2 - 6y + c$ के शीर्ष y-अक्ष पर है, तो c का मान क्या है?

A. 3   **B.** -3 **C.** -9 **D.** 9

Q.19 x और y-अक्ष पर वृत्त $x^2 + y^2 + 2x + 2y - 14 = 0$ की त्रिज्या और अंतःखंड ज्ञात कीजिए।

A. $4, \sqrt{15} - 1, \sqrt{15} + 1$
B. $4, \sqrt{15} - 1, \sqrt{15} - 1$
C. $4, -1, 1$
D. $4, 11$

Q.20 एक वृत्त की जीवा इसकी त्रिज्या के बराबर होती है। वृत्तों के लघु चाप पर जीवा द्वारा बनाया गया कोण है।

A. $150°$ **B.** $120°$ **C.** $300°$ **D.** $60°$

Q.21 दी गई आकृति में AOB एक सरल रेखा है और $\overline{OC}$ इस पर आपतित है। यदि $a:b = 2:1,$ तो a का मान है।

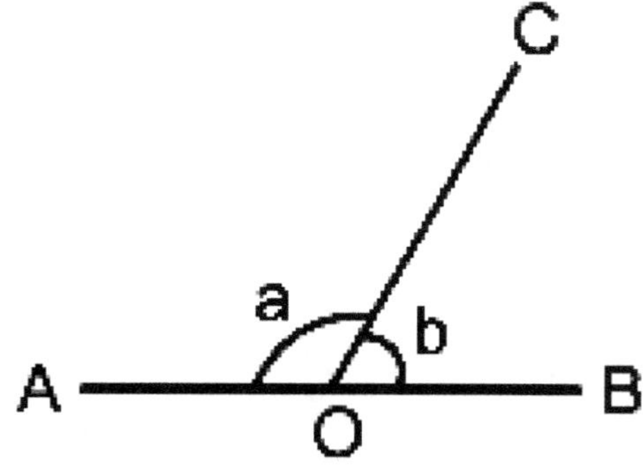

A. 80°   **B.** 100°   **C.** 120°   **D.** 140°

Q.22 दो समरूप त्रिभुज $\triangle XYZ$ और $\triangle LMN$ का क्षेत्रफल क्रमशः $49\ cm^2$ and $9\ cm^2$ हैं, यदि $LM = 9\ cm$, तो XY की लम्बाई क्या है?

A. $7\ cm$ **B.** $14\ cm$ **C.** $49\ cm$ **D.** $21\ cm$

Q.23 दो पूरक कोणों के बीच का अंतर $40°$ है। कोण हैं।

A. $65°, 35°$ **B.** $70°, 30°$
C. $65°, 25°$ **D.** $70°, 110°$

Q.24 दी गयी आकृति में $\angle CDB = (8y + 8°), \angle BDA = 5y - 3°$ और $\angle ADC = 70°$ है। $\angle CDB$ और $\angle BDA$ का मान ज्ञात कीजिये।

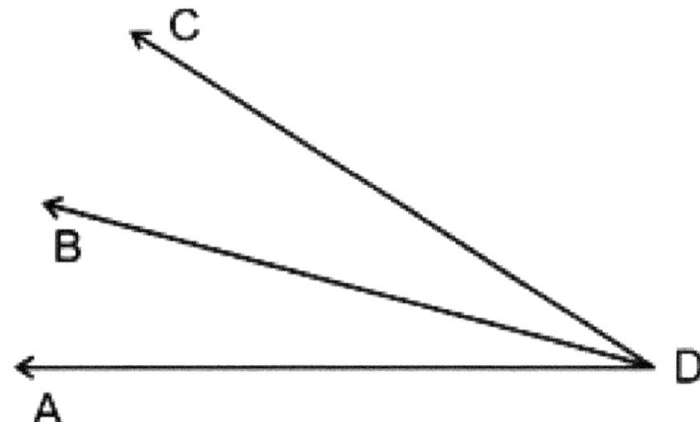

A. $45°, 25°$ **B.** $48°, 22°$ **C.** $22°, 48°$ **D.** $25°, 45°$

Q.25 यदि $ABCD$ एक समांतर चतुर्भुज है, तो $AB = x$ और $BC = \frac{3x+2}{2}$ है। समांतर चतुर्भुज $ABCD$ की परिधि $32\ cm$ है, तो, लंबी भुजा की लंबाई ज्ञात कीजिये।

A. $10\ cm$ **B.** $12\ cm$ **C.** $9\ cm$ **D.** $6\ cm$

Q.26 एक चतुर्भुज के दो आसन्न कोणों का मान $125°$ और $35°$ है और अन्य दो कोण समान हैं। समान कोणों का मान ज्ञात कीजिए।

A. $135°$ **B.** $80°$ **C.** $100°$ **D.** $90°$

Q.27 19 −भुज में विकर्णों की संख्या कितनी है?

A. 152   **B.** 76   **C.** 144   **D.** 304

Q.28 पंचकोण के चार कोण $140°, 130°, 120°, 130°$ है। तो पांचवे कोण की गणना कीजिये।

A. $35°$ **B.** $40°$ **C.** $20°$ **D.** $55°$

Q.29 नीचे दिए गए चित्र में, MN केंद्र O वाले वृत्त की एक स्पर्श रेखा है। यदि $\angle NPQ = 55°$ है, तो $\angle POQ$ का मान ज्ञात कीजिये।

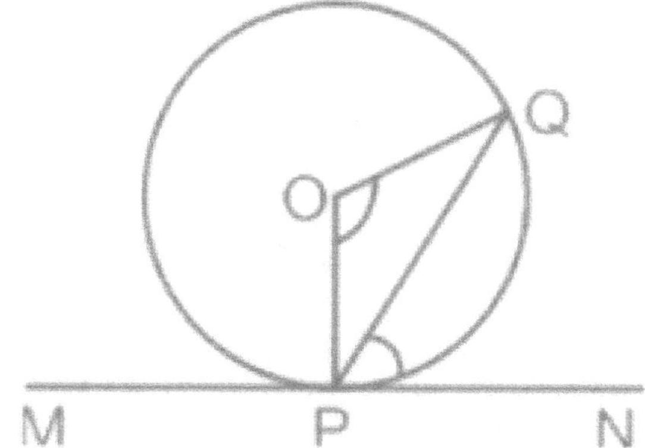

A. 70°   **B.** 90°   **C.** 110°   **D.** 130°

Q.30 यदि किसी बहुभुज का बाह्य कोण 45° है तो इस बहुभुज में विकर्णों की संख्या ज्ञात कीजिए।

A. 20   **B.** 40   **C.** 15   **D.** 30

// स्मार्ट उत्तर पुस्तिका //

सही उत्तर	उन छात्रों का प्रतिशत जिन्होंने प्रश्नों का सही उत्तर दिया था।	छोड़ दिया	उन छात्रों का प्रतिशत जिन्होंने प्रश्नों को छोड़ दिया था।

प्रश्न संख्या	उत्तर	सही उत्तर / छोड़ दिया	प्रश्न संख्या	उत्तर	सही उत्तर / छोड़ दिया	प्रश्न संख्या	उत्तर	सही उत्तर / छोड़ दिया	प्रश्न संख्या	उत्तर	सही उत्तर / छोड़ दिया	प्रश्न संख्या	उत्तर	सही उत्तर / छोड़ दिया	प्रश्न संख्या	उत्तर	सही उत्तर / छोड़ दिया	प्रश्न संख्या	उत्तर	सही उत्तर / छोड़ दिया
1	A	80.79 % / 11.19 %	6	B	80.7 % / 18.26 %	11	A	79.35 % / 17.3 %	16	A	85.29 % / 11.58 %	21	C	83.2 % / 14.16 %	26	C	81.52 % / 12.17 %			
2	A	86.85 % / 10.56 %	7	A	86.57 % / 11.56 %	12	C	83.39 % / 10.63 %	17	C	85.81 % / 10.33 %	22	D	76.67 % / 13.22 %	27	A	83.51 % / 10.29 %			
3	D	83.67 % / 10.47 %	8	A	85.76 % / 10.01 %	13	C	82.74 % / 12.41 %	18	D	77.51 % / 13.94 %	23	C	87.24 % / 10.56 %	28	C	77.51 % / 17.66 %			
4	C	83.2 % / 10.41 %	9	D	84.75 % / 14.46 %	14	D	87.02 % / 12.67 %	19	B	78.55 % / 14.64 %	24	B	89.6 % / 10.34 %	29	C	83.93 % / 11.32 %			
5	D	87.56 % / 10.69 %	10	C	89.11 % / 10.8 %	15	C	82.36 % / 13.81 %	20	D	85.36 % / 13.04 %	25	A	77.96 % / 13.89 %	30	A	82.14 % / 11.29 %			

//संकेत और समाधान//

1. दिया है:

लघु अक्ष की लंबाई (b) = 8

प्रमुख अक्ष की लंबाई (a) = 4

दीर्घवृत्त का क्षेत्र

$$= \pi ab$$

$$= 4 \times 8 \times \pi$$

$$= 32\pi$$

अतः विकल्प (A) सही है।

2. दिया है:

उत्केंद्रता $(e) = \frac{1}{2}$

$$\frac{\sqrt{a^2 - b^2}}{a} = \frac{1}{2}$$

$$a^2 - b^2 = \frac{a^2}{4}$$

$$b^2 = \frac{3a^2}{4} \quad ..(i)$$

साथ ही लैटस रेक्टम की लम्बाई = 4

$$\frac{2b^2}{a} = 4$$

$$b^2 = 2a \quad ...(ii)$$

(i) और (ii) की तुलना करने पर:

$$\frac{3a^2}{4} = 2a$$

$$a = \frac{8}{3}$$

$$b^2 = 2a = \frac{16}{3}$$

$$a^2 = \frac{64}{9}$$

दीर्घवृत्त का समीकरण:

$$\frac{x^2}{a^2} + \frac{y^2}{b^2} = 1$$

$$9x^2 + 12y^2 = 64$$

अतः विकल्प (A) सही है।

3. दिया है:

रेखा x - अक्ष के धनात्मक दिशा के साथ $30°$ का एक कोण बनाती है और y - अक्ष के ऋणात्मक दिशा के साथ 4 इकाई का एक अंतःखंड विच्छेदित करता है।

उस रेखा के समीकरण जो निम्न द्वारा ज्ञात किया गया है जिसका ढलान m है और जो Y- अक्ष पर एक अंतःखंड c बनाता है:

$$y = mx + c$$

यहां, $c = -4$ और $m = \tan 30 = \frac{1}{\sqrt{3}}$ है।

इसलिए, आवश्यक रेखा का समीकरण: $y = \frac{1}{\sqrt{3}} \times x - 4$ है।

$$\sqrt{3}y = x - 4\sqrt{3}$$

इसलिए, आवश्यक रेखा का समीकरण $x - \sqrt{3}y - 4\sqrt{3} = 0$ है।

अतः विकल्प (D) सही है।

4. समतल $2x + y + 2z + 5 = 0$ से बिंदु $(2,1,0)$ की दूरी ज्ञात करनी होगी।

बिंदु और समतल के बीच की दूरी को निम्न द्वारा ज्ञात किया गया है:

$$\left| \frac{Ax_1 + By_1 + Cz_1 - d}{\sqrt{A^2 + B^2 + C^2}} \right|$$

यहाँ, $x_1 = 2, y_1 = 1$ और $z_1 = 0$

तो, दिए गए समतल से दिए गए बिंदु की दूरी

$$= \left| \frac{2 \times 2 + 1 \times 1 + 2 \times 0 + 5}{\sqrt{2^2 + (1)^2 + (2)^2}} \right|$$

$$= \left| \frac{10}{\sqrt{9}} \right|$$

तो, समतल और बिंदु के बीच की दूरी $\frac{10}{3}$ इकाइयां है।

अतः विकल्प (C) सही है।

5. दिया है:

अतिपरवलय का समीकरण $\frac{y^2}{9} - \frac{x^2}{27} = 1$ है

चूँकि हम देख सकते हैं कि, दिया गया अतिपरवलय एक ऊर्ध्वाधर अतिपरवलय है।

इसलिए, अतिपरवलय के दिए गए समीकरण की तुलना $\frac{y^2}{a^2} - \frac{x^2}{b^2} = 1$ के साथ करने पर हमें निम्न प्राप्त होता है

$$a^2 = 9 \text{ और } b^2 = 27$$

चूँकि हम जानते हैं कि एक क्षेतिज अतिपरवलय के केंद्र बिंदु को निम्न द्वारा ज्ञात किया गया है: $(0, -ae)$ और $(0, ae)$

सर्वप्रथम हमें e का मान ज्ञात करना है।

चूँकि हम जानते हैं कि, एक अतिपरवलय की उत्केंद्रता को निम्न द्वारा ज्ञात किया गया है:

$$e = \frac{\sqrt{a^2 + b^2}}{a}$$

$$e = \frac{\sqrt{9 + 27}}{3} = 2$$

इसलिए, दिए गए अतिपरवलय का केंद्र बिंदु निम्न है: $(0, \pm 6)$

अतः विकल्प (D) सही है।

6. माना कि $(x_1, y_1) = (0,0)$, $(x_2, y_2) = \left(1, \sqrt{3}\right)$ और $(x_3, y_3) = (2,0)$ है।

$$a = \sqrt{\left[(1-2)^2 + \left(\sqrt{3}-0\right)^2\right]} = \sqrt{(1+3)} = 2$$

$$b = \sqrt{(4+0)} = 2$$

$$c = \sqrt{(1+3)} = 2$$

चूँकि $a = b = c$ है, तो अन्तःकेन्द्र निम्न होगा:

$$\left(\frac{x_1+x_2+x_3}{3}, \frac{y_1+y_2+y_3}{3}\right) = \left(\frac{0+1+2}{3}, \frac{0+\sqrt{3}+0}{3}\right) = \left(1, \frac{1}{\sqrt{3}}\right)$$

अतः विकल्प (B) सही है।

7. दिया है:

वृत्त का समीकरण $S: x^2 + y^2 - 2x - 4y - 31 = 0$ है और बिंदु $P(5,2)$ है।

यहाँ, $x_1 = 5, y_1 = 2$

सर्वप्रथम $S(x_1, y_1)$ ज्ञात करना है।

$$S(x_1, y_1) = x_1^2 + y_1^2 - 2x_1 - 4y_1 - 31 = 0$$

$$S(5,2) = 25 + 4 - 10 - 8 - 31 = -20 < 0$$

चूँकि हम जानते हैं कि यदि बिंदु $P(x_1, y_1)$ के लिए $S(x_1, y_1) < 0$ है, तो बिंदु P वृत्त S के अंदर है।

अतः विकल्प (A) सही है।

8. दिया है:

$ABCD$ एक चक्रीय चतुर्भुज है।

इसलिए $A + C = 180°$ और $B + D = 180°$

$C = 180° - A$ और $D = 180° - B$

अब,

$$\sin A + \sin B - \sin C - \sin D$$

$$= \sin A + \sin B - \sin(180° - A) - \sin(180° - B)$$

$$= \sin A + \sin B - \sin A - \sin B$$
$$(\because \sin(180° - \theta) = \sin\theta)$$

$$= 0$$

अतः विकल्प (A) सही है।

9. यहाँ $x + y = 1$

$$y = -x + 1$$

इसलिए, $m_1 = -1$ और

$$x - y = 1$$

$$y = x - 1$$

इसलिए, $m_2 = 1$

$$\tan\theta = \left|\frac{m_2 - m_1}{1 + m_1 m_2}\right|$$

$$= \left|\frac{1 - (-1)}{1 + (1)(-1)}\right|$$

$$= \frac{2}{0}$$

$$= \infty$$

$$\therefore \theta = \frac{\pi}{2}$$

अतः विकल्प (D) सही है।

10. माना कि दिए गए बिंदु $P(x_1, y_1, z_1) = P(6, -7, -1)$ और $Q(x_2, y_2, z_2) = Q(2, -3, 1)$ है।

दिशा अनुपात निम्न दिया गया है:

$$= [(x_1 - x_2, y_1 - y_2, z_1 - z_2)]$$

$$= [(6-2), \left(-7 - (-3)\right), (-1 - 1)]$$

$$= (4, -4, -2)$$

अतः विकल्प (C) सही है।

11. $AB^2 = \left(12 - (-2)\right)^2 + (8-6)^2$

$$= 196 + 4 = 200$$

$$BC^2 = \left(-2 - (6)\right)^2 + (6-0)^2$$

$$= 64 + 36 = 100$$

$$AC^2 = (12-6)^2 + (8-0)^2$$

$$= 36 + 64 = 100$$

यहाँ $BC = AC$ और $AB^2 = BC^2 + AC^2$

तो, त्रिभुज की प्रकृति समद्विबाहु समकोण त्रिभुज है।
अतः विकल्प (A) सही है।

12. दिया है:

$$ax^2 + 2hxy + by^2 + 2gx + 2fy + c = 0$$

समीकरण यह निर्दिष्ट करता है:

1. वृत्त:

$$a = b, h = 0$$

2. अतिपरवलय:

$$h^2 - ab > 0$$

3. परवलय:

$$h^2 - ab = 0$$

4. दीर्घवृत्त:

$$h^2 - ab < 0$$

अतः विकल्प (C) सही है।

13. दिया है:

$$\frac{x^2}{100} - \frac{y^2}{75} = 1$$

अतिपरवलय के मानक समीकरण के साथ तुलना करने पर:

$$\frac{\mathbf{x}^2}{\mathbf{a}^2} - \frac{\mathbf{y}^2}{\mathbf{b}^2} = 1$$

इसलिए, $a^2 = 100$ और $b^2 = 75$

उत्केंद्रता $(e) = \sqrt{1 + \frac{b^2}{a^2}}$

$$= \sqrt{1 + \frac{75}{100}}$$

$$= \sqrt{1 + \frac{3}{4}}$$

$$= \sqrt{\frac{7}{4}}$$

अतः विकल्प (C) सही है।

14.

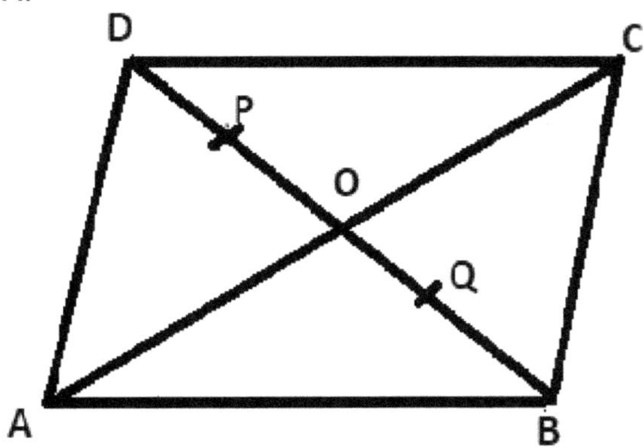

एक समानांतर चतुर्भुज के विकर्ण एक दूसरे को बराबर काटते है,

$$\therefore BO = OD = \frac{18}{2} = 9 \text{ सेमी}$$

$P = \triangle ADC$ का केंद्र

$$OP = \frac{1}{3}OD = \frac{1}{3} \times 9 = 3 \text{ सेमी}$$

$Q = \triangle ABC$ का केंद्र

$$OQ = \frac{1}{3}OB = \frac{1}{3} \times 9 = 3 \text{ सेमी}$$

$$\therefore PQ = OP + OQ = 3 + 3 = 6 \text{ सेमी}$$

अतः विकल्प (D) सही है।

15.

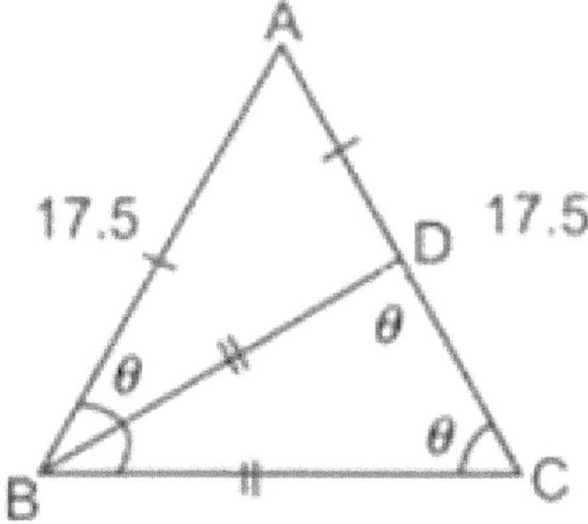

हम उपरोक्त आकृति में देख सकते हैं।

$$\triangle ABC \approx \triangle BDC$$

$$\frac{17.5}{7} = \frac{7}{DC}$$

$$DC = \frac{7 \times 7}{17.5} = \frac{14}{5} = 2.8 \text{ सेमी}$$

अतः विकल्प (C) सही है।

16. माना कि, A = (0, 6, 7), B = (-1, 2, 8) और C = (1, 10, 6) है।

दो बिंदु $A = (x_1, y_1, z_1)$ और $B = (x_2, y_2, z_2)$ के बीच की दूरी को निम्न द्वारा ज्ञात किया गया है $d = AB = $
$$\sqrt{(x_2 - x_1)^2 + (y_2 - y_1)^2 + (z_2 - z_1)^2}$$

अब, $AB = \sqrt{(-1 - 0)^2 + (2 - 6)^2 + (8 - 7)^2}$

$$= \sqrt{1 + 16 + 1}$$

$$= \sqrt{18}$$

$$BC = \sqrt{(1 + 1)^2 + (10 - 2)^2 + (6 - 8)^2}$$

$$= \sqrt{4 + 64 + 4}$$

$$= \sqrt{72}$$

$$AC = \sqrt{(1 - 0)^2 + (10 - 6)^2 + (6 - 7)^2}$$

$$= \sqrt{1 + 16 + 1}$$

$$= \sqrt{18}$$

यहाँ, $AB = AC = \sqrt{18}$, इसलिए दिए गए बिंदु समद्विबाहु त्रिभुज बनाते हैं।

अतः विकल्प (A) सही है।

17. 12 पक्षों के बहुभुज में 12 भुजाएं होती हैं

किसी भी दो भुजा से जुड़कर, हम या तो एक पक्ष या बहुभुज का एक विकर्ण प्राप्त करते हैं।

एक बार में 2 भुजा जुड़कर प्राप्त होने वाली सभी सीधी रेखाओं की संख्या $=$

$$^{12}C_2 = \frac{12 \times 11}{2 \times 1}$$

$$= 66$$

इन सीधी रेखाओं में बहुभुज के 12 भुजाएं शामिल हैं

$\therefore$ बहुभुज के विकर्णों की संख्या $= 66 - 12$

$$= 54$$

अतः विकल्प (C) सही है।

18. परवलय का समीकरण $x = y^2 - 6y + c$ है

$$\Rightarrow x = y^2 - 6y + 9 - 9 + c$$

$$\Rightarrow x = (y - 3)^2 - 9 + c$$

$$\Rightarrow (y - 3)^2 = x + 9 - c$$

$$\Rightarrow (y - 3)^2 = [x - (c - 9)]$$

इसकी तुलना $(y - k)^2 = 4a(x - h)$ के साथ करने पर

इसलिए शीर्ष $(c - 9, 3)$ है

$\because$ शीर्ष y-अक्ष पर है

$$\Rightarrow c - 9 = 0 \Rightarrow c = 9$$

अतः विकल्प (D) सही है।

19. दिया है: वृत्त $x^2 + y^2 + 2x + 2y - 14 = 0$

$$\Rightarrow (x^2 + 2x + 1) + (y^2 + 2y + 1) - 16 = 0$$

$$\Rightarrow (x + 1)^2 + (y + 1)^2 = 16 = 42$$

$\therefore$ केंद्र $= (-1, -1)$ और त्रिज्या $= 4$

जब $y = 0$ है, तो x-अक्ष पर अंतःखंड

$$\Rightarrow (x + 1)^2 + (0 + 1)^2 = 16$$

$$\Rightarrow (x + 1) = \sqrt{15}$$

$$\Rightarrow x = \sqrt{15} - 1$$

जब $x = 0$ है, तो y-अक्ष पर अंतःखंड

$$\Rightarrow (0 + 1)^2 + (y + 1)^2 = 16$$

$$\Rightarrow (y + 1) = \sqrt{15}$$

$$\Rightarrow y = \sqrt{15} - 1$$

अतः विकल्प (B) सही है।

20. दिया हुआ,

एक वृत्त की जीवा इसकी त्रिज्या के बराबर है।

जैसा कि हम जानते हैं,

यदि किसी त्रिभुज के सभी भुजाएं समान हैं, तो त्रिभुज का प्रत्येक कोण $60°$ है

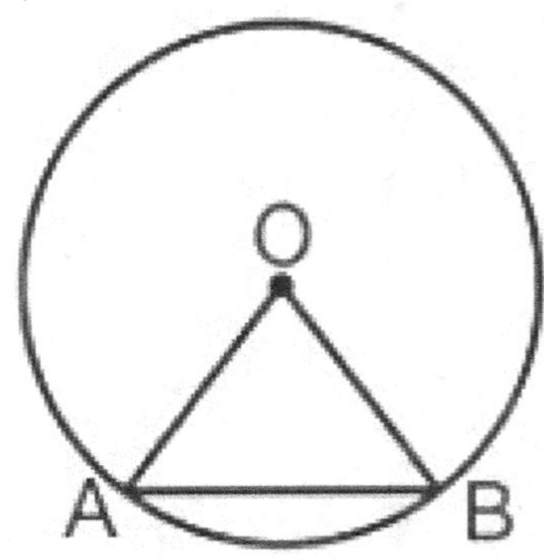

निम्नलिखित आकृति से AB एक जीवा है और OA और OB वृत्त की त्रिज्या हैं।

प्रश्न के अनुसार,

AB = OA = OB

अब, हम कह सकते हैं कि ABC एक समबाहु त्रिभुज है, फिर

$$\angle AOB = 60°$$

$\therefore$ वृत्तों के लघु चाप पर जीवा द्वारा बनाया गया कोण $60°$ है।

अतः विकल्प (D) सही है।

21. माना $\angle a : \angle b = 2x : x$

जैसा कि हम जानते हैं,

$$\angle a + \angle b = 180° \text{ (सरल रेखा)}$$

$$\therefore 2x + x = 180°$$

$$\Rightarrow 3x = 180°$$

$$\Rightarrow x = \frac{180°}{3}$$

$$\Rightarrow x = 60°$$

$$\therefore a = 2x = 2 \times 60° = 120°$$

अतः विकल्प (C) सही है।

22. दिया हुआ,

दो समरूप त्रिभुज $\triangle XYZ$ और $\triangle LMN$ का क्षेत्रफल क्रमशः $49 \, cm^2$ और $9 \, cm^2$ है

जैसा कि हम जानते हैं,

यदि $\triangle ABC$ और $\triangle PQR$ समरूप हैं, तो

$\triangle ABC$ का क्षेत्रफल / $\triangle PQR$ का क्षेत्रफल

$$= \left(\frac{AB}{PQ}\right)^2 = \left(\frac{BC}{QR}\right)^2 = \left(\frac{AC}{PR}\right)^2$$

माना XY की लम्बाई kcm है

प्रश्नानुसार,

$$\frac{k^2}{9^2} = \frac{49}{9}$$

$\Rightarrow \dfrac{k}{9} = \dfrac{7}{3}$

$\Rightarrow k = 21$

$\therefore XY$ की लम्बाई $= 21\ cm$

अत: विकल्प (D) सही है।

23. माना दो कोण A और B हैं

हम जानते हैं कि,

दो पूरक कोणों का योग $= 90°$

$\angle A + \angle B = 90° \ldots (1)$

$\angle A - \angle B = 40° \ldots (2)$ (दिया हुआ)

समीकरण (1) और (2) से, हम प्राप्त करते हैं

$\angle A = 65°, \angle B = 25°$

अत: विकल्प (C) सही है।

24. दिया हुआ,

$\angle CDB = (8y + 8°)$

$\angle BDA = 5y - 3°$

$\angle ADC = 70°$

आकृति से, हमारे पास है

$\angle CDB + \angle BDA = \angle ADC$

$\Rightarrow (8y + 8°) + 5y - 3° = 70°$

$\Rightarrow 13y + 5° = 70°$

$\Rightarrow y = \dfrac{65°}{13} = 5°$

$\angle CDB = 8y + 8 = 8 \times 5 + 8 = 48°$

$\angle BDA = 5y - 3 = 5 \times 5 - 3 = 22°$

अत: विकल्प (B) सही है।

25. दिया हुआ,

$AB = x$

$BC = \dfrac{3x+2}{2}$

परिधि $= 32\ cm$

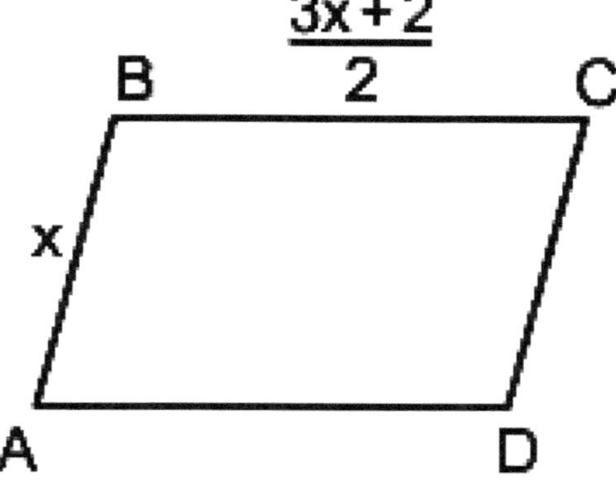

जैसा कि हम जानते हैं,

परिधि $= 2(l + b)$

$\therefore 2(AB + BC) = 32$

$\Rightarrow x + \dfrac{3x+2}{2} = 16$

$\Rightarrow 2x + 3x + 2 = 32$

$\Rightarrow 5x = 30$

$\Rightarrow x = 6$

$\therefore AB = 6\ cm$

$BC = \dfrac{3x+2}{2} = \dfrac{18+2}{2} = 10\ cm$

$\therefore$ लंबी भुजा की लंबाई $10\ cm$ सेमी है।

अत: विकल्प (A) सही है।

26. दिया हुआ,

चतुर्भुज के दो कोण $125°$ और $35°$ हैं

जैसा कि हम जानते हैं,

चतुर्भुज के सभी कोणों का योग $= 360°$

$\therefore x + x + 125° + 35° = 360°$

$\Rightarrow 2x + 160° = 360°$

$\Rightarrow 2x = 360° - 160°$

$\Rightarrow 2x = 200°$

$\therefore x = 100°$

प्रत्येक समान कोण का मान $= 100°$ है।

अत: विकल्प (C) सही है।

27. दिया हुआ,

$n = 19$

हम जानते हैं कि:

बहुभुज में विकर्णों की संख्या $= \left[\dfrac{n(n-3)}{2}\right]$

$$= \left[\frac{19(19-3)}{2}\right]$$

$$= \left[\frac{19 \times 16}{2}\right]$$

$$= 19 \times 8$$

$$= 152$$

$\therefore$ 19 − भुज में विकर्णों की संख्या $= 152$.

अत: विकल्प (A) सही है।

28.

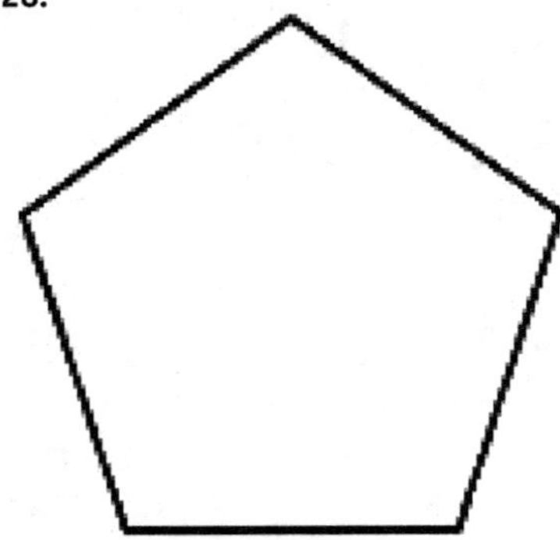

हम जानते हैं कि,

' n 'भुजाओं वाले बहुभुज के कोण का योग $= (n-2) \times 180°$

पंचकोण के कोण का योग $= (5-2) \times 180° = 3 \times 180° = 540°$

माना पांचवा कोण x है

$\therefore 140° + 130° + 120° + 130° + x = 540°$

$\Rightarrow x + 520° = 540°$

$\Rightarrow x = 540° - 520°$

$\Rightarrow x = 20°$

$\therefore$ पांचवा कोण $= 20°$

अत: विकल्प (C) सही है।

29. जैसा कि हम जानते हैं, वृत्त पर एक बिंदु पर स्पर्शरेखा त्रिज्या के समकोण है

$\Rightarrow \angle OPN = 90°$

$\Rightarrow \angle OPQ = \angle OPN - \angle NPQ = 90° - 55° = 35°$

$\triangle OPQ$ पर विचार करते हुए

$\because OP = OQ = $ वृत्त की त्रिज्या

$\Rightarrow \angle OQP = \angle OPQ = 35°$

$\therefore \angle POQ = 180° - (35° + 35°)$

$= 180° - 70°$

$= 110°$

अत: विकल्प (C) सही है।

30. दिया गया है:

बाह्य कोण $= 45°$

प्रयुक्त सूत्र:

बाह्य कोण $= \left(\frac{360°}{n}\right)$

n भुजा बहुभुज के विकर्णों की संख्या $= \frac{(n^2-3n)}{2}$

जहाँ, $n = $ बहुभुज की भुजाओं की संख्या के बराबर

गणना:

बाह्य कोण $= \left(\frac{360°}{n}\right)$

$\Rightarrow 45° = \frac{360°}{n}$

$\Rightarrow n = 8$

अब, एक 'n' भुजा वाले बहुभुज के विकर्णों की संख्या

$\Rightarrow \frac{(n^2-3n)}{2}$

$\Rightarrow \frac{(64-24)}{2}$

$\Rightarrow 20$

$\therefore$ विकर्णों की संख्या 20 है।

अत: विकल्प (A) सही है।

Q.1 किसी वस्तु पर क्रमशः 15%, 20% और 25% की छूट निम्नलिखित में से किस छूट के बराबर होगी?

A. 60%   B. 47%   C. 49%   D. 40%

Q.2 एक विक्रेता 8200 रूपये के अंकित मूल्य वाले मिनी-रेफ्रिजरेटर पर 11% की छूट देता है। यदि वह फिर भी 600 रूपये लाभ अर्जित करता है। तो रेफ्रिजरेटर का क्रय मूल्य क्या है?

A. 6698 रूपये   B. 7600 रूपये
C. 7350 रूपये   D. 4960 रूपये

Q.3 सोनाली 30% की छूट या 25% की दो क्रमिक छूट और 2000 रुपये की खरीदारी पर दिए गए 5% के बीच का फैसला नहीं कर सकीं। छूट के बीच अंतर क्या है?

A. 15 रुपये   B. 25 रुपये
C. 100 रुपये   D. इसमें कोई फर्क नही है

Q.4 यदि एक दुकानदार एक वस्तु का अंकित मूल्य 2500 रूपये रखता है और 15% और 20% की दो क्रमागत छूट देता है और फिर भी वह 10% लाभ कमाता है, तो वस्तु का क्रय मूल्य ज्ञात कीजिये।

A. 1525.45 रूपये   B. 1545.45 रूपये
C. 1595.65 रूपये   D. 1625.45 रूपये

Q.5 1,00,000 रुपये के बिल पर लागू 40% की छूट और 36% और 4% की दो लगातार छूट के बीच अंतर है:

A. शून्य   B. रु 1,440   C. रु 2,500   D. रु 4,000

Q.6 एक दुकानदार अपने माल को अपनी लागत मूल्य से 30% ऊपर रखता है, लेकिन बिक्री के समय 10% की छूट देता है। उसका लाभ है:

A. 21%   B. 20%   C. 18%   D. 17%

Q.7 एक मेज का अंकित मूल्य 3500 रुपये है और उसका विक्रय मूल्य 2275 रुपये है। प्रतिशत छूट क्या है?

A. 45%   B. 55%   C. 35%   D. 65%

Q.8 एक बाइक डीलर ने एक बाइक को 30% और 40% की दो क्रमागत छूट पर बेचा। यदि बाइक का विक्रय मूल्य 44100 रुपए है, तो अंकित मूल्य क्या है?

A. 105000 रुपए   B. 110000 रुपए
C. 108000 रुपए   D. 100000 रुपए

Q.9 राज को 35% छूट पर नई कुर्सी मिली। अगर राज को कोई छूट नहीं मिलती, तो राज को 224 रु. का अधिक भुगतान करना पड़ता। राज ने कुर्सी के लिए कितना भुगतान किया?

A. रु. 416   B. रु. 640   C. रु. 208   D. रु. 224

Q.10 यदि एक दुकानदार एक कलम, जिसका अंकित मूल्य 500 रु. है, पर 20% की छूट देता है और फिर एक 10% की छूट देता है। कलम का विक्रय मूल्य कितना होगा?

A. रु. 350   B. रु. 150   C. रु. 320   D. रु. 360

Q.11 10% की छूट देने के बाद, एक व्यापारी एक वस्तु पर 20% लाभ अर्जित करता है। उसका लाभ प्रतिशत ज्ञात कीजिये जब वह कोई भी छूट नहीं देता है।

A. 30%   B. 33%   C. 25%   D. 20%

Q.12 10% छूट और फिर लगातार 20% छूट कुल कितनी छूट के बराबर है?

A. 15%   B. 30%   C. 24%   D. 28%

Q.13 15%, 20% और 25% की छूट श्रृंखला समतुल्य छूट के बराबर है?

A. 48%   B. 49%   C. 50%   D. 51%

Q.14 यदि कोई फल विक्रेता 20% छूट के बजाय अपने फल को 10% छूट पर बेचता है,तब वह 45 रूपये बचाता है फलों का अंकित मूल्य का ज्ञात कीजिये।

A. 450 रूपये   B. 350 रूपये   C. 250 रूपये   D. 520 रूपये

Q.15 यदि 35% और 45% की 2 क्रमिक छूट की पेशकश की जाती है, प्रभावी छूट ज्ञात कीजिये।

A. 65.5%   B. 64.75%   C. 63.75%   D. 64.25%

Q.16 10%, 20% और 25% की सतत छूट किस एकल छूट के बराबर होगी?

A. 55%   B. 45%   C. 40%   D. 46%

Q.17 एक दुकानदार एक वस्तु पर अंकित मूल्य पर 10% की छूट देने के बाद 17% का लाभ प्राप्त करता है। उसका लाभ प्रतिशत ज्ञात करें, यदि वस्तु को बिना किसी छूट के अंकित मूल्य पर बेचा जाये?

A. 37%   B. 23%   C. 27%   D. 30%

Q.18 एक आदमी अपनी कार बेचना चाहता है। दो प्रस्ताव हैं, एक 48000 रुपये नकद और दूसरा 49760 रुपये का भुगतान 8 महीने के पैसे के बाद 30% प्रतिवर्ष किया जा रहा है। कौन सा बेहतर ऑफर है?

A. 312678.5   B. 327865.54
C. 414667.67   D. 414335.6

Q.19 एक वस्तु का अंकित मूल्य, वस्तु के क्रय मूल्य से 40% अधिक है। छूट की दर ज्ञात करें यदि अर्जित लाभ 12% है।

A. 20%   B. 25%   C. 30%   D. 35%

Q.20 एक वस्तु 7,600 रुपये में सूचीबद्ध है और इकाई पर दी जाने वाली छूट 10% है। 5814 रुपये का शुद्ध विक्रय मूल्य लाने के लिए कितनी अतिरिक्त छूट दी जानी चाहिए?

A. 15%   B. 12%   C. 8%   D. 10%

Q.21 एक स्पीकर और एक हेडफ़ोन के अंकित मूल्य 4 : 5 के अनुपात में है। दुकानदार स्पीकर पर 30% की छूट देता है। यदि स्पीकर और हेडफोन पर कुल छूट 30% है। तो हेडफोन पर दी गई छूट ज्ञात कीजिए।

A. 40%   B. 25%
C. 20%   D. इनमें से कोई नहीं

Q.22 एक विक्रेता अपनी वस्तु पर क्रय मूल्य से 20% अधिक मूल्य अंकित करता है लेकिन ग्राहक को 10% की छूट देता है। एक ब्लैकबोर्ड का क्रय मूल्य क्या है, जिसे 216 रुपए में बेचा गया है?

A. 200 रुपए   B. 196 रुपये   C. 106 रुपये   D. 180 रुपये

Q.23 रेशमा ने एक प्रदर्शन-वस्तु, अंकित मूल्य पर 14% की छूट पर 731 रुपये में खरीदी। प्रदर्शन-वस्तु का अंकित मूल्य ज्ञात कीजिये।

A. 540 रुपये   B. 820 रुपये   C. 850 रुपये   D. 680 रुपये

Q.24 एक वस्तु का लागत मूल्य X है। इसे 120% अधिक अंकित किया गया। 20% छूट देने के पश्चात् इसे 8800 रुपयों में बेचा गया। X का मूल्य (रुपयों में) कितना है?

A. 7680　　**B.** 6000　　**C.** 6680　　**D.** 5000

Q.25 22%, 17% और 11% की तीन क्रमागत छूट _____ के एकल छूट के समतुल्य हैं।

[SSC Sub Inspector (CPO), 2020]

A. लगभग 45%　　**B.** लगभग 50%
C. लगभग 42%　　**D.** लगभग 25%

Q.26 अकुल ने 8000 रुपये में एक साइकिल खरीदी। फिर, उसने एक मूल्य अंकित किया और इसे श्याम को 20% की छूट देकर बेच दिया और अभी भी वह 12% लाभ प्राप्त करता है। साइकिल का अंकित मूल्य ज्ञात कीजिए।

A. 10,500 रु.　　**B.** 11,800 रु.
C. 10,700 रु.　　**D.** 11,200 रु.

Q.27 आदित्य ने 25% की छूट पर एक फ्रिज खरीदा। फिर उसने फ्रिज को 15,900 रुपये में बेचकर 900 रुपये का लाभ कमाया। फ्रिज का अंकित मूल्य ज्ञात कीजिए।

A. 15,000 रुपये　　**B.** 18,000 रुपये
C. 20,000 रुपये　　**D.** 22,000 रुपये

Q.28 एक व्यापारी क्रमशः 20%, 10% और 5% की क्रमिक छूट देता है। कुल छूट क्या है?

[Indian Military Academy (IMA), 2021]

A. 30%　　**B.** 31.6%　　**C.** 32.8%　　**D.** 35%

Q.29 शर्ट का अंकित मूल्य रु. 2200. जो लागत मूल्य से 10% अधिक है, यदि इसे 15% की छूट पर बेचा जाता है। हानि प्रतिशत क्या है?

A. 13%　　**B.** 26%　　**C.** 8%　　**D.** 6.5%

Q.30 एक वस्तु का विक्रय मूल्य 935 रुपये है अगर उस पर 15% की छूट है। वस्तु का विक्रय मूल्य क्या होगा, यदि इस पर 25% की छूट है।

A. 825 रुपये　　**B.** 735 रुपये　　**C.** 450 रुपये　　**D.** 925 रुपये

// स्मार्ट उत्तर पुस्तिका //

सही उत्तर	उन छात्रों का प्रतिशत जिन्होंने प्रश्नों का सही उत्तर दिया था।	छोड़ दिया	उन छात्रों का प्रतिशत जिन्होंने प्रश्नों को छोड़ दिया था।

प्रश्न संख्या	उत्तर	सही उत्तर / छोड़ दिया	प्रश्न संख्या	उत्तर	सही उत्तर / छोड़ दिया	प्रश्न संख्या	उत्तर	सही उत्तर / छोड़ दिया	प्रश्न संख्या	उत्तर	सही उत्तर / छोड़ दिया	प्रश्न संख्या	उत्तर	सही उत्तर / छोड़ दिया	प्रश्न संख्या	उत्तर	सही उत्तर / छोड़ दिया
1	C	82.55 % / 11.2 %	6	D	79.55 % / 17.86 %	11	B	85.76 % / 10.24 %	16	D	76.25 % / 21.06 %	21	D	87.61 % / 11.79 %	26	D	86.35 % / 10.95 %
2	A	89.05 % / 10.01 %	7	C	88.71 % / 11.2 %	12	D	78.28 % / 20.58 %	17	D	84.35 % / 13.75 %	22	A	87.87 % / 11.75 %	27	C	76.05 % / 14.03 %
3	B	89.9 % / 10.02 %	8	A	82.95 % / 15.36 %	13	B	86.28 % / 10.25 %	18	C	84.8 % / 15.02 %	23	C	88.55 % / 10.86 %	28	B	80.76 % / 13.62 %
4	B	86.61 % / 10.91 %	9	A	80.55 % / 19.27 %	14	A	80.29 % / 13.34 %	19	A	85.46 % / 12.14 %	24	D	86.12 % / 13.72 %	29	D	82.94 % / 14.5 %
5	B	88.42 % / 11.07 %	10	D	79.38 % / 20.6 %	15	D	82.35 % / 12.96 %	20	A	88.81 % / 10.44 %	25	C	79.12 % / 10.87 %	30	A	81.19 % / 10.78 %

//संकेत और समाधान//

1. प्रभावी छूट प्रतिशत $= x + y - \dfrac{(xy)}{100}$

जहां, x और y क्रमिक छूट की दर हैं

इसलिये,

15% और 20% पर प्रभावी छूट $= 15 + 20 - \dfrac{(15 \times 20)}{100} = 32\%$

अब इसे 25% और 32% पर लागू करने पर

25% और 32% पर प्रभावी छूट $= 25 + 32 - \dfrac{(25 \times 32)}{100} = 49\%$

अतः विकल्प (C) सही है।

2. माना मिनी-रेफ्रिजरेटर का क्रय मूल्य $= x$

$\Rightarrow$ अंकित मूल्य $\times$ (100 - छूट%) = विक्रय मूल्य

$\Rightarrow 8200 \times \left(\dfrac{100-11}{100}\right) =$ विक्रय मूल्य

$\Rightarrow$ विक्रय मूल्य = 7298 रूपये

क्रय मूल्य = विक्रय मूल्य - लाभ

$\Rightarrow x = 7298 - 600 = 6698$ रूपये

अतः विकल्प (A) सही है।

3. 2000 पर 30% छूट $= 2000$ का $30\% = 600$ रुपये

2000 पर 25% छूट $= 2000$ का $25\% = 500$ रुपये

शेष राशि $= 2000 - 500 = 1500$ रुपये

दूसरी छूट $5\% = 1500$ का $5\% = 75$ रुपये

कुल छूट $= 500 + 75 = 575$ रुपये

छूट में अंतर $= 600 - 575 = 25$ रुपये

अतः विकल्प (B) सही है।

4. माना कि क्रय मूल्य x है

वस्तु का अंकित मूल्य = 2500 रूपये

छूट के बाद का मूल्य $= \dfrac{85}{100} \times 2500 = 2125$ रूपये

ग्राहक द्वारा भुगतान की गयी राशि $= \dfrac{80}{100} \times 2125 = 1700$ रूपये

लाभ = 10%

$\Rightarrow x + \dfrac{10}{100} \times x = 1700$

$\Rightarrow x = 1545.45$ रूपये

$\therefore$ क्रय मूल्य = 1545.45 रूपये

अतः विकल्प (B) सही है।

5. प्रथम डिस्काउंट $= 40\%$

दो क्रमिक छूट का अगला प्रभाव

$36 + 4 - \dfrac{36 \times 4}{100} = 40 - 1.44$

प्रतिशत अंतर $= 40 - 40 + 1.44$

छूट के बीच अंतर $= 1.44\%$ का $1,00,000$

$= \dfrac{144}{100} \times \dfrac{1}{100} \times 1,00,000$

$=$ रु $1,440$

अतः विकल्प (B) सही है।

6. लागत मूल्य 100 रुपये मान ले:

फिर मूल्य को चिह्नित करें जो लागत मूल्य से (30%) ज्यादा है,

अंकित मूल्य $= (100 + 100$ का $30\%) =$ रु 130

दुकानदार चिह्नित मूल्य पर 10% की छूट देता है, फिर

विक्रय मूल्य $= (130 - 130$ का $10\%) =$ रु 117

लाभ $= 117 - 100 =$ रु 17

लाभ $\% = \dfrac{17 \times 100}{100}$

$= 17\%$

अतः विकल्प (D) सही है।

7. दिया है:

मेज का अंकित मूल्य = 3500 रुपये

मेज का विक्रय मूल्य = 2275 रुपये

हम जानते हैं कि,

विक्रय मूल्य $= \left[\dfrac{(100-R)}{100}\right] \times$ अंकित मूल्य

जहाँ, R = प्रतिशत छूट

प्रश्नानुसार,

विक्रय मूल्य $= \left[\dfrac{(100-R)}{100}\right] \times$ अंकित मूल्य

$\Rightarrow 2275 = \left[\dfrac{(100-R)}{100}\right] \times 3500$

$\Rightarrow \dfrac{2275}{35} = (100 - R)$

$\Rightarrow 65 = 100 - R$

$\Rightarrow R = 100 - 65$

$\Rightarrow R = 35\%$

$\therefore$ छूट प्रतिशत 35% है।

अतः विकल्प (C) सही है।

8. दिया है:

छूट = 30% और 40%

विक्रय मूल्य = 44100 रुपए

मान लीजिये कि अंकित मूल्य x है।

$30\% = \dfrac{3}{10}$

$40\% = \dfrac{2}{5}$

$\Rightarrow x \times \left(\dfrac{7}{10}\right) \times \left(\dfrac{3}{5}\right) = 44100$

$\Rightarrow x = 2100 \times 50$

$\Rightarrow x = 105000$

∴ बाइक का अंकित मूल्य 105000 रुपए है।

अतः विकल्प (A) सही है।

9. राज को 35% की छूट मिली।

यदि कोई छूट नहीं होती, तो राज रु. 224 का भुगतान करता।

इसका मतलब है 35% छूट = रु. 224 रुपये की कमी।

∴ अंकित मूल्य का 35% = रु. 224

∴ $\dfrac{35}{100} \times$ अंकित मूल्य = 224

∴ अंकित मूल्य = रु. 640

∴ राज ने भुगतान किया = $640 - 224$

= रु. 416

अतः विकल्प (A) सही है।

10. 20% छूट का मतलब है 500 का 20% = 100 रु. की पहली छूट है

अब कीमत है $500 - 100 =$ रु. 400

10% छूट का मतलब है 400 का 10% = रु. 40

अब, विक्रय मूल्य = $400 - 40 =$ रु. 360

अतः विकल्प (D) सही है।

11. दिया गया है,

माना वस्तु का अंकित मूल्य a रुपए है और क्रय मूल्य b रुपए है।

जब वह छूट देता है,

विक्रय मूल्य = $\dfrac{9a}{10}$

लाभ प्रतिशत = 20%

$\Rightarrow \dfrac{9a}{10} = b \times \dfrac{120}{100}$

$\Rightarrow a = \dfrac{4\,b}{3}$

जब वह कोई भी छूट नहीं देता है,

विक्रय मूल्य = a

लाभ प्रतिशत = $\dfrac{(a-b)}{b} \times 100$

$\Rightarrow \dfrac{\left(\frac{4b}{3} - b\right)}{b} \times 100$

$\Rightarrow 33.33\%$

अतः विकल्प (B) सही है।

12. दो लागातार छूट को $x + y + \dfrac{xy}{100}$ द्वारा दिया जा सकता है

$= -10 - 20 + \dfrac{(-10 \times -20)}{100}$

$= -30 + 2 = 28\%$

इसलिए, लगातार छूट 28% है।

अतः विकल्प (D) सही है।

13. समतुल्य छूट $= A + B - \dfrac{AB}{100}$

जहां, $A =$ पहली छूट, $B =$ दूसरी छूट

15% और 20% के लिए समतुल्य छूट

$= \left(20 + 15 - \dfrac{20 \times 15}{100}\right)\%$

$= (35 - 3)\% = 32\%$

32% और 25% के लिए समतुल्य छूट

$= \left(32 + 25 - \dfrac{32 \times 25}{100}\right)\%$

$= (57 - 8) = 49\%$

अतः विकल्प (B) सही है।

14. दिया है,

यदि फल विक्रेता 20% के बजाय 10% छूट देता है, तो विक्रेता 45 रुपये बचाता है।

विक्रय मूल्य = अंकित मूल्य × (100 – छूट%)/100

माना की फलों का अंकित मूल्य 100x है

प्रश्न के अनुसार

$100x \times \dfrac{90}{100} - 100x \times \dfrac{80}{100} = 45$

$\Rightarrow 90x - 80x = 45$

$\Rightarrow 10x = 45$

$\Rightarrow x = \dfrac{45}{10}$

$\Rightarrow x = 4.5$

∴ फलों का अंकित मूल्य = 100 × 4.5 = 450 रूपये

अतः विकल्प (A) सही है।

15. दिया है:

35% और 45% की 2 क्रमिक छूट।

एकल प्रभावी छूट = [1 – (1 – 0.35) × (1 – 0.45)] × 100

$\Rightarrow$ [1 – 0.65 × 0.55] × 100

$\Rightarrow$ [1 – 0.3575] × 100

$\Rightarrow$ 0.6425 × 100

$\Rightarrow$ 64.25%

अतः विकल्प (D) सही है।

16. दिया हुआ,

10%, 20% और 25% की सतत छूट।

जैसा कि हम जानते हैं,

x% और y% की सतत छूट $= \left[x + y - \frac{xy}{100}\right]$

10% और 20% की सतत छूट $= 10 + 20 - \left[\frac{(10 \times 20)}{100}\right] = 28\%$

28% और 25% की सतत छूट $= 28 + 25 - \left[\frac{(28 \times 25)}{100}\right] = 46\%$

∴ एकल छूट का मान 46% है।

अतः विकल्प (D) सही है।

17. माना, क्रय मूल्य $= 100$ रु

∴ विक्रय मूल्य $= 117$ रु

∴ अंकित मूल्य $= \frac{117}{90} \times = 130$ रु

अंकित मूल्य पर बेचने के बाद लाभ प्रतिशत $= \frac{130 - 100}{100} \times 100 = 30\%$

इसलिए, अंकित मूल्य पर कुल लाभ प्रतिशत 30% होगा।

अतः विकल्प (D) सही है।

18. प्रश्नानुसार,

8 महीने के कारण 49760 की वर्तमान कीमत

$= \left[\frac{49760100}{100 + \left(\frac{3 \times 8}{12}\right)}\right]$ रुपये

$= 414667.67$ रुपये

414667.67 स्पष्ट रूप से, नकद में एक बेहतर प्रस्ताव है।

अतः विकल्प (C) सही है।

19. दिया है-

एक वस्तु का अंकित मूल्य, वस्तु के क्रय मूल्य से 40% अधिक है।

माना कि वस्तु का क्रय मूल्य $(CP) = x$

वस्तु का अंकित मूल्य $(MP) = x + (40\% \times x)$

$\Rightarrow MP = x + \frac{40x}{100}$

$\Rightarrow MP = \frac{140x}{100}$

अर्जित लाभ 12% है।

वस्तु का विक्रय मूल्य $(SP) = x + (12\% \times x)$

$\Rightarrow SP = x + \frac{12x}{100}$

$\Rightarrow SP = \frac{112x}{100}$

छूट राशि $(d) = MP - SP$

$\Rightarrow d = \frac{140x}{100} - \frac{112x}{100}$

$\Rightarrow d = \frac{28x}{100}$

छूट की दर $= \left(\frac{d}{MP} \times 100\right)\%$

$= \left(\frac{\frac{28x}{100}}{\frac{140x}{100}} \times 100\right)\%$

$= \left(\frac{1}{5} \times 100\right)\%$

$= 20\%$

अतः विकल्प (A) सही है।

20. सूचीबद्ध मूल्य का अर्थ है कि वस्तु का अंकित मूल्य 7600 रुपए है।

छूट $= 10\%$

10% छूट के बाद मूल्य $= \left(\frac{90}{100}\right) \times 7600 = 6840$

अंतिम विक्रय मूल्य 5814 है।

दूसरी छूट $= (6840 - 5814) = 1026$

6840 रुपए के मूल्य पर दी गई अतिरिक्त छूट $= \left(\frac{1026}{6840}\right) \times 100 = 15\%$

∴ 5814 रुपए के शुद्ध विक्रय मूल्य को लाने के लिए 15% अतिरिक्त छूट दी जानी चाहिए।

अतः विकल्प (A) सही है।

21. दिया हुआ,

एक स्पीकर और एक हेडफ़ोन के अंकित मूल्य का अनुपात $= 4 : 5$

स्पीकर पर छूट $= 30\%$

स्पीकर और हेडफोन पर कुल छूट $= 30\%$

जैसा कि हम जानते हैं,

छूट $=$ अंकित मूल्य $-$ विक्रय मूल्य

छूट% $=$ (छूट/अंकित मूल्य) $\times$ 100

माना स्पीकर का अंकित मूल्य 4x रुपए है।

तब, हेडफ़ोन का अंकित मूल्य 5x रुपए होगा।

स्पीकर पर छूट $= 4x \times \left(\frac{70}{100}\right) = \frac{14x}{5}$ रुपए

माना हेडफोन पर छूट y रुपए है।

प्रश्नानुसार,

$\left(\frac{14x}{5}\right) + y = (4x + 5x) \times \left(\frac{70}{100}\right)$

$\Rightarrow y = \left(\frac{63x}{10}\right) - \left(\frac{14x}{5}\right)$

$\Rightarrow y = 3.5x$

हेडफोन पर दी गई छूट $= \left[\frac{(5x - 3.5x)}{5x}\right] \times 100 = 1.5 \times 20 = 30\%$

अतः विकल्प (D) सही है।

22. दिया हुआ,

मूलवृद्धि% = 20%

छूट% = 10%

ब्लैकबोर्ड का विक्रय मूल्य = 216 रुपए

जैसा कि हम जानते हैं,

छूट% = [(अंकित मूल्य – विक्रय मूल्य)/अंकित मूल्य] × 100

माना ब्लैकबोर्ड का क्रय मूल्य x है।

अंकित मूल्य = x + x का 20% = 1.2x

$$\Rightarrow 10 = \left[\frac{(1.2x - 216)}{1.2x} \right] \times 100$$

$\Rightarrow 1.2x = 12x - 2160$

$\Rightarrow 10.8x = 2160$

$$\Rightarrow x = \frac{2160}{10.8} = 200$$

∴ ब्लैकबोर्ड का क्रय मूल्य = 200 रुपए

अत: विकल्प (A) सही है।

23. दिया है:

विक्रय मूल्य = 731 रुपये

छूट = 14%

माना प्रदर्शन-वस्तु का अंकित मूल्य x रुपये है।

प्रश्न के अनुसार:

छूट = x का 14% = 0.14x रुपये

अब, विक्रय मूल्य = अंकित मूल्य – छूट

⇒ विक्रय मूल्य = x – 0.14x

⇒ 731 = 0.86x

$$\Rightarrow x = \frac{731}{0.86} = 850$$

∴ प्रदर्शन-वस्तु का अंकित मूल्य 850 रुपये है।

अतः विकल्प (C) सही है।

24. वस्तु का लागत मूल्य = X रूपये

$$वस्तु\ का\ अंकित\ मूल्य\ = X + X \times \frac{120}{100} = 2.2X$$

$$एवं,\ वस्तु\ का\ विक्रय\ मूल्य\ = 2.2X \times \frac{80}{100} = 1.76X$$

प्रश्नानुसार,

वस्तु का विक्रय मूल्य = 8800 रूपये

⇒ 1.76X = 8800

$$\Rightarrow X = \frac{8800}{1.76}$$

⇒ X = 5000 रूपये

∴ वस्तु का लागत मूल्य = 5000 रूपये

अतः विकल्प (D) सही है।

25. दिया गया है,

छूट 1 प्रतिशत $= 22\%$

छूट 2 प्रतिशत $= 17\%$

छूट 3 प्रतिशत $= 11\%$

माना प्रारंभिक मूल्य 100 है।

छूट $1 = 100$ का $22\% = 22$

छूट 1 के बाद मूल्य $= 100 - 22 = 78$

छूट $2 = 78$ का $17\% = 13.26$

छूट 2 के बाद मूल्य $= 78 - 13.26 = 64.74$

छूट $3 = 64.74$ का $11\% = 7.1214$

छूट 3 के बाद मूल्य $= 64.74 - 7.1214 = 57.6186$

कुल छूट $=$ प्रारंभिक मूल्य $-$ अंतिम मूल्य $= 100 - 57.6186 =$ 42.3814

कुल छूट ≈ 42

छूट $\% \approx$ (कुल छूट/प्रारंभिक मूल्य) $\times 100$

$$\% \approx \left(\frac{42}{100} \right) \times 100$$

$$= 42\%$$

∴ छूट प्रतिशत लगभग 42% है।

अतः विकल्प (C) सही है।

26. माना, अंकित मूल्य x है।

छूट = 20%

विक्रय मूल्य = 0.8x

क्रय मूल्य = 8000 रु.

लाभ = 12%

$$विक्रय\ मूल्य = \left(8000 \times \frac{112}{100} \right)\ रु.$$

विक्रय मूल्य = 8960 रु.

अब, 0.8x = 8960 रु.

⇒ x = 11,200 रु.

∴ साइकिल का अंकित मूल्य 11,200 रु. है।

अतः विकल्प (D) सही है।

27. माना फ्रिज का अंकित मूल्य x है,

दी गई छूट = 25%

इसलिए, आदित्य ने इसे खरीदा = x × 0.75

= 0.75x

अब, आदित्य ने इसे 900 रु के लाभ पर बेच दिया

क्रय मूल्य = 0.75x

विक्रय मूल्य = 15,900 रुपये

और, विक्रय मूल्य = क्रय मूल्य + लाभ

15,900 रुपये = 0.75x + 900

⇒ 0.75x = 15,000 रुपये

⇒ x = 20,000 रुपये

∴ फ्रिज का अंकित मूल्य 20,000 रुपये है।

अतः विकल्प (C) सही है।

अतः विकल्प (A) सही है।

28. सबसे पहले, हम 20% और 10% लेते हैं।

$$कुल\ छूट = \left[20 + 10 - \frac{(20 \times 10)}{100}\right]\%$$

कुल छूट = (30 – 2) % = 28 %

अब हम 28% और 5% लेते हैं।

$$कुल\ छूट = \left[28 + 5 - \frac{(28 \times 5)}{100}\right]\%$$

कुल छूट = 33 – 1.40 = 31.6%

इसलिए, कुल छूट = 31.6%

अतः विकल्प (B) सही है।

29. अंकित मूल्य = 2200 रु.

110% का लागत मूल्य = अंकित मूल्य

$$= \frac{11}{10} \times लागत\ मूल्य = 2200$$

लागत मूल्य = 2000 रु.

छूट = 15%

विक्रय मूल्य = 85% का अंकित मूल्य

$$विक्रय\ मूल्य\ = \left(\frac{85}{100}\right) \times 2200$$

विक्रय मूल्य = 1870 रु.

हानि % = [(लागत मूल्य - विक्रय मूल्य)/(लागत मूल्य)] × 100

$$= \left[\frac{(2000 - 1870)}{2000}\right] \times 100$$

$$= \frac{130}{20} = 6.5$$

∴ हानि 6.5% है।

अतः विकल्प (D) सही है।

30. माना, अंकित मूल्य x रुपये है।

स्थिति: 1

छूट % = 15%

$$\Rightarrow अंकित\ मूल्य = 935 \times \frac{100}{(100 - 15)}$$

$$\Rightarrow x = \frac{935 \times 100}{85}$$

$$\Rightarrow x = 1100\ रुपये$$

स्थिति: 2

$$\Rightarrow विक्रय\ मूल्य = 1100 \times \frac{(100 - 25)}{100}$$

$$\Rightarrow विक्रय\ मूल्य = 1100 \times \frac{75}{100}$$

$$\Rightarrow विक्रय\ मूल्य = 825\ रुपये$$

∴ वस्तु का विक्रय मूल्य 825 रुपये होगा

// टिप्पणियाँ //

www.ingramcontent.com/pod-product-compliance
Lightning Source LLC
LaVergne TN
LVHW080553200726
843510LV00008B/1086